Wissenschaftsmanagement als Beruf

Mirjam Müller arbeitet als Personalentwicklerin an der Universität Konstanz. Als Wissenschaftscoach hat sie zahlreiche Postdocs auf dem Weg zu ihrer ersten Professur und in Berufsfelder außerhalb der Wissenschaft begleitet. Berufliche Stationen führten die Historikerin von einem Wirtschaftsunternehmen ins Wissenschaftsmanagement. Ihre Expertise zu institutionellen Regeln und individuellen Gestaltungsmöglichkeiten der Wissenschaftskarriere erwarb sie auf verschiedenen verantwortlichen Positionen in der universitären Nachwuchsförderung. Im Campus Verlag erschienen von ihr »Promotion – Postdoc – Professur. Karriereplanung in der Wissenschaft« (2014) und »Karriere nach der Wissenschaft. Alternative Berufswege für Promovierte« (2017).

Dr. Oliver Grewe arbeitet als wissenschaftlicher Referent bei der Volkswagen-Stiftung. Er ist Neurowissenschaftler und stieg nach dem ersten Postdoc als Referent bei der Studienstiftung des deutschen Volkes ein. Anschließend leitete er bei der Wissenschaftlichen Kommission Niedersachsen Evaluationsverfahren an Universitäten. Seit 2015 arbeitet er außerdem als Coach und Trainer. Sein Konzept zum Einstieg ins Wissenschaftsmanagement vermittelt er deutschlandweit in Seminaren.

Mirjam Müller, Oliver Grewe

Wissenschaftsmanagement als Beruf

Strategien für den Einstieg

Campus Verlag
Frankfurt/New York

MIX
Papier aus verantwortungsvollen Quellen
FSC® C089473
FSC
www.fsc.org

ISBN 978-3-593-51206-8 Print
ISBN 978-3-593-44399-7 E-Book (PDF)
ISBN 978-3-593-44398-0 E-Book (EPUB)

Umschlaggestaltung: Guido Klütsch, Köln.
Satz: DeinSatz Marburg | tn
Gesetzt aus: The Sans und Adobe Garamond Pro
Druck und Bindung: Beltz Grafische Betriebe GmbH, Bad Langensalza
Printed in Germany

www.campus.de

Inhalt

Vorwort

Wissenschaftsmanagement ist ein spannendes Berufsfeld für Studienabsolvent*innen und Promovierte. Auf viele Nachwuchswissenschaftler*innen übt es als Alternative zur unsicheren Karriere in der Wissenschaft eine große Anziehungskraft aus. Trotz oder gerade wegen der Nähe zur Wissenschaft und zum Studium ist Interessent*innen jedoch nicht immer bewusst, was die Rolle des Wissenschaftsmanagements ist und wie sich die Arbeit in diesem Feld konkret gestaltet. So stellen Personalverantwortliche beim Durchsehen von Bewerbungsunterlagen häufig fest, dass sich viele Bewerber*innen nicht darüber im Klaren sind, was die Aufgabe der ausgeschriebenen Stelle ist und welche Qualifikationen dafür benötigt werden. Stattdessen werben insbesondere Promovierte mit ihren wissenschaftlichen Meriten. Oft sind solche Bewerbungen von Anfang an zum Scheitern verurteilt, obwohl das Wissenschaftsmanagement möglicherweise eine spannende Option für die Kandidat*innen wäre.

Mit diesem Buch wollen wir allen Interessierten die Gelegenheit bieten, sich intensiv mit dem Wissenschaftsmanagement als Karriereoption auseinanderzusetzen, die verschiedenen Tätigkeitsbereiche kennenzulernen und Strategien zu entwickeln, wie der Berufseinstieg an der richtigen Stelle gelingen kann. Als Coaches und Trainer*in haben wir mit vielen Personen in Hinblick auf ihre Karriereplanung, berufliche Entscheidungen und erfolgreiche Bewerbungen gearbeitet, insbesondere mit Nachwuchswissenschaftler*innen, die nach Perspektiven in und jenseits der Wissenschaft suchten. Mirjam Müller arbeitet als Coach für Postdocs an der Universität Konstanz und als Trainerin zur Karriereplanung im deutschsprachigen Raum. Zur Karriere in der Wissenschaft und zu alternativen Berufswegen für Promovierte hat sie bereits zwei Ratgeber verfasst.[1] Dr. Oliver Grewe berät ebenfalls Nachwuchswissenschaftler*innen und hat ein erfolgreiches Konzept zum

Einstieg ins Wissenschaftsmanagement entwickelt, das er deutschlandweit in Seminaren vermittelt.

Zugleich sind wir erfahrene Wissenschaftsmanager*innen. Unsere Werdegänge zeigen bereits, welche vielfältigen Möglichkeiten das Berufsfeld bietet: Oliver Grewe ist promovierter Neurowissenschaftler und stieg nach dem ersten Postdoc als Referent bei der Studienstiftung des deutschen Volkes in Bonn ein. Zwei Jahre lang förderte er dort begabte Studierende, moderierte Auswahlseminare und organisierte Veranstaltungen. Bei der Wissenschaftlichen Kommission Niedersachsen (WKN) suchte er neue Herausforderungen. Die WKN evaluiert Wissenschaft in ganz Niedersachsen und berät Universitäten ebenso wie das Niedersächsische Ministerium für Wissenschaft und Kultur. Inzwischen ist er wissenschaftlicher Referent bei der VolkswagenStiftung, zunächst für den Bereich Biomedizin, heute für die Neurowissenschaften. Er betreute und konzipierte gemeinsam mit Kolleg*innen verschiedene Förderinitiativen wie »Experiment!«, »Evolutionsbiologie« oder »Leben?« und verantwortet heute das Nachwuchsförderprogramm »Freigeist-Fellowships«, eine Initiative, die ausgewählten Wissenschaftler*innen ermöglicht, frühzeitig ihre eigene Forschungsgruppe aufzubauen.

Mirjam Müller ist studierte Historikerin und hat ihren Weg ins Wissenschaftsmanagement nach mehreren Jahren in der Privatwirtschaft eingeschlagen. Die erste Station führte sie als persönliche Referentin des Vizepräsidenten für Forschung an die Humboldt-Universität zu Berlin, wo sie Reden und Protokolle schrieb, inhaltlich die Einführung der Juniorprofessur begleitete und nicht zuletzt einen Überblick über die administrativen Strukturen einer Universität erhielt. Nachdem sie mehrere erfolgreiche und erfolglose Anträge in allen drei Förderlinien der ersten Runde der Exzellenzinitiative koordiniert hatte, übernahm sie den Aufbau der Humboldt Graduate School, der Dach- und Serviceeinrichtung der strukturierten Promotionsprogramme. In den verschiedenen Funktionen war sie auch an der Personalauswahl für das Wissenschaftsmanagement beteiligt. Ihrer Leidenschaft für die individuelle Förderung von Nachwuchswissenschaftler*innen geht sie inzwischen als Personalentwicklerin und Coach im Academic Staff Development der Universität Konstanz nach. Von 2014 bis 2019 war sie Sprecherin des bundesweiten Netzwerks für Personalentwicklung an Universitäten.

Unsere umfangreiche Erfahrung in ganz unterschiedlichen Bereichen des Wissenschaftsmanagements möchten wir mit diesem Buch an Sie weitergeben. Wir wollen unsere Begeisterung für dieses Berufsfeld mit Ihnen teilen und seine Potenziale aufzeigen, aber auch auf Fallstricke hinweisen. Neben unserer Erfahrung konnten wir dabei auf zahlreiche Berichte, Informationen und Kommentare zurückgreifen, die wir Kolleg*innen verdanken. Besonderer Dank gilt unseren ersten Leser*innen Dr. Julia Breitbach, Dr. Björn Jahnke, Elke Karrenberg, Dr. Julia Michael, Dr. Silvia Negri, Stefanie Schmutz und Dr. Johanna Teloh-Benger. Für das Vertrauen und die unkomplizierte Zusammenarbeit danken wir unserer Lektorin Dr. Isabell Trommer beim Campus Verlag.

Wir wünschen Ihnen viel Spaß bei der Lektüre, interessante Erkenntnisse und einen für Sie persönlich zufriedenstellenden und erfolgreichen Berufsweg!

Einleitung: Karriere im Wissenschaftsmanagement

Das Berufsfeld Wissenschaftsmanagement ist in den 1990er Jahren entstanden und seitdem rasant gewachsen. An Hochschulen und Forschungseinrichtungen, aber auch bei Forschungsförderern und in wissenschaftspolitischen Einrichtungen finden sich immer mehr Personen, deren Aufgabe es ist, Dienstleistungen für Forschung und Lehre zu erbringen sowie Kernprozesse zu unterstützen und zu gestalten. Wie viele Wissenschaftsmanager*innen es gegenwärtig gibt, lässt sich nicht genau bestimmen. Das liegt unter anderem daran, dass der Begriff nicht klar definiert ist und bisher nicht als Personalgruppe statistisch erfasst wird.

Versuchen wir eine Annäherung: Im Jahr 2016 waren an den Hochschulen 40 377 Personen als Verwaltungspersonal im gehobenen und höheren Dienst beschäftigt.[2] Nur ein Teil davon lässt sich als Wissenschaftsmanagement bezeichnen, allerdings kommen Wissenschaftsmanager*innen hinzu, die einen wissenschaftlichen Arbeitsvertrag haben (wie fachnahe Koordinations- und Managementpositionen). Ulf Banscherus et al. schätzen diese Zahl auf 7 500 bis 15 000 Personen.[3] Darüber hinaus gibt es Wissenschaftsmanager*innen, die außerhalb der Hochschulen tätig sind, etwa an außeruniversitären Forschungseinrichtungen, bei Wissenschaftsförderinstitutionen und hochschulpolitischen Einrichtungen. Das Netzwerk Wissenschaftsmanagement geht von insgesamt 22 000 Wissenschaftsmanager*innen in Deutschland aus.[4] Welche Schätzungen man auch heranzieht, der Blick in die einschlägigen Stellenbörsen zeigt: Von Jahr zu Jahr bietet der Arbeitsmarkt im Wissenschaftsmanagement immer mehr Möglichkeiten. Es handelt sich also um ein chancenreiches Berufsfeld.

Ein bekanntes Strukturproblem für eine Wissenschaftskarriere ist die geringe Zahl an Dauerstellen: 354 000 Promovierten unter 45 Jahren[5] standen 2015 1 254 Ausschreibungen für Professuren[6] gegenüber. Das Verhältnis von Erstberufungen Habilitierter zu abgeschlossenen Habilitationen liegt bei circa 1 : 5.[7] Welche Wege gehen die anderen Akademiker*innen? 65 Prozent der Promovierten unter 45 Jahren arbeiten in der Wirtschaft, 19 Prozent sind an einer Hochschule, 16 Prozent im sonstigen öffentlichen Dienst beschäftigt.[8] Die im Wissenschaftsmanagement tätigen Personen haben in aller Regel studiert, viele promoviert oder sogar noch länger wissenschaftlich gearbeitet. Arbeitsumgebung und mit der Arbeit verknüpfte Werte sind der Wissenschaft eng verbunden. Ist das Wissenschaftsmanagement also das ideale Berufsfeld für Nachwuchswissenschaftler*innen, die eine verlässliche Alternative zur Professur suchen?

Hartnäckig halten sich drei Hypothesen über den Berufseinstieg im Wissenschaftsmanagement: Erstens wird das Wissenschaftsmanagement als sichere Beschäftigungsperspektive im Vergleich zur Wissenschaftskarriere gesehen. Doch auch im Wissenschaftsmanagement sind viele Verträge befristet und für Anschlussstellen muss oft ein Ortswechsel in Kauf genommen werden. Auf längere Sicht ist eine Entfristung durchaus realistisch, aber bis dahin kann der Weg mühsam sein.

Zweitens betrachtet ein großer Teil der Doktorand*innen und Postdocs das Wissenschaftsmanagement als einen Plan B, falls die wissenschaftliche Karriere nicht weitergeht: Nach der dritten Postdoc-Stelle, wenn es mit der Professur doch nicht klappen sollte, wechselt man eben ins Wissenschaftsmanagement. Weil man mit Mitte vierzig einen unbefristeten Job möchte, um die Familie zu ernähren. Mit den guten Publikationen, die man gesammelt hat, kann man vielleicht irgendwo in leitender Position einsteigen? In der Tat gibt es immer wieder Menschen, die nach fortgeschrittener wissenschaftlicher Qualifikation den Sprung ins Wissenschaftsmanagement schaffen. Ein realistischer Blick zeigt jedoch, dass die meisten Einsteiger*innen direkt nach dem Studium, der Promotion oder einem ersten Postdoc mit Ende zwanzig oder Anfang dreißig in ihre erste Stelle im Wissenschaftsmanagement starten. Wissenschaftliche Erfahrung über die Promotion hinaus ist in den wenigsten Tätigkeitsbereichen des Wissenschaftsmanagements notwendig. Einer der Gründe, warum erfolgreichen Bewerber*innen weit überwiegend weiblich sind, liegt darin, dass diese sich früher entscheiden, aus der Wissenschaft auszusteigen. Der Quereinstieg erfahrener Wissenschaftler*innen im Alter von Mitte dreißig bis Anfang vierzig mit mehrjähriger Postdoc-Erfahrung oder abgeschlossener Habilitation ist eine Ausnahme. Es ist also einfacher, wenn man sich rechtzeitig und gut überlegt für eine Karriere im Wissenschaftsmanagement entscheidet.

Drittens meinen nicht wenige der Nachwuchswissenschaftler*innen, die unsere Workshops besuchen oder ein Coaching machen, dass sie aufgrund ihres wissenschaftlichen Hintergrunds voll qualifiziert für die Arbeit im Wissenschaftsmanagement sind – und zwar für jede Arbeit. In der Tat ist Feldkompetenz in der Wissenschaft – also das Wissenschaftssystem aus eigener Erfahrung zu kennen – eine der Kernqualifikationen für eine Stelle im Wissenschaftsmanagement. Und vermutlich haben Sie, wenn Sie Wissenschaftler*in sind, bereits einige relevante Tätigkeiten ausgeübt, indem Sie zum Beispiel Fakten und Hintergründe recherchiert, Daten analysiert und aufbereitet, Texte verfasst, Projekte koordiniert, Präsentationen gehalten oder Arbeitstreffen moderiert haben. Dennoch genügen rein wissenschaftliche Qualifikationen in der Regel nicht als Eintrittskarte ins Wissenschaftsmanagement: Das Berufsfeld ist stark ausdifferenziert (siehe Kapitel 1.2 »Tätigkeitsbereiche«) und Stellen werden dezidiert für einzelne Tätigkeitsbereiche ausgeschrieben. Immer häufiger werden einschlägige Vorerfahrung und spezifische Zusatzausbildungen erwartet. Als Anforderung in fast allen Bereichen des Wissenschaftsmanagements gilt, dass Bewerber*innen kommunikationsstark und ergebnisorientiert sein und die Entscheidungs- und Managementstrukturen einer Forschungseinrichtung und des Wissenschaftssystems kennen sollten (siehe Kapitel 1.1 »Was ist Wissenschaftsmanagement?«). Wichtig im Bewerbungsprozess ist nicht zuletzt, dass Sie deutlich machen können, dass Sie in Zukunft gern und bewusst im Wissenschaftsmanagement und nicht mehr als Wissenschaftler*in arbeiten wollen (siehe Kapitel 3.1 »Spezifika von Bewerbungen für das Wissenschaftsmanagement«).

Wissenschaftsmanagement ist ein vielfältiges Berufsfeld, das durch seine Serviceorientierung geeint wird, aber auch große Unterschiede zwischen den einzelnen Tätigkeitsbereichen aufweist. Nicht zuletzt ist es deshalb wichtig, dass Sie die Breite des Berufsfelds überschauen und eine klare Vorstellung davon haben, wofür die jeweils ausgeschriebene Stelle im System Wissenschaftsmanagement zuständig ist, welche Anforderungen an die Stelle gestellt werden, welche Kompetenzen Sie hierfür mitbringen und – ganz wichtig – ob und warum Ihnen diese Stelle Freude bereiten würde.

> *»Mein Arbeitsalltag als Gleichstellungsreferentin ist so vielfältig, dass jeder Tag anders aussieht: Konzepte erstellen, Daten aufbereiten und analysieren, Zielvereinbarungen mit Führungskräften aushandeln, strategische Dokumente*

> *um Gleichstellungsaspekte ergänzen, Projekte initiieren, begleiten und evaluieren, aber auch individuelle Beratungen, Karrierewege begleiten, eng mit anderen Einheiten der Universität und in Arbeitsgruppen zusammenarbeiten, bundesweit vernetzt sein, Fachstudien lesen und vieles mehr. Die Begleitung der Wissenschaftler*innen ermöglicht mir, die Wirkung meiner Arbeit direkt zu beobachten und Maßnahmen gegebenenfalls anzupassen.«*
>
> *Tanja, 43, Gleichstellungsreferentin*

Mit diesem Buch wenden wir uns an Menschen aus allen Fachgebieten, die herausfinden wollen, ob das Wissenschaftsmanagement eine spannende Karriereperspektive für sie bieten könnte und wie sie einen Einstieg finden. Dabei denken wir vor allem an Nachwuchswissenschaftler*innen nach der Promotion, die sich bewusst gegen eine wissenschaftliche Karriere entschieden haben. Das Buch richtet sich aber auch an diejenigen, die nach dem Masterabschluss im Wissenschaftsmanagement arbeiten wollen, die ihre Promotion abbrechen oder die noch nach der Habilitation einen Quereinstieg suchen.

Gegliedert ist das Buch ist in vier Teile: Im ersten Kapitel »Arbeitswelt Wissenschaftsmanagement« erklären wir, was das Wissenschaftsmanagement ist, welche Tätigkeitsbereiche es umfasst, welche Institutionen Ihre Arbeitgeberinnen werden könnten und welche Arbeitsbedingungen und Karrieremöglichkeiten sich Ihnen bieten. Ziel des Kapitels ist es, dass Sie sich ein Wissensnetz aufbauen, in das Sie bei Ihrer Recherche im Bewerbungsprozess Details einknüpfen können.

Im zweiten Kapitel »Ihr Weg ins Wissenschaftsmanagement« geht es darum, Sie bei Ihrer Strategie für Ihre individuelle Karriereentwicklung zu unterstützen. In der Wissenschaft ist es unabdingbar, über vertiefte Kenntnisse im eigenen Arbeitsgebiet zu verfügen. Teilnehmer*innen in unseren Workshops fragen daher häufig nach Fortbildungen, um sich den Einstieg ins Wissenschaftsmanagement über mehr theoretisches Wissen zu erarbeiten. Für die berufliche Orientierung und einen erfolgreichen Quereinstieg ist es oft jedoch viel wichtiger, tätig zu werden: mit Menschen in Kontakt zu treten, Dinge auszuprobieren, Erfahrungswissen aufzubauen und dadurch spezifische Kompetenzen zu entwickeln.

In diesem Arbeitsteil wollen wir es Ihnen so einfach wie möglich machen, auf Ihren ersten Job im Wissenschaftsmanagement zuzugehen. Unser Konzept umfasst viele kleine Schritte. Jeder einzelne davon ist leicht. Dennoch braucht es Geduld, um die Schritte auch tatsächlich zu gehen, Mut, um den eigenen Weg individuell zu planen, und Zuversicht, um daran zu glauben, dass er zum Ziel führen wird. Mit unserem Konzept möchten wir Ihnen helfen, damit Ihr Weg so einfach und flexibel wie möglich ist.

In Kapitel 3 »Bewerbung für das Wissenschaftsmanagement« beschreiben wir, wie eine gut gemachte Bewerbung aussehen sollte, wie Sie Ihren wissenschaftlichen Lebenslauf für das Wissenschaftsmanagement präsentieren und was es beim Vorstellungsgespräch zu beachten gilt.

In Kapitel 4 konzentrieren wir uns auf Ihre ersten hundert Tage im Wissenschaftsmanagement: Was sind die Herausforderungen? Worauf sollten Sie achten? Wie können Sie sich weiterentwickeln?

Die Grundprinzipien dieses Buches

Unser Ziel ist es, Ihnen mit diesem Buch die notwendigen Informationen und Strategien mit auf den Weg zu geben, damit Sie Ihren Berufseinstieg im Wissenschaftsmanagement effektiv, einfach, individuell und mit Freude selbst gestalten können. Das Buch beruht auf drei Prinzipen, die wir Ihnen für die Jobsuche und darüber hinaus ans Herz legen wollen: Einfachheit, Kooperation und Eigenverantwortung.

Einfachheit – Keep it simple!

Das Wissenschaftsmanagement ist komplex – man kann es analysieren, kategorisieren und trefflich darüber streiten. Die Diskussion darüber hat uns beim Schreiben dieses Buches Spaß gemacht. Allerdings nehmen wir an, dass es Ihr Ziel ist, in absehbarer Zeit einen Job zu finden, also ein konkretes Ergebnis zu erreichen. Dazu ist es notwendig, dass Sie aus der Reflexion möglichst schnell und mühelos ins Handeln kommen, also Bewerbungen schreiben, sich vernetzen, Entscheidungen treffen etc. Es erscheint uns hilfreich, Ihnen das Wissenschaftsmanagement und den Weg dorthin so einfach wie möglich (wenngleich so komplex wie nötig) zu vermitteln. Bei Interesse können Sie selbstverständlich auch tiefer eintauchen. Dazu dienen der Anhang und die Hinweise auf weiterführende Informationsquellen im Text. Dennoch: Verlieren Sie sich nicht in abstrakten Betrachtungen über das Wissenschaftsmanagement, sondern handeln Sie! Auf Ihrem Weg ins Wissenschaftsmanagement werden Sie die Vielfältigkeit des Berufsfeldes ohnehin unmittelbarer und besser kennenlernen.

Kooperation – Gemeinsam erfolgreich sein

Wissenschaft zu »managen« bedeutet, Zusammenarbeit zu koordinieren. Es geht darum, Kooperation zu ermöglichen und zu erleichtern, um eine Aufgabe zu bewältigen, die für eine*n Einzelne*n nicht zu schaffen ist. Wichtige Grundlage dafür ist Vertrauen. Auch Ihre Karriere müssen Sie nicht alleine »schaffen«. Am Anfang Ihrer Karriere werden Sie überproportional von jeder vertrauensvollen Beziehung profitieren. Am Ende Ihrer Karriere wird es Ihnen möglicherweise Freude bereiten, in kooperativen Beziehungen mehr geben zu können, als Sie bekommen. Wir laden Sie ein, anderen Menschen, denen Sie auf Ihrem Weg ins Wissenschaftsmanagement begegnen, erst einmal zu vertrauen – wenn nicht eindeutige Gründe dagegensprechen. Die überwiegende Zahl von Menschen wird Ihnen gern weiterhelfen (solange Sie sie nicht ausnutzen). Im zweiten Teil des Buches gibt es dazu zahlreiche Vorschläge. Der einfachste und wichtigste Hinweis: Stellen Sie Fragen!

Eigenverantwortung: Selbständig denken – unabhängig entscheiden

Die Darstellung des Wissenschaftsmanagements sowie die Tipps und Vorschläge, die wir in diesem Buch präsentieren, beruhen auf unserer intensiven Recherche, auf unseren Erfahrungen aus dem Berufsleben und aus Beratungskontexten sowie dem Austausch mit Kolleg*innen. Wir haben sie diskutiert, überprüft und unsere abweichenden Ansichten gegeneinander abgewogen, um Sie gut und umfassend zu informieren und Ihnen effektive und leicht umsetzbare Strategien vorzuschlagen. Das Buch soll aber weder »die Wahrheit« noch ein »Programm« darstellen, dem Sie blind folgen sollen. Es ist eine Einladung, selbständig zu denken, zu forschen, zu experimentieren und zu gestalten.

Denn: Wenn Sie die Verantwortung für sich selbst übernehmen, werden Sie einen Beruf finden, der zu Ihnen passt, in dem Sie gut sind und der Ihnen Spaß macht. Vielleicht ist es ein Beruf im Wissenschaftsmanagement. Stellen Sie daher alles in Frage und prüfen Sie, was für Sie Sinn ergibt. Finden Sie heraus, was Sie persönlich wollen und entscheiden Sie, welche Strategie für Sie zielführend ist. Vielleicht werden Sie feststellen, dass schon der Weg Freude bereiten kann: das neugierige Entdecken, Suchen und Ausprobieren. So werden Sie unvermeidlich »Ihren« Weg und »Ihr« Ziel finden.

1. Arbeitswelt Wissenschaftsmanagement

Das Berufsfeld Wissenschaftsmanagement hat sich in Deutschland in den vergangenen 30 Jahren nach angelsächsischem Vorbild entwickelt. Die Idee, dass Wissenschaft ein professionelles Management benötigt, fand seit den 1990er Jahren Einzug in Hochschulen und Forschungsinstitute. Sie ist eng verknüpft mit dem grundlegenden Umbau des deutschen Hochschulsystems nach den Maßgaben des New Public Management. Zu dem Paradigmenwechsel, für den mit der Novellierung des Hochschulrahmengesetzes 1998 die rechtlichen Weichen gestellt wurden, gehörte, dass die Hochschulen ihren Charakter als nachgeordnete Einrichtungen der Bundesländer einschließlich der staatlichen Detailsteuerung verlieren sollten. Stattdessen sollten sie Forschung und Lehre im Wettbewerb untereinander und mit anderen Wissenschafts- und Forschungseinrichtungen im In- und Ausland weitgehend autonom managen. Dadurch vergrößerten sich die Entscheidungsspielräume der Hochschulen und ihre Finanzautonomie, gleichzeitig setzte sich eine stärkere Rechenschaftspflicht gegenüber der staatlichen Seite durch.[9]

Die neuen Modelle der Hochschulgovernance und die Modernisierung der Verwaltung brachten Aufgaben mit sich, für die Stellen unterschiedlichen Zuschnitts geschaffen wurden: Die eingeführten Wettbewerbselemente – vor allem um Drittmittel, aber auch um Konzepte für Governance und Lehre – machten Personal zur Organisation des Wettbewerbs notwendig (und zwar auf Geber- wie auf Nehmerseite), aber auch Forschungsmanager*innen in der Drittmittelberatung. Die Einführung neuer Steuerungsinstrumente für die autonomeren Hochschulen brachten Qualitätsmanagement und Controlling auf den Plan. Den gestärkten Hochschulleitungen wurden ein Referent*innenenstab, Berufungsmanager*innen und Stabsstellen für Kommunikation, Marketing und Fundraising zur Seite gestellt. Für die neuen Handlungsfelder der Hochschulen, wie Internationalisierung, Gleichstellung, Personalentwicklung und Technologietransfer, übernahmen Wissenschaftsmanager*innen die Strategieentwicklung und Umsetzung.

Auch der steigende Akademisierungsgrad der Gesellschaft in den vergangenen Jahrzehnten hat zum Aufstieg des Wissenschaftsmanagements beigetragen. Mittlerweile studieren in Deutschland mehr als 50 Prozent eines Jahrgangs; die Zahl der Studierenden ist von knapp 2 Millionen in 2005 auf etwa 2,8 Millionen in 2016 gestiegen.[10] Das erfordert nicht nur eine Erweiterung der Lehre, sondern führt, zusammen mit dem Umbau des Studiensystems im Rahmen der Bologna-Reform, auch zu einem Bedarf an Wissenschaftsmanager*innen bei der Vergabe von Stipendien, Organisation von Studiengängen und Graduate Schools sowie der Karriereförderung der Absolvent*innen.

Ein weiterer Grund für die wachsende Bedeutung des Wissenschaftsmanagements ist die zunehmende Differenzierung und Komplexität der Wissenschaft. In und neben den Fakultäten entstehen Strukturen wie Exzellenzcluster, Plattformen für Forschungsinfrastruktur oder An-Institute. Um komplexe und aufwendige Forschungsvorhaben in Angriff zu nehmen, bilden sich große Forschungskooperationen, die verschiedene wissenschaftliche Institutionen in mehreren Ländern umspannen können und teilweise auch Wirtschaftsunternehmen mit einbeziehen. Die aufwendige Koordination solcher kooperativer Netzwerke wird durch Wissenschaftsmanager*innen organisiert.

Man kann behaupten, dass die Hochschulen durch die genannten Entwicklungen und Reformen deutlich professioneller und leistungsfähiger geworden sind. Skeptiker*innen kritisieren hingegen – und diese Argumentation wird Ihnen als Wissenschaftsmanager*in immer wieder begegnen –, dass eine Menge Geld und Zeit für den Wettbewerb um Forschungsgelder, für Rechenschaftslegung und Managementaufgaben verwendet wird, die auch direkt in die Forschung investiert werden könnte. Umkehrbar scheint die beschriebene Entwicklung auf absehbare Zeit jedenfalls nicht.[11]

Als Teil der Formierung einer beruflichen Identität und der Professionalisierung haben sich 2011 in Deutschland Wissenschaftsmanager*innen aus ganz unterschiedlichen Tätigkeitsbereichen zum »Netzwerk Wissenschaftsmanagement«[12] zusammengeschlossen und 2013 den »Kodex für gutes Wissenschaftsmanagement«[13] verabschiedet. Das Netzwerk fördert den Austausch der Mitgliedsorganisationen und will die individuelle Karriere seiner Mitglieder unterstützen.

1.1 Was ist Wissenschaftsmanagement?

Dass die neu geschaffenen Stellen hinsichtlich ihrer Aufgaben und ihrer Beziehung zur klassischen Verwaltung einerseits und der Wissenschaft andererseits einiges gemeinsam haben, steht außer Frage. Doch schon bei der geeigneten Bezeichnung scheiden sich die Geister. Der im angelsächsischen Raum verbreitete Begriff »third space«[14] versucht die neuen Aufgaben und Tätigkeitsbereiche als dritten Bereich und damit als Vermittlerin im traditionell bipolaren System Wissenschaft/Verwaltung zu verorten; kritisch wird dabei angemahnt, dass dieses Konzept die Entfremdung von Wissenschaft und Verwaltung nur vertiefen würde[15] und Management und Verwaltung ohnehin nicht zu trennen seien.[16]

Die vom International Centre for Higher Education Research Kassel (INCHER) durchgeführte Studie[17] zu dieser Berufsgruppe prägt die Begriffe »Hochschulprofessionelle« oder »(neue) Hochschulprofessionen«, um den Expert*innenstatus dieser Positionen, ihr eigenständiges Agieren und ihre Qualifikation in den Mittelpunkt zu rücken. Allerdings hat sich dieser Begriff vor allem bei der so bezeichneten Berufsgruppe nicht durchgesetzt und scheint auch in seinem institutionellen Bezug zu eng gefasst.

Weit verbreitet ist in den wissenschaftspolitischen Debatten um das Berufsfeld der Begriff »Wissenschaftsmanagement«, der zunehmend auch von den Beschäftigten als Bezeichnung des eigenen Selbstverständnisses verwendet wird. Kritisch wird jedoch die Kohärenz als Berufsbild diskutiert.[18] Eine begriffliche Unschärfe ergibt sich auch daraus, dass sich die Bezeichnung teilweise ausschließlich auf das nichtprofessorale Personal bezieht, teilweise jedoch auch Funktionsträger*innen in Rektoraten, Dekanaten und Institutsleitungen aufgrund ihrer (zunehmend auch hauptamtlichen) Managementaufgaben unter »Wissenschaftsmanagement« subsumiert werden.

In diesem Buch wollen wir Ihnen vorstellen, wie facettenreich und heterogen das Wissenschaftsmanagement ist. Daher bezeichnen wir es nicht als Profession, sondern als Berufsfeld, das ganz unterschiedliche Tätigkeitsbereiche und Professionen vereint, wie beispielsweise Personalentwickler*innen, Pressesprecher*innen oder Controller*innen (siehe Kapitel 1.2 »Tätigkeitsbereiche«). Wir legen den Begriff insofern weit aus, als dass wir – außer den akademischen Wahlämtern – die meisten höher dotierte Tätigkeiten darunter fassen, die Service-, Beratungs- und Managementfunktion haben und an einer Forschungseinrichtung oder wissenschaftsunterstützenden Einrichtung angesiedelt sind.[19] Positionen also, die für Sie als Studienabsolvent*in oder Promovierte*r einen spannenden nächsten Karriereschritt darstellen können.

Aufgaben des Wissenschaftsmanagements

Welche Aufgaben übernimmt das Wissenschaftsmanagement? Vereinfacht lässt sich seine Rolle im Zusammenspiel mit Wissenschaft und Verwaltung so zusammenfassen: Wissenschaftler*innen nehmen neben ihren Aufgaben in Forschung und Lehre diverse führende Positionen ein. Professor*innen gestalten die Wissenschaftspolitik in bundesweiten Gremien und Institutionen, wie der Deutschen Forschungsgemeinschaft (DFG), dem Wissenschaftsrat (WR), den wissenschaftlichen Akademien (zum Beispiel der Leopoldina) und der Hochschulrektorenkonferenz (HRK). Sie haben in den bezeichnenderweise »akademische Selbstverwaltung« genannten Entscheidungsstrukturen von Hochschulen die Mehrheit und stellen die Mitglieder der gestärkten Hochschulleitungen.

Die Hochschulverwaltung hat die Aufgabe, die Rechtmäßigkeit von Entscheidungen und Prozessen an der Hochschule sowie die Rechenschaftslegung gegenüber den Geldgeber*innen sicherzustellen, sei es bei der Anwendung arbeitsrechtlicher Rahmenbedingungen bei Verträgen, der Einhaltung der Fördervorschriften von Drittmittelgebern, dem einwandfreien Einsatz von Haushaltsmitteln oder der Befolgung hochschulrechtlicher Erlasse bei Prüfungen. Zusätzlich hat sie vielfältige Serviceaufgaben (Drittmittel- und Personalverwaltung, Reisekostenabrechnung usw.).[20]

Das Wissenschaftsmanagement beschäftigt sich damit, wie die durch die Hochschulpolitik sowie durch die Gremien der Forschungseinrichtungen festgelegten institutionellen Ziele erreicht werden können. Es entwirft Konzepte zur Steuerung und koordiniert Maßnahmen und Dienstleistungen für Forschung und Lehre, die der Erreichung der strategischen Ziele dienen. Daraus ergeben sich ein großer Gestaltungsspielraum und eine ebenso große Ergebnisverantwortung der Wissenschaftsmanager*innen, die jedoch in der Regel mit geringer Entscheidungskompetenz auf institutioneller Ebene einhergehen.

Die Idee, neben einer effektiven Verwaltung ein Wissenschaftsmanagement zu etablieren, beruht auf den Annahmen, …

… dass ein Wettbewerb der neuartigsten Ideen, der besten Konzepte und der hellsten Köpfe zu einer massiven Qualitätssteigerung führt. Dieser Wettbewerb spiegelt sich in der großen Bedeutung von Drittmitteln für die Forschung wider und wird unter anderem von Wissenschaftsmanager*innen in der Forschungsförderung ausgerichtet.

… dass eine professionell koordinierte Zusammenarbeit in der Forschung die Ressourcen schont. Wissenschaftsmanager*innen koordinieren daher Forschungsverbünde, organisieren Konferenzen, unterstützen bei der internationalen Vernetzung und beim Austausch von Daten und Forschungsergebnissen. Sie helfen als Personalentwickler*innen den Wissenschaftler*innen bei ihrer professionellen Entwicklung und sorgen als Controller*innen oder Qualitätsmanager*innen für einen reibungslosen Ablauf der organisatorischen Prozesse und Berichtspflichten.

… dass die optimale und effektive Ausbildung des (potenziellen) wissenschaftlichen Nachwuchses die Tradierung des bestehenden Wissensschatzes und darauf aufbauend die Schaffung neuen Wissens ermöglicht. Dafür sorgen Wissenschaftsmanager*innen beispielsweise durch die Gestaltung von Studiengängen, die Koordination von Graduiertenschulen und die Vermittlung neuer didaktischer Konzepte.

… dass die überzeugende Kommunikation der Bedeutung von Wissenschaft für die Gesellschaft dazu führt, dass die Gesellschaft weiterhin bereit ist, in großem Umfang Ressourcen zur Verfügung zu stellen. Deshalb vermitteln Wissenschaftsmanager*innen zwischen gesellschaftlichen Systemen, betreiben Marketing für Studium und Forschung und sorgen mit Evaluationen und weiteren Maßnahmen zur Qualitätssicherung für Vertrauen in die Wissenschaft und Rechtfertigung des Ressourceneinsatzes.

Typische Berufsbilder stellen wir Ihnen in Kapitel 1.2 vor.

Wissenschaftsmanager*innen werden in folgenden sieben Einsatzbereichen tätig:

- Agenda Setting und Strategie
- Organisation und Koordination
- Finanzierung
- Personal und Kooperation
- Evaluation und Controlling
- Information und Kommunikation sowie
- Studium und Lehre

Wissenschaftler*innen profitieren vielfach von den Dienstleistungen und Organisationsaufgaben, die vom Wissenschaftsmanagement übernommen werden – idealerweise können sie sich so intensiver auf Forschung und Lehre konzentrieren. Die Kernaufgabe von Wissenschaftsmanagement und Verwaltung – dafür zu sorgen, dass Ressourcen (Zeit, Geld etc.) im Sinne der institutionellen Strategie und rechtlichen Rahmenbedingungen effektiv und effizient eingesetzt werden – bietet jedoch immer wieder Konfliktstoff, wenn sie als Kontrollfunktion über die Wissenschaft und Einschränkung der Forschungsfreiheit empfunden wird. Hier werden bisweilen alte Vorurteile über und Konflikte mit der Verwaltung auf das Wissenschaftsmanagement übertragen.

Dabei ist offensichtlich, dass weder die Wissenschaftler*innen »nur« führen noch die Wissenschaftsmanager*innen »nur« managen oder die Verwaltung »nur« verwaltet: Es gibt in allen drei Gruppen Menschen, die Führungsaufgaben innehaben. Gerade in hauptamtlichen Leitungspositionen übernehmen Rektoratsmitglieder und Dekan*innen Managementaufgaben. Der Paradigmenwechsel an Hochschulen fordert von allen drei Gruppen Innovationsfähigkeit und Kreativität, um aktuellen und sich wandelnden Anforderungen gerecht zu werden. Und idealerweise entstehen die Strategien und Konzepte für das Wissenschaftsmanagement immer auch im Dialog mit Wissenschaftler*innen und Verwaltung, um deren Erfahrungen und Bedarfe bei der Entwicklung zu Rate zu ziehen.

> *»Wissenschaftler*innen arbeiten in extrem dynamischen Forschungsfeldern, Technologiemärkten und Kooperationen. Das reibt sich manchmal mit den Abläufen einer großen, hierarchisch organisierten Zentralverwaltung und formalen Anforderungen. Daher sind ein gutes Verständnis dieser beiden Welten, Kreativität und Professionalität in der Bearbeitung von Prozessen und in der Kommunikation erforderlich.«*
>
> *Petra, 49, Referentin Personalentwicklung*

Kompetenzen für das Wissenschaftsmanagement

Für die Arbeit als »Wissenschaftsmanager*in« sind eine Reihe von grundlegenden Fähigkeiten wichtig; für die einzelnen Tätigkeitsbereiche kommen spezifische Kompetenzen, Fachwissen und Methoden hinzu (siehe Kapitel 1.2 »Tätigkeitsbereiche«). In Stellenausschreibungen werden üblicherweise folgende grundlegende Fähigkeiten genannt:

- analytisches Denken,
- Kommunikations- und Organisationsgeschick,
- gute Vernetzung und Flexibilität,
- eigenständige Arbeitsweise,
- Service-Bereitschaft,
- Interdisziplinarität und Internationalität sowie
- wissenschaftspolitisches Verständnis.

Auf einige Interessent*innen werden diese Anforderungen möglichweise abschreckend wirken. Andere werden von sich behaupten, dass sie all diese Fähigkeiten schon aus ihrer wissenschaftlichen Erfahrung heraus beherrschen. Tatsächlich entsprechen einige der grundsätzlichen Anforderungen für das Wissenschaftsmanagement Kompetenzen, die Sie für Studium und Promotion mitbringen mussten oder dort erworben haben. Im neuen beruflichen Kontext kommt ihnen jedoch eine andere Bedeutung zu. Versuchen wir zu »übersetzen«, was diese recht abstrakten Qualifikationen im Wissenschaftsmanagement eigentlich bedeuten:

- Sie sollten möglichst klug sein. Im Wissenschaftsmanagement übernehmen Sie anspruchsvolle konzeptionelle Aufgaben. Und Sie werden einen Teil Ihrer Arbeitszeit mit renommierten Wissenschaftler*innen und anderen klugen Köpfen verbringen.
- Sie sollten gut mit Menschen, speziell mit so unterschiedlichen Berufsgruppen wie Wissenschaftler*innen und Verwaltungsmitarbeiter*innen, auskommen und gern mit ihnen zu tun haben. Als Wissenschaftsmanager*in werden Sie wahrscheinlich oft als Übersetzer*in oder Mediator*in zwischen den beiden genannten Berufsgruppen auftreten.
- Sie sollten sich gern für Ihren Job einsetzen und über eine gute Selbstorganisation verfügen. Wenn ein wichtiger Termin ansteht oder ein Konzept fristgerecht geliefert werden muss, müssen auch Überstunden gemacht werden.
- Sie sollten sich darüber im Klaren sein, dass Sie nicht mehr als Wissenschaftler*in arbeiten und von Wissenschaftler*innen auch nicht mehr als solche*r behandelt werden.
- Sie sollten in der Lage sein, Ihre Rolle zu reflektieren. Manchmal sind Sie »Diener*in«, manchmal geben Sie den Ton an. Sie müssen auch in der zweiten Reihe stehen können und beispielsweise Ihre*n Dekan*in glänzen lassen.
- Sie sollten gut Englisch sprechen.
- Sie sollten ein breites Interesse für Themen mitbringen, denn Sie werden nicht ausschließlich, eventuell gar nicht, in Ihrem eigenen akademischen Fach arbeiten.
- Sie sollten ein Grundverständnis davon haben, wie das Wissenschaftssystem funktioniert und Entscheidungen zustande kommen. Sollten Sie das noch nicht haben, werden Sie es im Job ziemlich schnell herausfinden.

Die Aufzählung der allgemeinen Fähigkeiten gibt also ernstzunehmende Hinweise darauf, auf was Sie sich bei einer Tätigkeit im Wissenschaftsmanagement einlassen. Durch Verwaltungsabläufe und rechtliche Regelungen ist der gesetzte Rahmen für Ihre Tätigkeit teilweise enger als in der Wissenschaft und es werden in der Regel höhere Anforderungen an Kommunikation, Rechenschaftspflicht und Zusammenarbeit gestellt. Das Berufsfeld Wissenschaftsmanagement hat also seine eigenen formellen und informellen Gepflogenheiten, die Sie kennen oder aber antizipieren sollten (siehe Kapitel 4 »Die ersten hundert Tage«).

Wie wichtig ist ein Doktortitel?

Nicht selten wird in Stellenausschreibungen für das Wissenschaftsmanagement eine Promotion als Voraussetzung genannt. Das hat drei Gründe: Erstens wird Ihnen dadurch eine strukturierte, zielführende und wissenschaftlich exakte Arbeitsweise zugeschrieben. Zweitens weist Ihre Promotion nach, dass Sie über wissenschaftliche Feldkompetenz verfügen und sich mit den Gepflogenheiten und Rationalitäten von Forschung und Lehre auskennen. Drittens hat Ihr Doktortitel eine nicht zu unterschätzende repräsentative Bedeutung und hilft Ihnen dabei, sich in bestimmten Settings die notwendige Geltung zu verschaffen. Einige Universitäten besetzen Führungspositionen im Wissenschaftsmanagement daher grundsätzlich nur mit Promovierten. Ohne Doktortitel können Sie selbstverständlich ebenso gute Arbeit leisten – Sie müssen Ihre Kompetenz nur tendenziell öfter unter Beweis stellen.

Zu Grundkompetenzen, die Sie für manche Tätigkeitsbereiche benötigen, gehören auch:

Textsicherheit

Gemeint ist die Fähigkeit, komplexe Sachverhalte zu erfassen, das strategisch Brisante zu erkennen und in kürzerer oder längerer Form schriftlich aufzubereiten. Je nach Kontext sind dabei Begründungen für Gremienvorlagen, Reden und Grußworte, Antragsbausteine oder hochschulpolitische Grundsatztexte gefragt. Gerade als Geistes- und Sozialwissenschaftler*in bringen Sie vermutlich die nötige Analysefähigkeit und Schreiberfahrung mit, die es aber stilsicher auf die jeweilige Textsorte anzuwenden gilt. Grundsätzlich ist im Wissenschaftsmanagement eine Schreibweise mit kürzeren, einfach aufgebauten Sätzen die Regel.

Parkettsicherheit

Einige Bereiche im Wissenschaftsmanagement erfordern häufigen Kontakt mit Professor*innen oder anderen hochrangigen Personen. Um mit allen Beteiligten auf Augenhöhe kommunizieren zu können und Ihre Institution angemessen nach außen zu vertreten, sind gute Umgangsformen und verbindliches Auftreten gefragt. Das reicht von Smalltalk zum Beziehungsaufbau oder bei Empfängen, Vertrautheit mit internationalen Konventionen und angemessener Kleidung zum jeweiligen Anlass bis hin zu Souveränität auch in schwierigen, möglicherweise konflikthaften Situationen. Vielleicht haben Sie bei hochrangigen Konferenzen, bei Preisverleihungen oder Empfängen schon ähnliche Erfahrungen gemacht und eine gewisse Routine entwickelt.

Präsentationsfähigkeit

Immer wieder bietet das Wissenschaftsmanagement Anlässe, in denen Sie Konzepte überzeugend vor einem Gremium präsentieren oder einen Kurzvortrag über Ihren Arbeitsbereich oder Ihre Institution halten müssen, vor allem, wenn Sie eine Führungsposition innehaben. Diese Art von Situation sollte Ihnen aus Ihrer wissenschaftlichen Tätigkeit vertraut sein, auch wenn Inhalte und Argumentationslinien andere sind. Gerade in Tätigkeitsbereichen, die sich in einem hochschulpolitischen Kontext abspielen, kommen Sie des Öfteren auch in Situationen, in denen Sie dabei nicht Ihre persönliche Meinung, sondern die Ihrer Vorgesetzten oder der Hochschulleitung vertreten müssen. Hier gilt es, das strategische Gespür einzusetzen und sich im Vorfeld gut abzustimmen.

Netzwerkmanagement

Netzwerke spielen für eine erfolgreiche Tätigkeit im Wissenschaftsmanagement eine wichtige Rolle. Dabei geht es innerhalb wie außerhalb Ihrer Institution hauptsächlich um zwei Dinge: Zum einen brauchen Sie Arbeitskontakte, um aktuelle Informationen auszutauschen, inhaltliche und methodische Fragen abzustimmen und gegebenenfalls gemeinsame Konzepte zu entwickeln. Idealerweise geht es hier um ein Geben und Nehmen, um Ihre Arbeit qualitativ besser zu machen. Zum anderen sind Netzwerke strategisch sinnvoll: Für den Erfolg Ihrer Arbeit wird es wichtig sein, bei einschlägigen Stakeholdern für Chancen und Wirksamkeit Ihrer Projekte zu werben. Im konkreten Fall sind meist Gespräche im kleineren Rahmen zielführend, etwa bevor Ihre nächste Beschlussvorlage in den Senat geht. Hier wird es nicht nur darum gehen, für Ihre Sache zu werben, sondern auch gut zuzuhören und die Interessen und Bedarfe der anderen Seite kennenzulernen. Natürlich geht das glatter, wenn Sie den Kontakt schon ohne dringenden Anlass erschlossen und gepflegt haben.

Einerseits gilt wie bei den meisten Stellenausschreibungen: Vermutlich kann niemand alle Qualifikationen in vollem Umfang vorweisen, schon gar nicht als Einsteiger*in. Ebenso wenig wird zurzeit eine Ausbildung im Wissenschaftsmanagement für eine Einstellung vorausgesetzt. Entsprechend dem professionellen Selbstverständnis formieren sich zwar zunehmend Weiterbildungen und Studiengänge für das Wissenschaftsmanagement (siehe Anhang). Der überwiegende Teil der Angebote ist jedoch berufsbegleitend und es ist erst sinnvoll, sie in den ersten Jahren im Wissenschaftsmanagement wahrzunehmen.

Andererseits: Vor allem seit der Schaffung vieler neuer, befristeter Wissenschaftsmanagementstellen im Rahmen der Exzellenzinitiative ist der Arbeitsmarkt sehr dynamisch. Als Quereinsteiger*in aus der Wissenschaft konkurrieren Sie daher mit Personen, die möglichweise keinen Doktortitel haben, dafür aber schon einige Jahre im Wissenschaftsmanagement tätig waren, im Studium als Hilfskraft in einem einschlägigen Bereich gearbeitet haben oder aber als Expert*innen aus anderen Berufsfeldern kommen. Um Ihre Chancen zu erhöhen, kann für bestimmte Tätigkeitsbereiche der Nachweis einer berufsspezifischen Aus- und Weiterbildung nützlich sein (siehe Kapitel 1.2 »Tätigkeitsbereiche« und Kapitel 3.4 »Strategien für Ihre Bewerbung«).

Hilfreich ist in jedem Fall, wenn Sie konkrete Erfahrungen mit Methoden und Arbeitsmitteln mitbringen, die auch im Wissenschaftsmanagement eingesetzt werden, beispielsweise, wenn Sie wissen, wie eine Datenbank funktioniert, oder über erste Anwendungserfahrung verfügen. Da sich die Systeme von Institution zu Institutionen unterscheiden, werden Sie die Spezifika der jeweiligen Datenbank oder Dokumentenmanagement-Systeme ohnehin im Job lernen müssen. Die meisten Methoden, die im Wissenschaftsmanagement angewendet werden, sind grundsätzlich nicht schwer zu verstehen, aber es braucht Erfahrung, um sie sinnvoll einzusetzen.

In Ihrer Tätigkeit werden Sie darüber hinaus fachlich einschlägiges Grundlagenwissen benötigen. Oft wird das Themenspektrum aber so abwechslungsreich sein, dass Sie sich das für einzelne Aufgaben benötigte Wissen pragmatisch und selektiv aneignen können und müssen. Im Laufe weniger Monate beschäftigen Sie sich dann beispielsweise mit den aktuellen Bestimmungen des Datenschutzes, Doppelbesteuerungen bei der Bezahlung von Honoraren an internationale Dozent*innen, Tarifregelungen für wissenschaftlich arbeitende Mediziner*innen oder Bildrechten bei Vorträgen. Auch hier gilt: Das Wissenschaftsmanagement ist ein Netzwerk von Expert*innen. Idealerweise können Ihnen erfahrene Kolleg*innen bei der Einarbeitung in das nötige Fachwissen weiterhelfen.

Wie können Sie herausfinden, ob Sie die notwendigen Fähigkeiten für eine der ausgeschriebenen Stellen haben? Dazu kommen wir in Kapitel 2 noch ausführlich. An dieser Stelle sei der Hinweis auf die erfolgreichste Strategie genannt: Sprechen Sie mit Menschen, die in dem Berufsfeld arbeiten, für das Sie sich interessieren. Selbst wenn Sie dabei feststellen, dass Sie die benötigten Fähigkeiten noch nicht besitzen, können Sie in Gesprächen herausfinden, ob und wie Sie die fehlenden Kompetenzen entwickeln können oder ob es einen ähnlichen Tätigkeitsbereich gibt, der für Sie unter Umständen attraktiver und passender ist. Als erste Orientierung, welche Bereiche und Arbeitgeber*innen für Sie persönlich am interessantesten sind, dienen die folgenden zwei Kapitel.

1.2 Tätigkeitsbereiche

Wissenschaftsmanagement ist ein Oberbegriff für verschiedene Tätigkeiten. Ist der Service für Forschung und Lehre eine grundsätzliche Gemeinsamkeit zwischen allen im Wissenschaftsmanagement zusammengefassten Tätigkeitsbereichen, so unterscheiden sie sich jedoch deutlich, was Themen, Aufgaben, Zielgruppen sowie strukturelle und institutionelle Eingliederung angeht. Einige der Tätigkeitsbereiche, wie die Koordination von Forschungsprojekten oder Studiengängen, haben eine größere Nähe zur Wissenschaft, andere, wie Qualitätssicherung oder Personalentwicklung, eine geringere.

Für einen erfolgreichen Einstieg ins Wissenschaftsmanagement finden wir essenziell, dass Sie sich über die unterschiedlichen Tätigkeitsbereiche informieren und sich deren Spezifik bewusst sind. Dadurch können Sie herausfinden, welche Tätigkeit Sie besonders interessiert, welche Voraussetzungen Sie bereits mitbringen und wie Sie eine passende Bewerbung schreiben. Zu Ihrer ersten Orientierung geben wir Ihnen einen Überblick über die Einsatzbereiche des Wissenschaftsmanagements und beschreiben beispielhaft einige der wichtigsten Tätigkeitsbereiche.

Agenda Setting und Strategie

Strategische Entscheidungen, die das Wissenschaftssystem als Ganzes und oder einzelne Forschungsinstitutionen betreffen, werden, wie schon in Kapitel 1.1 ausgeführt, von professoralen Gremien oder von hochschulpolitischen Institutionen getroffen. Wissenschaftsmanager*innen stehen hier zwar meist nicht in der ersten Reihe, wenn Sie aber Agenda Setting und Strategie als Thema interessieren, gibt es für Sie in den hochschulpolitischen Institutionen oder im Umfeld von Entscheider*innen spannende Jobs.

> *»Die Arbeit als Organisationsentwickler*in kann paradox sein, weil Hochschulen streng genommen gar keine Organisationen sind – ihre Mitglieder sehen sich oft weniger als Teil des Systems Universität, sondern verhalten sich wie ein lose angekoppelter Teil einer oder mehrerer Fach-Communities. Wenn ich als Organisationsentwicklerin argumentiere, dass sich Arbeitsprozesse besser für ›das Ganze‹ gestalten lassen, werde ich nicht selten von einer Professorin oder einem Studienberater zurückgefragt, was denn mit diesem ›Ganzen‹ gemeint ist. Auf der anderen Seite gibt es in kaum einer Organisationsform so viele Freaks wie in der Hochschule – kreative Einzelgänger*innen mit unangepassten Ideen. So kommen wir manchmal auf sehr überraschenden Pfaden zu intelligenten Lösungen.«*
> *Christine, 50 Jahre, Organisationsentwicklerin*

*Persönliche Referent*innen*

Dicht an der Macht, und doch meist im Hintergrund: Persönliche Referent*innen halten den Top-Führungspositionen an Forschungsinstitutionen und hochschulpolitischen Einrichtungen den Rücken frei. Rektor*innen und Präsident*innen, Direktor*innen und Generalsekretär*innen, manchmal auch Kanzler*innen und Vize-Präsident*innen, werden durch kommunikative Personen unterstützt, die sich schnell in unterschiedlichste Themen einarbeiten können. Der Doktortitel ist aus Prestigegründen übrigens oft Einstiegsvoraussetzung.

Als persönliche*r Referent*in koordinieren Sie das Tagesgeschäft »Ihrer« Führungsperson, bereiten Termine vor, holen Zuarbeiten aus den zuständigen Ressorts ein und nehmen an Sitzungen teil. Sie schreiben Reden und kommunizieren intern und extern, um in Hintergrundgesprächen oder coram publico die Position Ihres Chefs oder Ihrer Chefin zu vertreten. Manchmal können diese Positionen auch mit der »Büroleitung« verbunden sein, das heißt, Sie haben Führungsverantwortung für das Sekretariat und weitere Referent*innen, teilweise auch Budgetverantwortung.

Je nach Zuständigkeit Ihrer Führungskraft müssen Sie sich entweder in einem bestimmten Themenfeld (zum Beispiel Forschungspolitik) auskennen oder Generalist*in sein und schnell auf wechselnde Themen reagieren. Neben »Parkettsicherheit« brauchen Sie gute Projekt- und Selbstmanagementkompetenz, um den Reigen der stündlich wechselnden Themen mittanzen zu können oder ihn idealerweise zu dirigieren. Nicht immer reichen dafür die üblichen Bürozeiten aus. Die Dankbarkeit Ihres*Ihrer Vorgesetzten ist Ihnen meist sicher, im Übrigen werden Sie durch Ihr Werk in der zweiten Reihe nicht lange in Erinnerung bleiben. Das macht aber auch nichts, denn diese Position ist ein ideales Sprungbrett in nahezu alle anderen Bereiche des Wissenschaftsmanagements, in denen Sie sich dann einen Namen machen können.

Hilfreiche Vorerfahrungen:

- Kenntnis der aktuellen hochschulpolitischen Diskussionen
- Kenntnis deutscher oder internationaler Förderinstitutionen und deren Programme
- Gremienerfahrung
- Erfahrung im Verfassen von nicht wissenschaftlichen Texten

*Referent*innen in hochschulpolitischen Einrichtungen*

Hochschulpolitische Einrichtungen wie Wissenschaftsministerien, Wissenschaftsrat oder Interessenvertretungen (Hochschulrektorenkonferenz, Deutscher Hochschulverband, HochschullehrerInnenverband, Junge Akademie, Deutsche Gesellschaft für Juniorprofessur etc.), teilweise auch die großen Wissenschaftsförderer*innen und Akademien bieten interessante Positionen, die sich im engeren oder weiteren Sinne mit Wissenschaftspolitik beschäftigen. Hier ist es Ihre Aufgabe, Positions- und Hintergrundpapiere zu verfassen oder Konzepte zu aktuellen Themen der Hochschulpolitik auszuarbeiten. Um das zu tun, recherchieren Sie, oft auch international (Wie löst man die Frage in den USA, Großbritannien oder anderen europäischen Ländern? Welche *best practices* sind ins deutsche System übertragbar? Welche Fehlentwicklungen können wir vermeiden?), und vernetzen sich mit Stakeholdern, Meinungsführer*innen und interessanten Praktiker*innen in den Forschungsinstitutionen.

Ihre Papiere werden intern diskutiert, an die Entscheider*innen weitergereicht, schließlich wird darüber in den Gremien abgestimmt. Vorgestellt werden sie dort allerdings nicht von Ihnen, sondern von Ihren Vorgesetzten. Sie sollten also die deutsche Wissenschaftslandschaft und -politik gut kennen, komplexe Sachverhalte schnell erfassen, sie inhaltlich und stilistisch sicher wiedergeben können sowie strategisch Brisantes im Blick haben. Spannende hochschulpolitische Referent*innenstellen mit internationalem Fokus gibt es übrigens auch in Brüssel, wo zahlreiche europäische Interessenvertretungen ihren Sitz haben.

Hilfreiche Vorerfahrungen:

- Kenntnis der aktuellen hochschulpolitischen Diskussionen
- Kenntnis deutscher oder internationaler Förderinstitutionen und deren Programme
- Gremienerfahrung

Organisation und Koordination

Forschungsstrukturen, also beispielsweise Sonderforschungsbereiche, Forschergruppen oder Exzellenzcluster, werden immer größer und komplexer. Damit sich die Wissenschaftler*innen auf die Forschung konzentrieren können, werden immer häufiger Koordinator*innen eingestellt, die sich um das Management dieser komplexen Strukturen kümmern. Nah an der Forschung angesiedelt werden diese in der Regel an fachlich einschlägig Promovierte vergeben. Aber Vorsicht: Für die eigene wissenschaftliche Qualifizierung und Profilierung bleibt dabei in der Regel zu wenig Zeit. Gleichzeitig sind diese drittmittelabhängigen Stellen oft befristet. Anders ist das bei Positionen, die Management und Organisation für Institute, Fachbereiche oder

Fakultäten der Forschungseinrichtung übernehmen: Diese sind deutlich forschungsferner, dafür aber oft unbefristet.

> *»Am Studien(gangs)management schätze ich die große Vielfalt dieses Betätigungsfeldes. Wir bündeln hier akademisches und verwalterisches Wissen, sind geschätzte Ansprechpartner*innen für Studierende wie Dozierende und bilden eine verlässliche Konstante im oftmals hektischen universitären Alltag.«*
>
> *Véronique, 38 Jahre, Studienmanagerin*

Koordination von Forschungsprojekten

Das Management eines Forschungsprojekts ist vermutlich eine Aufgabe, die Sie aus Ihrer eigenen wissenschaftlichen Tätigkeit zumindest im Kleinen gut kennen. Vielleicht haben Sie im Laufe Ihrer Promotion festgestellt, dass es hilfreich sein kann, mit Methoden des Projektmanagements zu arbeiten. Möglicherweise haben Sie auch für Ihre*n Chef*in das DFG-Projekt verwaltet, über das Sie eingestellt waren. Komplexere Verbundprojekte, wie Sonderforschungsbereiche oder Exzellenzcluster stellen oft eine*n Koordinator*in ein, um die Zusammenarbeit zwischen den Forschenden zu koordinieren. Zu Ihren Aufgaben gehören die Organisation von Arbeitstreffen und wissenschaftlichen Großveranstaltungen, die Abrechnung der Finanzen in Zusammenarbeit mit der Forschungsadministration und Berichte an den Mittelgeber. Um nicht aus den Augen zu verlieren, ob die versprochenen Arbeitspakete mehr oder weniger fristgerecht umgesetzt werden, brauchen Sie einen guten Überblick, Projektmanagementkenntnisse und Sie sollten Chaos bändigen können. Gute kommunikative Fähigkeiten und Durchsetzungsvermögen sind besonders in den Fächern überlebenswichtig, in denen Teamwork nicht als Qualifikation für eine Professur gesehen wird.

Hilfreiche Vorerfahrungen:

- □ Studium oder Promotion im entsprechenden Fach
- □ Erfahrung in der Einwerbung und Verwaltung von Drittmittelprojekten
- □ Erfahrung im Projektmanagement

Koordination von Promotionsprogrammen

Ähnlich wie bei der Koordination von Forschungsprojekten geht es bei der Koordination von Promotionsprogrammen darum, einen Rahmen zu schaffen, in dem Wissenschaftler*innen unterschiedlicher fachlicher Schwerpunkte oder Fächer produktiv kooperieren können. Im Fokus steht dabei, dass die durch das Programm geförderten Doktorand*innen ihre Promotion in einem überschaubaren Zeitraum und mit gutem Ergebnis abschließen.

Als Koordinator*in sind Sie zunächst daran beteiligt, geeignete Förderstrukturen und -maßnahmen, wie wissenschaftliche Jours Fixes und Retreats oder Weiterbildungen, zu etablieren. In der ersten Phase (und wenn die Verlängerung der Fördermittel ansteht) geht es, gemeinsam mit den Sprecher*innen des Programms, also auch um eine konzeptionelle Arbeit, dann um die Anwerbung und Auswahl geeigneter Promotionsinteressierter (vielleicht organisieren Sie hierfür ein Auswahlsymposium) und schließlich um den laufenden Betrieb. Als Koordinator*in sind Sie Manager*in und Kummerkasten, oft auch erste Anlaufstelle bei Konflikten im Betreuungsverhältnis. Neben einer starken organisatorischen Ader sind auch hier kommunikative Kompetenzen entscheidend. Eine gute Balance zwischen Verantwortungsbewusstsein und Abgrenzung sowie Basiswissen zu Beratungstechniken werden Ihnen im Arbeitsalltag immer wieder von Nutzen sein.

HILFREICHE VORERFAHRUNGEN:

- Erfahrung mit Graduiertenschulen oder anderen Nachwuchsprogrammen
- Kenntnis der hochschulpolitischen Diskussion zur Nachwuchsförderung
- Erfahrung in der Betreuung Studierender
- Erfahrung im Projektmanagement

Management von Fachstrukturen

Wo früher Dekan*in und Sekretär*in die Geschicke eines Instituts oder einer Fakultät leiteten, werden heute an vielen Forschungsinstitutionen hauptberufliche Manager*innen eingestellt. Ob als Fachbereichsreferent*in, Fakultätsmanager*in, Verwaltungsleiter*in oder Abteilungskoordinator*in –

Ihre Aufgabe ist es zu ermöglichen, dass generelle Abläufe in Forschung, Lehre und Selbstverwaltung Ihres Fachverbunds reibungslos funktionieren. Dazu können das Vor- und Nachbereiten von Gremiensitzungen bis hin zu Berufungsverfahren genauso wie Studienberatung und -management, die Bereitstellung von Räumen und Informationen für neue Mitarbeiter*innen ebenso wie die Übersicht über die Konten Ihres Bereichs gehören. So breit die Palette der gebräuchlichen Bezeichnungen ist, so unterschiedlich fallen auch Aufgabenzuschnitt und Verantwortung aus.

Das Berufsbild rangiert zwischen Management und Verwaltung. Bei vielen Tätigkeiten ist essentiell, dass Sie sich in den Grundzügen des Hochschulrechts sowie den Satzungen und Regelungen Ihrer Institution auskennen. Als »institutionelles Gedächtnis« bei wechselnden Institutsdirektor*innen und Dekan*innen können Sie sich unverzichtbar machen und Einfluss nehmen. Als Schnittstelle zwischen allen Personengruppen Ihrer Fachstruktur sowie zur zentralen Verwaltung und nicht zuletzt als informelle Beschwerdestelle sind Kommunikation, Durchsetzungsvermögen und (laterale) Führungserfahrung Schlüssel zu beruflichem Erfolg.

Hilfreiche Vorerfahrungen:

- Studium oder Promotion im entsprechenden Fach
- Gremienerfahrung
- Erfahrung im Projektmanagement

Organisationsentwicklung

Gute Organisationsstrukturen für Hochschulen und andere Forschungseinrichtungen schaffen – in Institutionen, die eher zufällig und durch historische regionale Anforderungen gewachsen sind und nicht strategisch aufgebaut wurden? Vergleicht man die Organigramme von Universitäten, deren Verwaltungseinheiten und Handlungsroutinen, dann lassen sich organisationale Erker, Türmchen und Keller finden, die sich schwerlich als gut geordnet bezeichnen lassen. Diese Eigenlogiken zu erkennen und die Ordnungsverständnisse der Subsysteme, wie Fakultäten, Verwaltung, Serviceeinrichtungen, verstehen zu lernen, ist tägliche Aufgabe von Organisationsentwickler*innen in Forschungseinrichtungen. Es geht seltener darum, im Namen der Hochschulleitung Ordnung zu schaffen, als Prozesse kollektiv so zu gestalten, dass sie sich den unterschiedlichen Teilsystemen sinnvoll, legitim und praktisch erweisen. Die Anlässe zu einem Organisationsentwicklungsprozess können sehr unterschiedlich sein: sei es die Einrichtung, Zusammenlegung oder Schließung von Fakultäten, die Dezentralisierung oder die Standardisierung von Aufgaben, weil etwa eine hochschulübergreifende Campusmanagement-Software einführt wird. Wenn Sie Prozesse und Abläufe darstellen wollen, um sie gemeinsam auf Veränderungsbedarf zu untersuchen, ist in Hochschulen ein Händchen für Vielfalt und Toleranz gefragt, damit die spezialisierten Fachleute auf einen Nenner kommen können.

Für die Tätigkeit als Organisationsentwickler*in ist ein sozial- oder wirtschaftswissenschaftlicher Hintergrund vorteilhaft. Organisationskonzepte und Managementmethoden sowie Erfahrungen mit Moderationen in Großgruppen sind ebenso essentiell. Hilfreich ist außerdem eine Aus- beziehungsweise Fortbildung in systemischer Organisationsberatung.

Hilfreiche Vorerfahrungen:

- Fachlicher Hintergrund zu Organisationstheorie und -entwicklung
- Moderationserfahrung
- Aus- oder Weiterbildung in Beratung oder Change Management

Finanzierung

Wissenschaftliche Forschung und ihre Institutionen kosten viel Geld, das verteilt, investiert und abgerechnet werden muss. Drittmittel spielen in der Finanzierung von Forschung, aber auch von innovativen Lehrformen und Managementkonzepten, eine immer größere Rolle. Daher gibt es eine Reihe von Tätigkeitsbereichen, die die wettbewerbliche Vergabe von Drittmitteln unterstützen und organisieren. Eine spannende Aufgabe für Wissenschaftsmanager*innen mit Verantwortungsbewusstsein und einem Faible für Zahlen.

> *»Am meisten Freude bereitet mir die Arbeit mit den jungen Nachwuchswissenschaftler*innen, deren Aufbau einer ersten eigenen Nachwuchsgruppe wir finanzieren. Ich begleite sie in einer wichtigen Phase ihres Lebens, in der wissen-*

> *schaftliche Erfolge gefeiert und Rückschläge erlitten werden, aber auch Kinder geboren, Krankheiten durchgestanden und andere Lebenssituationen gemeistert werden. Dabei mit einer guten Beratung oder anderen Unterstützung hier und da helfen zu können, macht großen Spaß und mich auch ein bisschen stolz.«*
> *Oliver, 43, Förderreferent*

Vergabe von Fördermitteln

In den Forschungsförderorganisationen und bei den Projektträgern organisieren Referent*innen die Konzeption und Ausschreibung von Förderprogrammen. Sie beantworten Fragen potenzieller Antragsteller*innen, erledigen eine formale Vorprüfung der eingereichten Anträge und organisieren den Begutachtungsprozess. Hierzu gehört vor allem, geeignete Gutachter*innen zu akquirieren, die Sitzungen der Auswahlkommissionen zu organisieren und zu koordinieren sowie die Ergebnisse zu protokollieren. Schließlich müssen Bewilligungen und Absagen kommuniziert und die Umsetzung der Projekte begleitet werden. Gefragt sind eine strukturierte Arbeitsweise, klare mündliche und schriftliche Kommunikation und Parkettsicherheit. Auch mit den Größen eines Faches müssen Referent*innen souverän kommunizieren können, genauso wie Taktgefühl vorhanden sein sollte, um auch schlechte Nachrichten, die im schlechtesten Fall Wissenschaftskarrieren beenden, angemessen zu überbringen. Interesse an hochschul- und förderpolitischen Entwicklungen muss also genauso mitgebracht werden wie Freude an der Kooperation und Kommunikation mit anderen.

Hilfreiche Vorerfahrungen:

- Erfahrung mit der Einwerbung von Drittmitteln
- Kenntnis deutscher oder internationaler Förderinstitutionen und deren Programme
- Sehr gute Englischkenntnisse

Beratung zu Fördermitteln und Unterstützung bei der Antragstellung

Als Forschungsreferent*in oder Forschungsmanager*in ist es Ihre Aufgabe, Wissenschaftler*innen Ihrer Hochschule oder außeruniversitären Forschungseinrichtung bei der Drittmitteleinwerbung zu unterstützen. Das umfasst ein sehr vielfältiges Spektrum: Zum einen geht es darum, Förderprogramme an Ihrer Institution bekannt zu machen. Dies kann etwa durch den Aufbau von Förderdatenbanken, durch Newsletter, Informationsveranstaltungen (gemeinsam mit den Förderorganisationen) oder persönliche Beratung geschehen. Zum anderen unterstützen Sie Wissenschaftler*innen, die eine konkrete Antragstellung ins Auge fassen. Sie informieren über Förderbedingungen und Fristen, über Voraussetzungen und Formalia der eigenen Forschungseinrichtung, diskutieren Konzepte und vermitteln gegebenenfalls zwischen Antragsteller*innen und Hochschulleitung. Möglicherweise veranstalten Sie auch Workshops, die Techniken für eine erfolgreiche Antragstellung vermitteln, und geben Feedback zu fertigen Anträgen. Erfolgreiche Anträge »Ihrer« Wissenschaftler*innen sind auch für Sie ein Grund zum Feiern.

Zum Handwerkszeug von Forschungsreferent*innen oder Forschungsmanager*innen gehört es, sich mit den unterschiedlichen Förderprogrammen der Mittelgeber bis ins Detail auszukennen. Für den Einstieg ist ein Überblick der gängigen Mittelgeber, eine Vorstellung von der Logik von Forschungsförderung und Interesse an Forschungspolitik empfehlenswert. Für die vielseitige Arbeit essentiell sind exaktes Arbeiten, ein Auge sowohl für Details als auch für die großen Zusammenhänge, die Neugier auf immer neue Forschungsthemen jenseits der eigenen Spezialisierung und idealerweise eine Schulung in Beratungskompetenz. Je nach Organisation Ihrer Einrichtung kann es sein, dass Sie sich auf einzelne Mittelgeber, Fächer oder Karrierestufen konzentrieren. Eine Sonderrolle nimmt in diesem Tätigkeitsspektrum die »Kooperationsstelle EU der Wissenschaftsorganisationen« (KOWI) ein. Die Referent*innen in dieser von der DFG finanzierten Einrichtung informieren und beraten Wissenschaftler*innen aller deutschen Forschungseinrichtungen zum Förderangebot der Europäischen Union.

Die Berufsgruppe der Forschungs- und Transfermanager*innen an deutschen Hochschulen und öffentlich geförderten außeruniversitären Forschungseinrichtungen hat sich seit 2003 im Netzwerk forschungsreferenten.de mit über 1 500 Personen zusammengeschlossen und 2019 als Netzwerk für Forschungs- und Transfermanagement (FORTRAMA) neu profiliert.

Hilfreiche Vorerfahrungen:

- Erfahrung mit der Einwerbung von Drittmitteln
- Kenntnis deutscher oder internationaler Förderinstitutionen und deren Programme
- Sehr gute Englischkenntnisse

Transfer

Der Transfer wissenschaftlicher Erkenntnisse in Wirtschaft und Gesellschaft findet in den letzten Jahren besondere Beachtung. Während früher der Fokus stark auf Patenten und Ausgründungen lag, der Etablierung von Spin-offs auf Basis von wissenschaftlichen Entdeckungen, wird der Begriff heute weiter gefasst und bezieht sich auch auf den Wissenstransfer durch Expert*innenberatung, Wissenschaftskommunikation und Service-Learning.

Service-Learning

Service-Learning (Lernen durch Engagement) steht für die Verknüpfung von wissenschaftlichen Inhalten und gemeinnützigem Engagement. Dabei soll das in einer Lehrveranstaltung vermittelte theoretische Wissen in einer Praxisphase in zivilgesellschaftliches Engagement umgesetzt werden. Gleichzeitig soll die Praxiserfahrung die wissenschaftliche Lernerfahrung bereichern.

Als Referent*in im Transfer-Büro einer Wissenschaftseinrichtung stellen Sie Dienstleitungen rund um die Verwertung wissenschaftlicher Erkenntnisse bereit. Sie beraten potenzielle Gründer*innen zu ihrer Geschäftsidee, organisieren Weiterbildungen zu Fördermöglichkeiten, zum Schreiben eines belastbaren Business Plans und zu steuerlichen Fragen sowie Vernetzungsevents. Dabei kooperieren Sie mit den Förderinstitutionen und lokalen Partnern, wie der Industrie- und Handelskammer und Gründerzentren. Voraussetzung für diese Tätigkeit sind betriebswirtschaftliche Kenntnisse, eigene Gründungserfahrung und ein gutes Verständnis des Marktes sowie der bestehenden Förderprogramme. Eine Affinität zu rechtlichen Fragen, Patentrecht und Verträgen ist hilfreich. Für die Beratungs- und Vernetzungstätigkeit sollten Sie über hohe kommunikative Fähigkeiten verfügen.

HILFREICHE VORERFAHRUNGEN:

- Betriebswirtschaftliche Fachkenntnisse
- Erfahrung in der Gründung von Start-ups
- Erfahrung in der Organisation von Veranstaltungen, z. B. von Fachtagungen

Personal und Kooperation

Vielfältige Tätigkeitsbereiche haben sich in den vergangenen Jahrzehnten rund um das Personal der Hochschulen und Forschungseinrichtungen herauskristallisiert. Mehrere haben die Qualifizierung, Karriereentwicklung und Rekrutierung verschiedener Statusgruppen im Visier, andere fördern Frauen, Familien oder den internationalen Austausch.

> *»Die Erasmus-Personalmobilität ist meine liebste Spielwiese: Kolleg*innen aus Verwaltung und Wissenschaftsmanagement dabei zu begleiten, einmal über den Tellerrand zu schauen (oft ihre erste Auslandsdienstreise nach zig Berufsjahren!), Englisch im Berufsalltag anzuwenden, Inspirationen aufzugreifen, sich als Mosaikstein der Vielfalt des europäischen Hochschulraumes zu erleben – aber auch das eigene Arbeitsumfeld neu zu schätzen. Im Gegenzug eine Staff Week zu konzipieren und Akteur*innen der eigenen Hochschule mit Counterparts von Partner*innen zusammenzubringen. Das bedeutet für mich, die Universitätskultur auch für den wissenschaftsunterstützenden Dienst international mit Leben zu füllen.«*
>
> *Renate, 47, Erasmus-Hochschulkoordinatorin*

Qualifizierung und Karriereförderung

Personalentwicklung bedeutet, Personen für ihre derzeitigen und zukünftige berufliche Aufgaben zu qualifizieren. An Hochschulen übernehmen das verschiedene Stellen. Studierende werden von der zentralen Studienberatung und dem Career Service betreut, wissenschaftliches und wissenschaftsunterstützendes Personal durch die Personalentwicklung begleitet. Berufstätigen außerhalb der Wissenschaft werden Qualifizierungsangebote durch die Wissenschaftliche Weiterbildung gemacht.

Als Mitarbeiter*in des Career Service konzipieren Sie zum einen Informations- und Qualifizierungsangebote, die Hochschulabsolvent*innen den Schritt ins Berufsleben erleichtern sollen. Das kann vom Bewerbungsunterlagencheck bis zum BWL-Crashkurs für Geisteswissenschaftler*innen reichen. Zum anderen halten Sie Kontakt mit den Arbeitgeber*innen der Region, veranstalten Karrieremessen und Netzwerkveranstaltungen. Eigene Berufserfahrung außerhalb der Wissenschaft ist eine sinnvolle Vorqualifikation genauso wie eine beraterische Ausbildung, die Sie in der Einzelberatung von Studierenden professionell einsetzen können.

Personalentwickler*innen begleiten den Einsatz von Mitarbeiter*innen und entwickeln Angebote für sehr unterschiedliche Zielgruppen: Während das wissenschaftsunterstützende Personal in der Regel auf neue Anforderungen im eigenen Haus vorbereitet wird, zum Beispiel durch Digitalisierung und Internationalisierung oder bei der Übernahme von Führungsverantwortung, werden Promovierende und Postdocs dabei unterstützt, wissenschaftliche Leistungen zu erzielen und damit den nächsten Karriereschritt an einer anderen Institution zu erreichen. Professor*innen haben das zentrale berufliche Ziel innerhalb der Wissenschaft, die Lebenszeitprofessur, schon erreicht und schätzen es sehr unterschiedlich ein, ob sie sich bei der Professionalisierung ihrer Führungsaufgaben, Lehrkompetenz oder Rolle als Dekan*in unterstützen lassen wollen.

Die Instrumente, die Sie als Personalentwickler*in einsetzen, gleichen sich: So können Sie Weiterbildungsangebote konzipieren, Coaching anbieten, Jahresgespräche einführen oder eine Mitarbeiterbefragung durchführen. Für Inhalt und Ansprache der unterschiedlichen Zielgruppen ist jedoch Differenzierung nötig – und für Sie deshalb sowohl Feldkompetenz zu den jeweiligen Karrierewegen als auch Zusatzausbildungen in Methoden der Personalentwicklung etwa als Coach, Trainer*in oder Moderator*in. Für den strategischen, institutionsübergreifenden Aspekt der Personalentwicklung, den Sie in Zusammenspiel mit dem Rektorat umsetzen, benötigen Sie Verhandlungsgeschick und einen guten Einblick in die institutionelle Mikropolitik. Neben den Forschungsinstitutionen beschäftigen natürlich auch Forschungsförderer und Ministerien Personalentwickler*innen.

Ziel der Wissenschaftlichen Weiterbildung ist es, aus den Erkenntnissen der Forschung Angebote zu entwickeln, die für die Qualifizierung in Berufsfeldern außerhalb der Hochschule relevant sind. Hier sind Sie also einerseits im klassischen Geschäft von Workshop- und Lehrgangskonzeption und -organisation tätig. Gleichzeitig müssen Sie aber auch wirtschaftlich denken können und Marketing-Strategien beherrschen, um das Angebot mit Gewinn auf den auch von anderen Anbietern umkämpften Markt zu bringen.

Die drei vorgestellten Tätigkeitsbereiche sind an den meisten Hochschulen übrigens kaum vernetzt, nicht zuletzt weil sie innerhalb der Verwaltung unterschiedlichen Ressorts unterstellt sind. Sowohl die Career Services als auch die Personalentwickler*innen sind deutschlandweit in eigenen professionellen Netzwerken organisiert.

HILFREICHE VORERFAHRUNGEN:

- Fachlicher Hintergrund zu Personalentwicklung oder Weiterbildung
- Erfahrung mit Weiterbildungen, Mentoring-Programmen, Coaching
- Ausbildung in Coaching, Training oder Moderation

Nachwuchsförderung und Graduiertenakademien

Wissenschaftliche Karrieren werden an Wissenschaftseinrichtungen von zahlreichen Verfahren und Prozessen, Förderprogrammen und Dienstleistungen begleitet. Während deren Umsetzung oft in den Händen unterschiedlicher Fachabteilungen liegt (etwa Promotionsordnung und Tenure-Track-Satzung beim Justiziariat, der Fonds zur Förderung von Konferenzreisen für Promovierende in der Forschungsabteilung und das Mentoring-Programm bei Gleichstellungsbüro oder Personalentwicklung), gibt es an einigen Hochschulen und Forschungseinrichtungen eine zentrale Stelle, die den Überblick über alle Vorgänge zum Thema Nachwuchsförderung behält. Am häufigsten sind dies Referent*innen für Nachwuchsförderung und Leitungen von Graduiertenzentren.

Als Referent*in für Nachwuchsförderung sind Sie entweder direkt dem zuständigen Rektoratsmitglied unterstellt oder gehören zu einem Dezernat, in dem zentrale Prozesse der Nachwuchsförderung zusammenlaufen, etwa der Forschungsabteilung. Die inhaltliche Ausgestaltung kann sehr unterschiedlich sein: Vielleicht schreiben Sie den Entwurf für das neue Konzept zur Förderung von Postdocs, vielleicht koordinieren Sie die Vergabe und Abwicklung der Landesgraduiertenförderung, vielleicht veranstalten Sie Informationsveranstaltungen rund um die Promotion, vielleicht bieten Sie Beratung für Nachwuchswissenschaftler*innen an. Viel hängt davon ab, wie professionell Ihre Hochschulleitung Hintergrundrecherche und konzeptionelle Entwürfe an Wissenschaftsmanager*innen und Fachabteilungen delegiert, wie entsprechende Zuarbeiten wertgeschätzt werden (haben sie Eingang ins Exzellenzkonzept oder landen sie in der Schublade) und ob Sie direkten Zugang zu Entscheider*innen haben (etwa in regelmäßigen persönlichen Rücksprachen).

Umgekehrt können Stellen als Nachwuchsreferent*in auch Freiraum bieten, um eigene Projekte zu verwirklichen: Sie wollen ein Informationsportal für Nachwuchswissenschaftler*innen aufbauen, einen Imagefilm über die Postdoc-Förderung drehen lassen oder eine Austauschplattform für Koordinator*innen von Promotionsprogrammen gründen? Nur zu, überzeugen Sie Ihre*n Vorgesetzte*n von der Idee und legen Sie los! Meist wird eigene wissenschaftliche Erfahrung im Rahmen einer Promotion als Voraussetzung für die Stelle gesehen, wichtig für den Erfolg auf dieser Position ist jedoch nicht zuletzt, dass Sie von Personalrat über Mittelbauvertretungen bis zu Promotionsprogrammen Kontakt zu allen Akteur*innen im diversen Feld der Nachwuchsförderung halten und dadurch über aktuelle Entwicklungen und Probleme auf dem Laufenden sind.

Fast keine Universität kommt heute ohne ein Graduiertenzentrum oder eine Graduiertenakademie aus, Dacheinrichtungen, die sowohl der Qualitätssicherung der Promotionsphase als auch der Unterstützung von Doktorand*innen dienen. Die Geschäftsstellen bestehen meist aus mehreren Personen, die gemeinsam ein breites Aufgabenspektrum bedienen: Einige bieten klassische Karriereförderung an, andere sind mit der Erfassung von Doktorand*innen betraut, Dritte mit finanziellen und organisatorischen Unterstützungsleistungen. Als Geschäftsstellenleitung halten Sie die Fäden in der Hand, koordinieren Ihre Mitarbeiter*innen und verantworten das Budget. Sie müssen ausreichend Einblick in die einschlägigen Fachthemen von Personalentwicklung über Promotions- und Aufenthaltsrecht bis zur Förderlandschaft für Nachwuchswissenschaftler*innen haben, können entsprechend häufig auch konzeptionell arbeiten, sei es zum Angebotsspektrum Ihrer Graduierteneinrichtung, zum universitätsweiten Betreuungskonzept für Promotionen oder zu einem neuen Förderprogramm im Rahmen der Exzellenzstrategie. Je nachdem, ob Ihre Einrichtung eher

Servicecharakter hat oder hochschulpolitischen Einfluss, kann Ihre Stelle innerhalb der Universität machtvoll sein (auch in Abhängigkeit von dem*r Professor*, der*die als Sprecher*in amtiert). Mitbringen sollten Sie für diesen Job daher Gestaltungs- und Führungswillen, gute Verhandlungs- und Kommunikationskompetenz.

Hilfreiche Vorerfahrungen:

- Erfahrung mit Graduiertenschulen oder anderen Nachwuchsprogrammen
- Kenntnis der hochschulpolitischen Diskussion zur Nachwuchsförderung
- Kenntnis deutscher oder internationaler Förderinstitutionen für Nachwuchswissenschaftler*innen und deren Programme

Gleichstellung, Familie und Diversity

Trotz aller Errungenschaften der letzten Jahrzehnte haben viele Frauen, Eltern und Menschen mit diversem Hintergrund in der Wissenschaft noch immer nicht dieselben Chancen wie gleichqualifizierte Kandidat*innen mit den Attributen: männlich, weiß, kein oder wenig familiäres Engagement, zugehörig zur sogenannten »Bildungsschicht«. Um die Chancengleichheit weiter zu erhöhen, wurde eine Reihe von Tätigkeitsbereichen geschaffen, die in den meisten Fällen Frauen als Zielgruppe haben und im Büro der Gleichstellungsbeauftragten angesiedelt sind.

Diversität

Vielfalt hinsichtlich persönlicher Merkmale wie Geschlecht, Alter, religiöse oder ethnische Hintergründe, soziale Herkunft, sexuelle Orientierung und Behinderung.

Als Gleichstellungsbeauftrage*r oder Mitarbeiter*in im Gleichstellungsbüro ist es Ihr Auftrag, sich hochschulpolitisch für die Chancengleichheit von Frauen und Männern einzusetzen. Je nach Zuschnitt der Stelle und der Strukturen an Ihrer Organisation sind Sie auch für Personen mit Familienaufgaben oder den Bereich Diversity und damit für die Chancengleichheit aller demografischen Gruppen zuständig. Sie vertreten die Interessen Ihrer Zielgruppen innerhalb der Organisation, arbeiten in Auswahlkommissionen und bei der Gestaltung von Strukturen und Prozessen mit und entwickeln Strategien und Umsetzungspläne. Zusätzlich bieten Sie Maßnahmen an, die die betroffenen Zielgruppen unterstützen, wie Förderprogramme und Fellowships, aber auch Beratung, Information und Weiterbildungen. Von Ihren Zielgruppen wird Ihre Arbeit in der Regel hochgeschätzt, aus anderer Richtung weht Ihnen oft ein scharfer Wind entgegen. Hier sind fundierte Gender- oder Diversity-Kompetenz gefragt, die Bereitschaft, sich für Ihre Sache einzusetzen, idealerweise auch ein dickes Fell und nicht zuletzt auch Fachkompetenz in Beratung, Öffentlichkeitsarbeit, Personalentwicklung und Finanzverwaltung.

Teil vieler Gleichstellungsbüros sind auch Angebote für Familien und die Partner*innen von Wissenschaftler*innen. Als Mitarbeiter*in des Familienbüros konzipieren und organisieren Sie Unterstützung für Studierende und Wissenschaftler*innen mit Kindern und zu pflegenden Angehörigen. Das kann Beratung für werdende Eltern umfassen, die Schnittstelle zum Unikindergarten, Notfallbetreuungsangebote oder auch Austauschveranstaltungen unter Eltern oder Pflegenden zu Themen der Vereinbarkeit von Studium oder Wissenschaft und Familie.

Als Mitarbeiter*in für Dual-Career-Angebote unterstützen Sie Partner*innen neuer Wissenschaftler*innen Ihrer Forschungseinrichtung. Wie viele spannende Service-Angebote ist diese Idee aus dem angelsächsischen Raum nach Deutschland gekommen: Um exzellente Wissenschaftler*innen gewinnen und längerfristig an Ihrer Institution halten zu können, werden ihre Partner*innen dabei unterstützt, im neuen Land oder der neuen Stadt beruflich Fuß zu fassen. Für Jobangebote außerhalb der Forschungseinrichtung knüpfen Sie Kontakte zu interessanten Arbeitgeber*innen der Region und helfen den Partner*innen dabei, sich auf dem regionalen Arbeitsmarkt zu präsentieren. Natürlich halten Sie auch die Augen offen, ob es an Ihrer Forschungseinrichtung passende Stellenangebote gibt – auch wenn es für wissenschaftliche Stellen oft noch Vorbehalte gegen die Einstellung von Partner*innen gibt. Ihr Rüstzeug sind Beratungskompetenz, profunde Arbeitsmarktkenntnisse und souveränes Netzwerken.

Seit vielen Jahren unterstützen Mentoring-Programme Frauen dabei, sich beruflich zu vernetzen sowie Vorbilder und Hilfestellungen für ihre nächsten Karriereschritte zu bekommen. Die meisten dieser Programme sind im Gleichstellungsbüro angesiedelt. Zielgruppen sind Studierende, Promovierende und Postdocs auf ihrem Karriereweg in die Wissenschaft oder andere Berufe. Zu einem professionellen Mentoring gehören in der Regel ein strukturiertes Programm, zu dem sich beide Seiten für ein Jahr verpflichten, eine Auswahl, die Motivation und Eignung prüft, ein sorgfältiges Matching von Mentee und Mentor*in sowie ein Begleitprogramm, das Weiterbildungen und Vernetzungsevents umfasst. Um ein Mentoring-Programm professionell koordinieren zu können, brauchen Sie solide Kenntnisse über Voraussetzungen und Wirkung von Mentoring, ein souveränes Auftreten, um mit allen Beteiligten auf Augenhöhe kommunizieren und gegebenenfalls auch Konflikte lösen zu können, sowie solides Projektmanagement für Kursorganisation und Finanzen.

Wenn es darum geht, Strategien und Maßnahmen im Bereich Gleichstellung, Familienförderung oder Diversity zu entwickeln, wird auf Forschungsergebnisse der Gender Studies zurückgegriffen. Die Gleichstellungs- und Diversitätsbeauftragten, Familienbüros, Dual-Career-Büros und Mentoring-Programme kooperieren jeweils in eigenen deutschlandweiten Netzwerken.

HILFREICHE VORERFAHRUNGEN:

- Fachkenntnisse in Gender oder Diversity Studies
- Gremienerfahrung
- Erfahrung in der hochschulpolitischen Gleichstellungsarbeit, zum Beispiel als Gleichstellungsvertreterin in Berufungskommissionen
- Erfahrung in der Förderung von Frauen und Diversity, zum Beispiel mit Mentoring-Programmen, finanziellen Förderprogrammen, Familienförderung etc.
- Beraterische Aus- oder Weiterbildung

Internationale Kooperation

Forschung und Lehre sind internationale Spielwiesen. Vor allem der Austausch im Studium, aber auch die offiziellen Hochschulkooperationen mit dem Ausland werden vom International Office begleitet. Hier halten sich administrative Prozesse (etwa die Vergabe und Verwaltung der Erasmus-

Mittel), beraterische Aufgaben (für Studierende und Wissenschaftler*innen, die ins Ausland gehen oder aus dem Ausland kommen) und Repräsentationsanlässe (Begrüßung und Begleitung von internationalen Delegationen) die Waage. Vermehrt kommen die Beratung zu internationalen Projekten (mehrjährige Förderprogramme für Internationalisierung vom DAAD, von Landesministerien oder der Europäischen Union) und die Entwicklung von Strategien zur universitätsweiten Internationalisierung hinzu. Während für Aufgaben, die mit Studierenden befasst sind, häufig Personen mit Masterabschluss eingestellt werden, die oft schon Vorerfahrung in der Arbeit eines International Office mitbringen, werden für Stellen, die mit Forschenden oder strategischen Aufgaben zu tun haben, in der Regel Promovierte bevorzugt.

Neben den klassischen Aufgaben der Kontaktpflege zu institutionellen Kooperationspartner*innen im Ausland und den Förderorganisationen des Hochschulaustauschs im Inland sowie der Betreuung des *incoming-* und *outgoing-*Bereichs bei Studierenden und Lehrenden hat in den letzten Jahren die individuelle Betreuung internationaler Wissenschaftler*innen an Bedeutung gewonnen. An vielen Hochschulen unterstützen Welcome Centres Wissenschaftler*innen aus aller Welt bei praktischen Details rund um ihren Aufenthalt in Deutschland, beraten bei Visafragen, Sozialversicherung und der Eröffnung eines Bankkontos, helfen bei der Wohnungssuche und der Schulsuche für mitreisende Kinder. Viele der praktischen Unterstützungsleistungen werden durch Verwaltungsangestellte übernommen, Konzeption, Repräsentation und Klärung von Grundsatzfragen durch eine Wissenschaftsmanagementposition. Mit Geflüchteten ist in den vergangenen Jahren eine neue Zielgruppe auf die International Offices zugekommen, die durch Vermittlung, Orientierungsprogramme und die Beantragung einschlägiger Fördergelder unterstützt wird.

Für Aufgaben im International Office sind Auslandserfahrung, interkulturelle Kompetenz und sehr gute Englischkenntnisse unverzichtbare Qualifikationen – bei Regionalreferent*innen darüber hinaus auch spezifische Landes- und Sprachkenntnisse. Erfahrung mit organisatorischen, finanziellen und rechtlichen Rahmenbedingungen von Auslandsaufenthalten oder von Aufenthalten von internationalen Studierenden und Wissenschaftler*innen in Deutschland sind ebenso gefragt wie ein Verständnis für Abläufe in der Hochschulverwaltung, zum Beispiel in der Personal- oder Forschungsabteilung, sowie Kenntnisse in Datenmanagement und Controlling. Nicht zuletzt sind für Stellen in diesem Bereich des Wissenschaftsmanagements die

Fähigkeit, die eigene Institution zu repräsentieren, oft eine hohe Reisebereitschaft, Kommunikations- und Konfliktfähigkeit sowie Freude am Umgang mit Menschen aus aller Welt wichtige Voraussetzungen.

HILFREICHE VORERFAHRUNGEN:

- Auslandserfahrung in Studium, Forschung oder Lehre
- Erfahrung mit der Einwerbung von Drittmitteln für Auslandsaufenthalte
- Erfahrung mit der Betreuung von Gastwissenschaftler*innen
- Sehr gute Englischkenntnisse

Berufungsmanagement

Berufungsverfahren wurden und werden in den letzten Jahren professionalisiert. Dazu gehört unter anderem, dass den Bewerber*innen gegenüber mehr Transparenz über den Ablauf der Verfahren oder die Zusammensetzung der Kommission gewährt wird oder dass der Prüfung der Lehrkompetenz mehr Aufmerksamkeit geschenkt wird. Zusätzlich haben viele Universitäten Stabsstellen oder andere Teams für die Koordination der zentralen Aufgaben rund um Berufungsverfahren eingerichtet.

Berufungsmanager*innen bilden die zentrale Schnittstelle zwischen Wissenschaft und Verwaltung, ihre wesentliche Funktion besteht darin, administrativ formal korrekte und wissenschaftlich exzellente Verfahren zu befördern. Dafür müssen sie den Fakultäten/Fachbereichen und der zentrale Universitätsverwaltung die Sprache der jeweilig anderen Seite »übersetzen« und die unterschiedlichen Interessen sowie daraus entstehende Konflikte übereinbringen.

Die Aufgaben von Berufungsmanager*innen können sehr unterschiedlich ausfallen. An einigen Hochschulen koordinieren sie zum einen die Absprachen zwischen Rektorat oder Präsidium sowie Fakultäten und Instituten: Dies beginnt bei der Vorbereitung und Koordination der Gespräche zur Einrichtung oder Neuausschreibung einer Professur, der fachlichen Ausrichtung und des zu erwartenden Bewerberfeldes, führt über ein Monitoring der durch die Fakultäten/Fachbereiche durchgeführten Berufungsverfahren bis zur Vorbereitung und Koordination der Berufungsverhandlungen. Für die Hochschulleitung sorgen Sie auch für das Qualitätsmanagement zu Berufungen, konzipieren Berufungsleitfäden und kontrollieren die dort festgelegten Standards. Zum anderen sind Sie die Schnittstelle zu den Bewerber*innen, stellen Informationen rund um die Berufungsverfahren zur Verfügung und koordinieren die Zusendung der Konzeptpapiere, der Berufungsangebote und der Rufannahmen mit den Listenplatzierten.

Für die Arbeit im Berufungsmanagement müssen Sie ein vertieftes Verständnis des Wissenschaftssystems mitbringen. Sie brauchen fundierte Kenntnisse über die rechtlichen und verfahrenstechnischen Rahmenbedingungen von Berufungsverhandlungen, Gespür und Wissen über die strategischen Zielsetzungen Ihrer Universität sowie ausgeprägte Koordinationsfähigkeit. Eine hohe Serviceorientierung gehört gleichzeitig mit sicherem Auftreten und Durchsetzungsfähigkeit auch gegenüber hochkarätigen Kandidat*innen zu den wichtigsten Kompetenzen für das Berufungsmanagement. Neben Verbindlichkeit und Vertrauenswürdigkeit als direkte*r Mitarbeiter*in des Rektorats/Präsidiums sollten Sie Freude daran haben, mit dem zentralen Instrument der Berufungen die inhaltliche und strategische Ausrichtung Ihrer Universität mitzugestalten.

HILFREICHE VORERFAHRUNGEN:

- Erfahrung mit der Arbeit von Berufungskommissionen
- Sehr gute Englischkenntnisse

Evaluation und Controlling

Qualitätssicherung ist integraler Bestandteil des Wissenschaftssystems, wird doch in der Forschung häufig das bewährte Peer-Review-Verfahren eingesetzt, das heißt, dass sich Expert*innen ein differenziertes Urteil über eine Institution, einen Forschungsantrag oder einen Prozess machen und diesen ebenso differenziert kommentieren und kritisieren. In jüngster Zeit haben Evaluationen in alle Bereiche des Wissenschaftssystems Einzug gehalten und kennzahlenbasiertes Controlling dient der Rechenschaftslegung gegenüber den Geldgebern der Wissenschaft.

> *»Als besonders inspirierend empfinde ich die disziplinäre Breite meines Aufgabenfeldes und die Zusammenarbeit mit Koryphäen der Disziplinen. So-*

*wohl der tägliche Wissensinput zu Inhalten, Methoden und Fächerkulturen als auch der spürbare Enthusiasmus und die große fachliche Leidenschaft der Wissenschaftler*innen bereichern mich persönlich. Es ist toll zu merken, dass die wissenschaftlichen Fachexpert*innen meine Kompetenz im Projektmanagement und meine Methodenkenntnisse der Evaluation wertschätzen und als unverzichtbar für eine aussagekräftige Evaluation ansehen.«*

Uta, 43 Jahre, Stabsreferentin in der Wissenschaftsförderung, u.a. Bereich Evaluation

Qualitätsmanagement

Akkreditierung und Evaluationen sind in der Wissenschaft nicht besonders beliebt, wurden aber mittlerweile in allen Forschungseinrichtungen verankert. Eine der treibenden Kräfte war dabei der Bologna-Prozess, der die Pflicht etablierte, Studiengänge oder ganze Hochschulen zu akkreditieren. Zu den Aufgaben des Qualitätsmanagements gehört es, durch Befragungen, Kennzahlen, Berichte, Begutachtungen etc. die Qualität der unterschiedlichen Leistungsbereiche von Wissenschaftseinrichtungen zu prüfen und weiterzuentwickeln. Die Beurteilung der verschiedenen Leistungsbereiche einer Forschungseinrichtung ist komplex. Passende und aussagekräftige Verfahren dafür zu entwickeln, ist eine besonders spannende Aufgabe des Qualitätsmanagements.

Als Qualitätsmanager*in kümmern Sie sich zum einen um die für das Wissenschaftssystem verpflichtenden Qualitätsprozesse: Für die Akkreditierung der Studiengänge erstellen Sie anhand von statistischen und durch quantitative und qualitative Methoden gewonnene Daten Berichte zu den einzelnen Studiengängen. Darauf aufbauend können die Fachbereiche ihre Selbstbeurteilungen verfassen. Beides ist – neben anderen Unterlagen – Grundlage für interne und externe Begutachtungsverfahren, die Sie inhaltlich vorbereiten und organisieren. Zum anderen verantworten Sie interne Evaluationen. Sie erstellen etwa Fragebögen für die Lehrveranstaltungsevaluation, werten diese aus und beraten Fachbereiche und Lehrende zum Einsatz möglicher Verfahren. Im Auftrag des Rektorats führen Sie Evaluationen einzelner Verwaltungsbereiche, wissenschaftlicher Einrichtungen oder Projekte durch. Zur Sicherung der Qualität im Verwaltungsbereich analysieren, verbessern und dokumentieren Sie Abläufe im Rahmen des Prozessmanagements und sorgen so sowohl für eine gleichbleibend hohe Ergebnisqualität als auch für Transparenz der Abläufe in der Organisation. Die Kür ist die

Etablierung eines einrichtungsweiten Qualitätsmanagementsystems, das die einzelnen Leistungsbereiche regelmäßig überprüft und die Ergebnisse in die Weiterentwicklung oder Umgestaltung der Organisation einfließen lässt.

Für das Qualitätsmanagement sind Erfahrungen und Kenntnisse qualitativer und quantitativer Methoden der empirischen Sozialforschung und Kenntnisse statistischer Datenanalyse notwendig, die beispielsweise sowohl bei der Entwicklung von Befragungskonzepten als auch bei der statistischen Auswertung der Ergebnisse eingesetzt werden können. Sie benötigen einen systemischen Blick auf die Wissenschaftseinrichtung als Ganzes sowie gute Kenntnisse der Arbeit ihrer einzelnen Teilbereiche. Evaluationen werden geschätzt, wenn ihre Ergebnisse als Beweis dienen können, dass gute Arbeit geleistet wurde. Der Aufdeckung von Defiziten und dem Einsatz angemessener Verfahren wird jedoch oftmals mit Skepsis begegnet. Wichtig ist daher, dass Sie für die Arbeit im Qualitätsmanagement ein diplomatisches Auftreten sowie Überzeugungsvermögen mitbringen, um der Universitätsleitung und Professor*innen ihr Vorgehen zu erklären, aber auch über Durchsetzungsfähigkeit und Beharrlichkeit verfügen.

Hilfreiche Vorerfahrungen:

- Erfahrung mit Evaluationen
- Quantitative und qualitative Methodenkenntnisse
- Statistische Fachkenntnisse
- Erfahrung mit Qualitätsmanagement, Lehrevaluation, Studiengangakkreditierung, Prozessmanagement etc.

Controlling

In den vergangenen Jahren hat sich die Rechenschaftspflicht der Wissenschafteinrichtungen gegenüber ihren Mittelgebern erhöht beziehungsweise ausdifferenziert. Mehr und mehr hält dabei der Gedanke Einzug, dass auch Prozesse in Forschung, Lehre und Verwaltung hinsichtlich ihrer Effizienz gemessen werden können und sollten. Als Mitarbeiter*in im Controlling einer Wissenschaftseinrichtung gehört die Erhebung von Daten zu Ihrem Kerngeschäft. Zum einen geht es dabei darum, intern die Qualität vorhandener Daten, zum Beispiel im Bereich der Studierenden- und Beschäftigtenzahlen, Veröffentlichungen oder Drittmitteln, zu überprüfen und Prozesse zur Verbesserung der

Datenqualität mit den zuständigen Fachabteilungen zu etablieren. Ein wichtiges Werkzeug ist dabei die Einführung eines potenten und auf die Bedarfe und Rahmenbedingungen einstellbaren Datenmanagementsystems.

Zum anderen geht es darum, sich mit den externen Anforderungen an die Datenbereitstellung auseinanderzusetzen und diese gegebenenfalls mitzugestalten. Hier gehören das neue Hochschulstatistikgesetz, spezifische Anforderungen von Bund oder Ländern oder der Kerndatensatz Forschung zu Ihren Spielwiesen, die derzeit völlig neue Anforderungen an zu erhebende Daten stellen. Nicht zuletzt müssen die gewonnenen Daten sowohl in routinemäßigen als auch in Einzelabfragen in Berichten an Bund, Länder und Evaluator*innen bereitgestellt werden.

Für die Arbeit im Controlling sind daher nicht nur Präzision sowie ein Faible für Zahlen und Daten unabdingbar, sondern auch die Fähigkeit, komplexe Zahlenwerke zu erklären. Sie benötigen Grundkenntnisse über geeignete Datenbanken und Softwaresysteme sowie Verhandlungsfähigkeit und Geduld, um über Jahre gemeinsam mit Ihrer IT-Abteilung und einem externen Software-Anbieter den angebotenen Prototyp für Ihre Institution zu adaptieren. Auch intern sind ein gutes Prozessmanagement und Überzeugungsfähigkeit notwendig, um neue Prozesse, die für die Erhebung und Bereitstellung der geforderten Daten notwendig sind, mit den beteiligten Fachabteilungen zu etablieren. Ein gutes Gespür für die vielfältigen Verwaltungsprozesse in Forschung, Lehre und Management hilft Ihnen dabei, einerseits kreativ mit den unterschiedlichen Bereichen Lösungen zu finden, andererseits aber auch zu wissen, wann eine Neuerung auch gegen Widerstände eingeführt werden muss. Dank für die Bereitstellung präziser Daten wird Ihnen am Ende am ehesten von der Kanzlerin oder dem Kanzler entgegengebracht, für weite Teile der Verwaltung und erst recht der Wissenschaft sind Sie momentan noch ein*e Kollege*in, der*die Mehraufwand verursacht und die Freiheit der Forschung durch eine Logik der Ökonomisierung einzuschränken versucht.

Hilfreiche Vorerfahrungen:

- Betriebswirtschaftliche und statistische Fachkenntnisse
- Erfahrung mit dem Einsatz von Datenmanagementsystemen

Information und Kommunikation

Wissenschaft hat neben dem Erkenntnisgewinn auch eine gesellschaftliche Aufgabe. Ihre Ergebnisse sollten daher möglichst frei verfügbar sein und für die interessierte Bevölkerung verständlich aufbereitet werden. Komplexe Inhalte in einfach zu verstehende Nachrichten zu übersetzen, ist eine herausfordernde Aufgabe, die von Kommunikationsabteilungen übernommen wird. Zudem gilt es, für den Wettbewerb um Fördergelder und Forschungstalente eine attraktive und kompetente Außendarstellung der Wissenschaftseinrichtungen zu gestalten. Die Bedeutung von Wissenschaftskommunikation hat in den vergangenen Jahren rapide zugenommen, auch als Reaktion auf die wachsende Zahl von Wissenschaftsskeptiker*innen in der Gesellschaft. Daher haben sich ihre Aufgabenbereiche stark ausdifferenziert. Sie umfassen klassische und moderne Medien sowie unterschiedlichste interne und externe Adressat*innengruppen.

> *»Wenn mich jemand fragt, was ich arbeite, dann beschreibe ich mich gerne als ›Karla Kolumna‹ für die Wissenschaft. Es macht mir großen Spaß, nach spannenden Forscher*innengeschichten Ausschau zu halten, die der Öffentlichkeit nicht vorenthalten bleiben sollten. Dabei darf ich mich der unterschiedlichsten Kanäle bedienen: Webseite, Pressemitteilungen, Newsletter, Jahresberichte. Die ganze Vielfalt meiner Tätigkeit zeigt sich in der Organisation von Veranstaltungen – egal, ob es sich um lokale Tagungen und Konferenzen, Universitätstage für Schüler*innen aus der Region oder internationale Workshops mit Partnerorganisationen handelt. Ich begleite die Wissenschaftler*innen von der ersten Idee über die Suche nach einer geeigneten Location oder dem passenden Catering, dem Anfertigen von Flyern und Plakaten bis hin zur Durchführung am Veranstaltungstag selbst. Diese Abwechslung liebe ich an meinem Job!«*
>
> *Siggi, 35, Koordinatorin für Öffentlichkeitsarbeit*

Wissenschaftskommunikation

In der Kommunikationsabteilung einer Wissenschaftseinrichtung laufen alle Aktivitäten zu ihrer Innen- und Außendarstellung zusammen. Einerseits werden Themen platziert und Neuigkeiten aus Forschung, Lehre und Management in die Öffentlichkeit getragen, andererseits werden Medienanfragen beantwortet – entweder durch die Pressestelle selbst oder durch hausinterne

Expert*innen. Mit Newslettern werden beispielsweise die Mitarbeitenden institutionsweit über Neuerungen, Dienste und aktuelle Veranstaltungen informiert; auch die Herausgabe eigener Zeitschriften dient dem Dialog mit Kooperationspartner*innen und der Öffentlichkeit – zunehmend spielt jedoch die Unterscheidung zwischen externen und internen Zielgruppen eine immer kleinere Rolle und Print- und Online-Medien werden kombiniert. Kommunikationsabteilungen verantworten die Gestaltung eines ansprechenden und informativen Webauftritts sowie die Einführung eines Corporate Designs, das möglichst von allen Bereichen der Institution mitgetragen wird.

Wichtiger Teil der Öffentlichkeitsarbeit von Wissenschaftseinrichtungen ist die adäquate Kommunikation von Forschungsergebnissen an die interessierte Öffentlichkeit. Dies kann durch verschiedenen Online-Kommunikationsmedien und klassische Pressemitteilungen geschehen, durch die Vermittlung von Interviews mit Wissenschaftler*innen oder aber durch Veranstaltungen, wie etwa Lange Nächte der Wissenschaft, Vorlesungen der Kinderuni oder Ausstellungsprojekte. Nicht zuletzt gehören Marketingaktivitäten in das Portfolio einer modernen Kommunikationsabteilung, um deutschlandweit ebenso wie international Studierende und Nachwuchswissenschaftler*innen für die Forschungseinrichtung zu begeistern.

Für diese vielfältigen Bereiche müssen Sie unterschiedliche Qualifikationen mitbringen. Je nachdem, was Ihr Aufgabengebiet innerhalb der Kommunikationsabteilung ist, sollten Sie einen guten Schreibstil und Erfahrung im Erstellen öffentlichkeitswirksamer Textgattungen haben oder Erfahrung in Webdesign und Kommunikation in den neuen Medien. Alternativ sind auch ein fachlicher Hintergrund oder Erfahrungen im Marketing hilfreich. Sie sollten neue Inhalte schnell erfassen und Informationen verständlich für unterschiedliche Zielgruppen wiedergeben können. Ein Gespür für spannende und innovative Themen ist dabei ebenso gefragt wie der Überblick über hochschul- und forschungspolitisch relevante Strömungen. Sie sollten verbindlich auftreten, über ausgeprägte Kommunikationsfähigkeit verfügen oder bereits öffentlichkeitswirksame Veranstaltungsprojekte umgesetzt haben.

Klassische Ausbildung für den Bereich Wissenschaftskommunikation ist ein Volontariat oder ein Studium der Medien- und Kommunikationswissenschaft. Es sind aber auch Quereinstiege möglich. Wenn Sie während des Studiums durch Praktika in den Medien Erfahrung sammeln konnten oder als Wissenschaftler*in bereits Beiträge zur öffentlichen Diskussion verfasst, Forschungsergebnisse in Tagespresse und weiteren Medien veröffentlicht oder sich an Veranstaltungen und Events zur Wissenschaftskommunikation beteiligt haben, ist das von Vorteil. Ihre Freude an der Kommunikation mit unterschiedlichen Personenkreisen sollte sich auch in einer breiten Vernetzung innerhalb der Forschungseinrichtung und mit relevanten Stakeholdern in Ihrer Region oder sogar überregional und international niederschlagen.

HILFREICHE VORERFAHRUNGEN:

- Erfahrung im Verfassen von nicht wissenschaftlichen Texten
- Erfahrung in Aufbau und Pflege von Webseiten
- Erfahrung im Marketing
- Erfahrung in der Ausstellungskonzeption
- Beteiligung an öffentlichen Veranstaltungen (z. B. Kinderuni, Lange Nacht)
- Teilnahme an einem Medientraining
- Interdisziplinäre Erfahrung

Veranstaltungsmanagement

Immer mehr Wissenschaftseinrichtungen bieten ihren Mitarbeitenden den Service eines zentralen Veranstaltungsmanagements an. Hier unterstützen Sie sowohl die Durchführung großer Fachkongresse, die an Ihrer Einrichtung stattfinden und federführend von Wissenschaftler*innen Ihrer Institution gestaltet werden, als auch die Konzeption und Organisation von Großveranstaltungen der eigenen Einrichtung. Die Palette an Dienstleistungen kann dabei recht breit sein: Von Konzept und Programmplanung, über Webauftritt, Anmeldesystem und Bewerbung bis hin zu Raumbuchung, Auswahl des Caterings, Bereitstellung von technischer Unterstützung und Teilnehmermanagement. Teilweise arbeiten Sie dazu mit weiteren Dienstleistern zusammen. Unentbehrlich dafür sind Organisationstalent, ausgeprägte Koordinationsfähigkeit genauso wie starke Nerven, verbindliche Umgangsformen und Improvisationstalent. Im Vordergrund steht vor allem eine hohe Serviceorientierung im Dienste der Wissenschaft.

HILFREICHE VORERFAHRUNGEN:

- Erfahrung in der Veranstaltungsorganisation, z. B. von Fachtagungen

Studium und Lehre

Studium und Lehre gehören zu den Kernbereichen des Wissenschaftsmanagements an Universitäten und Fachhochschulen. Jenseits von Immatrikulation und Prüfungswesen gibt es gerade in den Servicebereichen viele spannende Aufgaben, bei denen Konzeption, Vermittlung und Beratung gefragt sind oder die in den Fachbereichen Studiengänge managen. Gerade Nachwuchswissenschaftler*innen mit Erfahrung und Freude an der Lehre haben für einige dieser Stellen bereits einschlägige Vorerfahrung gesammelt. Außerhalb der Hochschulen kann die Begabtenförderung ein attraktives Aufgabenfeld für Promovierte sein.

> *»Meine Arbeit beinhaltet nicht nur die Beratung von Studieninteressierten und Studierenden, sondern auch redaktionelle, organisatorische und konzeptionelle Aufgaben: im Moment arbeite ich zum Beispiel an der Konzeption und Umsetzung eines Blended-Learning-Kurses zum Thema »Erfolgreich studieren«. Ein anderes spannendes Projekt war die Neukonzeption der Studiengangsinformationen zu den über hundert Studiengängen meiner Universität. Bei der Organisation der Studientage wäre meine Aufgabe eher als Eventmanager zu bezeichnen: Über 3 000 Studieninteressierte und 80 Lehrkräfte von 40 Gymnasien der Region besuchen die Universität und können aus circa 30 Veranstaltungen pro Tag wählen. Eigentlich mache ich also mindestens vier Jobs: Berater, Redakteur, Projektmanager, Eventmanager. Die Mischung macht's!«*
>
> *Gerd, 49, Studienberater*

Studienberatung

Das unüberschaubare Angebot an Bachelor- und Masterstudiengängen hat dazu beigetragen, dass der Bedarf an Beratung von Studieninteressierten und Studierenden eher zu- als abnimmt. Während die fachliche Studienberatung erste Anlaufstelle während des Studiums für Fragen zu Prüfungsleistungen, Praktika oder beruflicher Orientierung ist, übernimmt die allgemeine Studienberatung Fragen zu Studienfachwahl, Selbstorganisation, Finanzierung und Lernstrategien oder zu Studienwechsel und -abbruch. Sie verbringen viel Zeit in der Einzel- oder Gruppenberatung. Allgemeine Informationen zum Studieren und zu Studiengängen der jeweiligen Hochschule vermitteln Sie in anderen Formaten: Sie entwickeln Broschüren und Online-Materialien, organisieren Informationsveranstaltungen, »Schnupperwochen« oder ein Schülerstudium. Eine beraterische Ausbildung ist für die Tätigkeit als Studienberater*in Voraussetzung. Darüber hinaus sind didaktische Fähigkeiten für die Konzeption von Informationsmaterialien und -veranstaltungen willkommen und nicht zuletzt Offenheit und Freude am Umgang mit jungen Menschen.

Hilfreiche Vorerfahrungen:

- Erfahrung in Lehre und Betreuung von Studierenden
- Erfahrung in der fachlichen Studienberatung
- Beraterische Aus- oder Weiterbildung

Studiengangsmanagement

Vor allem seit der Einführung der Bachelor- und Masterstudiengänge, die auch mit umfangreichen Dokumentations- und Evaluationsaufgaben einhergehen, haben Hochschulen begonnen, die Koordination von Studiengängen zu professionalisieren. So entstand das Berufsbild der Studiengangsmanager*innen. Sie arbeiten in der Regel dezentral in den Fachbereichen und unterstützen Wissenschaftler*innen bei der Entwicklung von Studiengängen. Hierzu gehört die Koordination und Dokumentation der konzeptionellen Treffen, das Ausarbeiten erster Versionen von Studiengangs- und Modulhandbüchern und die Begleitung von Gremienweg und gegebenenfalls Akkreditierung. In laufenden Studiengängen kümmern Sie sich um die Erstellung des Semesterprogramms, das Raum- und Terminmanagement sowie die Prüfungskoordination. Als Schnittstelle zwischen Lehrenden und Studierenden sind Sie erste*r Ansprechpartner*in bei Schwierigkeiten, unterstützen die Klärung kleinerer Probleme zwischen den Beteiligten oder stoßen eine Überarbeitung des Konzepts oder der Rahmenbedingungen an.

Im Studiengangsmanagement haben Sie einen starken fachlichen Bezug, arbeiten zugleich eng mit der Verwaltung zusammen und handeln im Rahmen verschiedener hochschulrechtlicher Vorgaben. Präzises Arbeiten ist daher genauso wichtig wie die Kenntnis des Prüfungs- oder Zulassungsrecht oder der Kapazitätsverordnung. Wie der Begriff »Management« nahelegt, sollten Sie in der Lage sein, den Überblick über verschiedene laufende Prozesse und Teilaspekte zu bewahren, gut zu organisieren und Fristen einzuhalten. Als Schnittstelle zwischen Professor*innen, Studierenden und der Verwaltung sollten Sie sowohl über sehr gute kommunikative Fähigkeiten verfügen als auch über ein angemessenes Durchsetzungsvermögen.

Hilfreiche Vorerfahrungen:

- Studium oder Promotion im entsprechenden Fach
- Mitarbeit bei der Entwicklung von Studiengängen
- Erfahrung in Lehre und Prüfungen
- Kenntnis der relevanten hochschulrechtlichen Rahmenbedingungen

Hochschuldidaktik

Lehrende dabei zu unterstützen, ihr Wissen auf adäquate Weise an Studierende zu vermitteln, ist Aufgabe der Hochschuldidaktik. Meist sind es vor allem Promovierende und Postdocs, die dieses Angebot wahrnehmen, zum Beispiel um die Planung und Gestaltung erster Lehrveranstaltungen und Prüfungen zu optimieren oder sich im Einsatz von Stimme, Körpersprache und Medien weiterzubilden. Vielleicht kennen Sie hochschuldidaktische Angebote aus eigener Erfahrung. Klassische Aufgabenfelder von Hochschuldidaktiker*innen sind die Konzeption und Organisation von Trainings sowie die Durchführung von Einzelberatungen oder Gruppenformaten. Vielerorts wird inzwischen der Erwerb hochschuldidaktischer Zertifikate angeboten, den Sie als Mitarbeiter*in der Hochschuldidaktik koordinieren. Vielleicht beraten Sie auch Fachbereiche zu deren Lehrkonzepten oder strukturellen Lehrfragen, bieten Weiterbildungen und Intervisionen für studentische Tutor*innen an oder erarbeiten Konzepte zur Überprüfung von Lehrkompetenz in Berufungsverfahren. Zunehmend wichtiger Arbeitsschwerpunkt ist der Einsatz von digitalen Medien in der Lehre. Hier reicht das Spektrum von Weiterbildungen zu Medien und Technik über Beratung zu sinnvollen didaktischen Konzepten bis hin zur Unterstützung von *Blended Learning* oder MOOCs in einzelnen Lehrveranstaltungen oder Studiengängen.

Blended Learning

Als *Blended Learning* werden Lehrszenarien bezeichnet, die Präsenzlehre mit der digitalen Vermittlung von Lerninhalten verbinden. Die Kombination von klassischen Vorlesungs- und Seminarsettings, selbstgesteuertem E-Learning und synchronen Formen des E-Learnings etwa in virtuellen Lehrräumen ermöglicht sowohl flexibles, selbstgesteuertes Lernen als auch den Austausch mit Kommiliton*innen und Lehrenden.

MOOC

Massive Open Online Courses (MOOCs) sind Online-Kurse, die allen offen stehen und meist kostenlos sind. Im Hochschulkontext werden auf diesem Wege Videomitschnitte von Vorlesungen bekannter Wissenschaftler*innen einem breiten Publikum zugänglich gemacht. Teilweise werden sie durch Skripte, Literaturempfehlungen oder Wissenstests zu den Kursinhalten ergänzt.

Für eine Stelle im Hochschuldidaktik-Team sollten Sie eine Leidenschaft für die didaktische Umsetzung wissenschaftlicher Inhalte mitbringen und sich beispielsweise mit aktivierenden Methoden genauso auskennen wie mit Konzepten zur kompetenzorientierten Lehre. Eigene Lehrerfahrung wird vorausgesetzt, eine beraterische Ausbildung ist von Vorteil oder kann zur weiteren Professionalisierung stellenbegleitend erworben werden. Kennzeichnend für die Arbeit ist, dass der sinnvolle Einsatz didaktischer Methoden nicht nur Inhalt dessen ist, was Sie vermitteln, sondern auch die Art und Weise Ihrer eigenen Vermittlungstätigkeit prägt. Für die neu geschaffenen Stellen im Bereich der digitalen Medien werden einschlägige Erfahrung mit E-Learning-Konzepten, ein entsprechendes technisches Know-how sowie mediendidaktische Weiterbildungen vorausgesetzt. Neben der Freude daran, junge Wissenschaftler*innen in ihren Fortschritten, gute Lehre zu machen, zu begleiten, ist auch eine gewisse Frustrationstoleranz hilfreich, da gute Lehre an deutschen Universitäten noch immer keinen hohen Stellenwert hat und gerade die schlechtesten Lehrenden kaum durch das hochschuldidaktische Angebot zu erreichen sind.

Hilfreiche Vorerfahrungen:

- Lehrerfahrung
- Hochschuldidaktische Weiterbildung oder Zertifikate
- Kenntnis hochschuldidaktischer Konzepte und Methoden
- Erfahrung mit dem Einsatz digitaler Medien
- Beraterische Aus- oder Weiterbildung

Schreibzentren

Wissenschaftliches Schreiben ist in den vergangenen Jahren als Kompetenz, die Studierenden vermittelt werden muss, in den Vordergrund gerückt. Die Etablierung eigener Schreibzentren folgt einem langjährigen angelsächsischen Trend. Als Mitarbeiter*in in einem solchen Zentrum arbeiten Sie zum einen eng mit den Lehrenden und Studiengangverantwortlichen zusammen und besprechen, wie Schreibkompetenz passend zum jeweiligen Fach in den Lehrveranstaltungen der ersten Studienjahre vermittelt werden soll. Dies kann von der konzeptionellen Unterstützung, wie Lehrende wissenschaftliches Schreiben selbst unterrichten können, bis zur Übernahme eigener schreibspezifischer Module innerhalb einer Lehrveranstaltung reichen.

Zum anderen bieten Schreibzentren eigene Veranstaltungen und Beratungen an. Neben dem fachspezifischen Einsatz von Sprache, Aufbau und Formalitäten gehört zu Ihren Hauptarbeitsfeldern auch der Umgang mit Schreibhemmungen oder -blockaden sowie fremdsprachliches Schreiben. Voraussetzungen für die Tätigkeit im Schreibzentrum ist daher entweder Erfahrung in der Vermittlung wissenschaftlichen Schreibens oder eine einschlägige psychologische Ausbildung. Neben der Freude am Schreiben ist eigene Lehrerfahrung eine wichtige Einstellungsvoraussetzung. Zusätzlich werden heute verschiedene Ausbildungen zur Schreibberatung angeboten, die wertvolle Arbeitsgrundlage und Wettbewerbsvorteil sind.

Hilfreiche Vorerfahrungen:

- Lehrerfahrung
- Erfahrung in der Vermittlung wissenschaftlichen Schreibens
- Beraterische Aus- oder Weiterbildung

Alumni-Arbeit

Ehemalige Studierende, Wissenschaftler*innen und weitere Mitarbeitende sind für Wissenschaftseinrichtungen eine wertvolle Ressource. Sie sind Botschafter*innen der Institution, indem sie gute Erfahrungen weitertragen oder indem ihr Erfolg auf frühere Arbeits- und Ausbildungsinstitutionen zurückfällt. Sie bieten ein wertvolles Netzwerk an Kontakten und sind potenzielle Förderer*innen. Kontakt mit den Ehemaligen zu halten, ist klassische Aufgabe des Alumni-Bereichs. In den vergangenen Jahren hat sich deren Zuständigkeit jedoch auf Freund*innen und Förderer*innen ausgedehnt und ist zum Teil des Netzwerkmanagements einer Wissenschaftseinrichtung geworden.

Zu den Tätigkeiten gehören Aufbau und Pflege einer Datenbank, die neben Angaben zur aktuellen Erreichbarkeit auch die aktuelle berufliche Position enthält, sowie die Organisation von Aktionen und Events, die den Kontakt zu Ehemaligen, Freund*innen und Förderer*innen mit der Institution aufrechterhält, Wertschätzung zeigt und nützlich oder attraktiv für sie sind. Spannende weitere Arbeitsbereiche können die Mitwirkung an Studien zum Verbleib der Ehemaligen sein oder Netzwerkaktivitäten, die dazu beitragen, dass derzeitige Studierende oder Wissenschaftler*innen von den Karriereerfahrungen der Alumni und Alumnae profitieren. Enger Kooperationspartner ist der Verein der Ehemaligen Ihrer Institution.

Als Mitarbeiter*in im Alumni-Bereich sollten Sie Freude am Umgang mit unterschiedlichen Menschen haben. Ihre Aufgabe ist es, derzeitige und ehemalige Studierende und Mitarbeitende sowie weitere Zielgruppen zu vernetzen und miteinander ins Gespräch zu bringen. Als Repräsentant*in Ihrer Wissenschaftseinrichtung sollten Sie eine hohe Identifikation mit der eigenen Organisation mitbringen und stets loyal sein. Erfahrung bei der Ausrichtung von kleinen und größeren Veranstaltungen ist ebenso hilfreich wie konzeptionelle Ideen für Aktionen und Events. Erfahrung in der Öffentlichkeitsarbeit oder Marketing können Sie in die Erstellung von Mailings und Newslettern einbringen.

Hilfreiche Vorerfahrungen:

- Erfahrung in der Organisation von Veranstaltungen, z. B. Fachtagungen
- Erfahrung in Öffentlichkeitsarbeit und Marketing
- Erfahrung im Umgang mit Datenbanken

Studienförderung

Die Förderung von Studierenden unabhängig vom BAFöG ist eine spannende und wichtige Aufgabe. In Deutschland gibt es eine breite Förderlandschaft durch Stiftungen von politischen Parteien, Gewerkschaften, Unternehmen und konfessionellen Trägern sowie die weltanschaulich unabhängige Studienstiftung des deutschen Volkes. Diese Förderwerke vergeben Stipendien für begabte oder besonders engagierte Studierende und begleiten sie mit einem Rahmenangebot von Veranstaltungen, Sommerschulen und Reisestipendien. Zu den Aufgaben wissenschaftlicher Referent*innen in einem Begabtenförderwerk gehört es, die Auswahl zu organisieren, Stipendiat*innen zu betreuen, Projekte für Alumni zu initiieren sowie Öffentlichkeitsarbeit oder Evaluationen durchzuführen. Durch den täglichen Umgang mit den Stipendiat*innen bekommen Sie sehr viel Feedback zu Ihrer Arbeit, auch wenn manche der Geförderten Ihre Arbeit als selbstverständlich erachten. Durch die relativ flachen Hierarchien können Referent*innen in aller Regel eigene Ideen entwickeln und umsetzen. Manche Förderwerke, wie beispielsweise die Konrad-Adenauer-Stiftung, sind sehr international ausgerichtet, sodass auch Reisehungrige in diesem Tätigkeitsbereich auf ihre Kosten kommen können.

Hartnäckig hält sich das Gerücht, dass die Förderwerke nur eigene Alumni*ae einstellen. Das stimmt nicht, auch wenn man viele ehemalig geförderte Kolleg*innen antrifft. Ebenso wenig ist bei den politischen Stiftungen eine Mitgliedschaft in der entsprechenden Partei erforderlich. Einstellungsvoraussetzung für eine Referent*innenstelle ist hingegen meist eine Promotion. Die wissenschaftlich-fachliche Qualifikation ist weniger entscheidend als großes Organisationstalent und die Identifikation mit den inhaltlichen Zielen der Institution. Kommunikationstalent ist sowohl in eher formalen Kontexten wie der Moderation von Auswahlseminaren als auch bei informelleren Anlässen wie dem Umgang mit gut gelaunten Stipendiat*innen und Dozent*innen auf einer Sommerakademie überlebenswichtig. Gute Englischkenntnisse werden auch hier erwartet, im Arbeitsalltag jedoch wenig eingesetzt.

HILFREICHE VORERFAHRUNGEN:

- Erfahrung in Moderation von Sitzungen und Veranstaltungen
- Erfahrung in der Organisation von Veranstaltungen, z. B. Fachtagungen
- Beratungserfahrung

1.3 Arbeitgeber*innen

Deutschland hat eine der vielfältigsten Wissenschaftslandschaften der Welt. Neben Universitäten und Hochschulen gibt es verschiedene außeruniversitäre Forschungsinstitutionen, Wissenschaftsakademien, staatliche, staatlich finanzierte und private Fördereinrichtungen, Institutionen zur Evaluation von Wissenschaft und wissenschaftspolitische Einrichtungen. In allen diesen Institutionen arbeiten Wissenschaftsmanager*innen, doch Inhalte, Rahmenbedingungen und Arbeitsalltag unterscheiden sich teilweise stark. Daher ist es für Ihre Orientierung im Wissenschaftsmanagement und für eine erfolgreiche Bewerbung wichtig, die Institutionen einschätzen zu können. Im Folgenden geben wir Ihnen einen kurzen Überblick über verschiedene Arten von Arbeitgeber*innen und empfehlen, für die Bewerbung eine vertiefte Recherche durchzuführen.

Universitäten und Hochschulen

Alle von Ihnen kennen Universitäten oder Hochschulen aus Ihrer Studienzeit oder einer späteren wissenschaftlichen Tätigkeit. Aber wie gut sind sie Ihnen als Arbeitgeberin für das wissenschaftsunterstützende Personal vertraut? Weite Teile einer Universität oder Hochschule stehen zwar nicht im Rampenlicht, sind aber wesentlich für ihr Funktionieren. Auf jede*n Wissenschaftler*in kamen 2014 durchschnittlich 0,65 Beschäftigte in den Personalgruppen Verwaltung, Bibliotheken und Technik.[21]

Universitäten und Hochschulen in Deutschland

Es gibt in Deutschland 121 Universitäten und Pädagogische Hochschulen, darunter 87 öffentlich-rechtliche, 21 private (staatlich anerkannt) und 13 kirchliche (staatlich anerkannt).

Neben den Universitäten gibt es deutschlandweit 211 Fachhochschulen, darunter 103 öffentlich-rechtliche, 90 private (staatlich anerkannt) und 18 kirchliche (staatlich anerkannt). Und das breite Spektrum der deutschen Hochschullandschaft wäre nicht vollständig ohne die 57 Kunst- und Musikhochschulen sowie fünf Hochschulen eigenen Typs.[22]

An Universitäten arbeiten Wissenschaftsmanager*innen zum einen in den Fachbereichen, Fakultäten und Instituten (häufig auf wissenschaftlichen Stellen). Hier sind sie Ihnen vermutlich als Kolleg*innen bekannt, die Forschungsverbünde, Studiengänge, Promotionsprogramme oder Fachbereiche managen, an einigen Universitäten auch weitere dezentralisierte Aufgaben wie Internationalisierung übernehmen. Zum anderen finden sich Wissenschaftsmanager*innen in der zentralen Universitätsverwaltung und decken dort das breite Spektrum der Tätigkeiten ab, die in Kapitel 1.2 beschrieben sind. Neben der Unterstützung der beiden zentralen Aufträge von Universitäten – Forschung und Lehre – sind Wissenschaftsmanager*innen auch an der Realisierung der übergreifenden Ziele Internationalisierung, Nachwuchsförderung, Gleichstellung, Transfer etc. beteiligt und bieten Universitätsleitung und Professor*innen Know-how und Unterstützung bei der Umsetzung an.

Wissenschaftsmanager*innen bewegen sich zwischen der Zentrale (Hochschulleitung und Verwaltung) und den wissenschaftlichen Einheiten und damit in unterschiedlichen Welten, die jeweils ihrer eigenen Logik folgen. Während der Arbeitsstil in den wissenschaftlichen Einheiten auch für das Wissenschaftsmanagement stark von der Kultur wissenschaftlichen Arbeitens und der Fachkultur beeinflusst wird, wird der Arbeitsstil in der Zentrale in größerem Maße von der Verwaltung bestimmt (siehe Kapitel 4.5 »Abläufe beachten«).

Falls Sie sich für eine Tätigkeit entscheiden, die hauptsächlich in der Zentrale angesiedelt ist, wird Ihre eigene Arbeit wahrscheinlich deutlich prozessorientierter sein als zuvor – sei es bei der Einhaltung von Hierarchien oder Formatvorgaben, bei Informationsverteilern oder bei der Dokumentation

Ihrer Ergebnisse. Für viele Abläufe sind dort Standards definiert, die bei der Umsetzung oder Prozessierung eines Vorgangs eingehalten werden müssen. Das Führungsverständnis unterscheidet sich meist deutlich von der Wissenschaft: Universitätsverwaltungen sind hierarchisch aufgebaut und Ihre Vorgesetzten müssen sich wiederum eigenen Vorgesetzten gegenüber verantworten. Sie nehmen ihre inhaltliche Weisungsbefugnis oft ernst, geben Ihnen in Mitarbeiter*innengesprächen Feedback und stellen Arbeitszeugnisse aus. Anwesenheitszeiten müssen in aller Regel nachgewiesen werden und für die Urlaubszeit muss eine Vertretung durch Kolleg*innen abgestimmt werden. Für manche Nachwuchswissenschaftler*innen kann der Arbeitsstart in der zentralen Verwaltung mit einem Kulturschock einhergehen. Vielleicht entspricht diese Arbeitsweise aber auch genau Ihren Vorlieben und Sie empfinden die Struktur sowie die geregelten Arbeits- und Urlaubszeiten als wohltuend nach der weitgehend selbstorganisierten wissenschaftlichen Arbeit.

Für Fachhochschulen gelten in weiten Teilen die Rahmenbedingungen, die wir zuvor geschildert haben. Jedoch sind Verwaltung und Wissenschaftsmanagement hier oft schlanker aufgestellt. Insbesondere an kleineren Fachhochschulen werden einige Aufgaben, wie etwa Internationalisierung oder Nachwuchsförderung, nicht durch eine Stabsstelle unterstützt, sondern von professoralen Beauftragten übernommen.

Aber nicht nur der Hochschultyp beeinflusst die Rahmenbedingungen für das Wissenschaftsmanagement, sondern auch ihre Größe. So haben beispielsweise die größten staatlichen Universitäten etwa 2 500 Mitarbeiter*innen im wissenschaftsunterstützenden Dienst, die kleinsten nur rund 100.[23] Während größere Hochschulen viele Stellen und ein differenziertes Aufgabenspektrum bieten, können sie auch geprägt sein von Lagerdenken zwischen Abteilungen, verhärteten Strukturen und Defiziten in der Kommunikationskultur. Stellen an kleineren Hochschulen übernehmen häufig ein breiteres Aufgabenspektrum und daher mehr Verantwortung. Der überschaubare Personalpool bietet weniger Entwicklungsmöglichkeiten, führt aber häufig zu einer familiäreren Arbeitskultur. Hochschulen in Großstädten haben in der Regel die Möglichkeit, aus zahlreichen qualifizierten Kandidat*innen mit einschlägiger Vorerfahrung auszuwählen, was Auswahlverfahren sehr kompetitiv macht. An Exzellenzuniversitäten werden oft neue Aufgaben im Wissenschaftsmanagement eingeführt, gleichzeitig ist der Erfolgsdruck dort auch in der Verwaltung hoch. Nicht zuletzt kann ein Auswahlkriterium für eine Institution für

Sie sein, welche Impulse Rektor*in oder Kanzler*in setzen: Gibt es spannende neue Projekte, die Sie mit umsetzen können? Wurde die Verwaltung reformiert, wurden Abläufe moderner und effektiver gestaltet? Ziehen alle an einem Strang? Hat das Rektorat eine gestalterische Vision? Auch diese Faktoren können beeinflussen, ob Ihre Stelle im Wissenschaftsmanagement für Sie zum Traumjob wird.

Außeruniversitäre Forschungseinrichtungen

Die deutsche Wissenschaftslandschaft wird neben den Hochschulen stark von den vier großen außeruniversitären Forschungsverbünden geprägt. In der Max-Planck-Gesellschaft, Fraunhofer-Gesellschaft, Helmholtz-Gemeinschaft und Leibniz-Gemeinschaft arbeiten zusammen insgesamt knapp 110 000 Personen, davon je nach Verbund 30 bis 50 Prozent wissenschaftliche Mitarbeiter*innen sowie technisches und administratives Personal, Auszubildende und Gastwissenschaftler*innen, Doktorand*innen etc.[24]

Ihre zentrale Aufgabe ist die Forschung. Entsprechend umfasst das Spektrum im Wissenschaftsmanagement viele der in Kapitel 1.2 beschriebenen Tätigkeitsbereiche, außer denen in Studium und Lehre. Innerhalb der einzelnen Institute ist die Verwaltung kleiner als an den meisten Hochschulen, dafür sind einige übergreifende Funktionen und Dienstleistungen für alle Institute in der Zentrale des Forschungsverbunds zusammengefasst, wie etwa die Helmholtz-Akademie für Führungskräfte, die Weiterbildungsinstitution der Helmholtz-Gemeinschaft,[25] oder Fraunhofer Venture, die Anlaufstelle für gründungsinteressierte Forschende in der Fraunhofer-Gesellschaft.[26]

Max-Planck-Gesellschaft

Die derzeit 84 Max-Planck-Institute betreiben Grundlagenforschung in den Natur-, Bio-, Geistes- und Sozialwissenschaften im Dienste der Allgemeinheit. Max-Planck-Institute engagieren sich in Forschungsgebieten, die besonders innovativ sind, einen speziellen finanziellen oder zeitlichen Aufwand erfordern. Fünf Institute und eine Außenstelle befinden sich im Ausland. Die Finanzierung der Max-Planck-Gesellschaft erfolgt überwiegend aus öffentlichen Mitteln von Bund und Ländern, im Jahr 2018 erhielt die MPG knapp 1,7 Milliarden Euro.

www.mpg.de

Fraunhofer-Gesellschaft

Die Fraunhofer-Gesellschaft ist die größte Organisation für angewandte Forschung in Europa. Sie betreibt derzeit 72 Institute und Forschungseinrichtungen. Im Mittelpunkt der Forschung stehen die Bedürfnisse des Menschen hinsichtlich Gesundheit, Sicherheit, Kommunikation, Mobilität, Energie und Umwelt. Internationale Standorte und Repräsentanzen sorgen für Kontakt zu den wichtigsten Wissenschafts- und Wirtschaftsräumen. Das Forschungsvolumen beträgt 2,5 Milliarden Euro jährlich, davon 2,1 Milliarden Euro in der Vertragsforschung, das bedeutet rund 70 Prozent werden mit Aufträgen aus der Industrie und mit öffentlich finanzierten Forschungsprojekten erwirtschaftet.

www.fraunhofer.de

Helmholtz-Gemeinschaft

Die Helmholtz-Gemeinschaft hat die Aufgabe, langfristige Forschungsziele des Staates und der Gesellschaft zu verfolgen, einschließlich Grundlagenforschung, in wissenschaftlicher Autonomie. Dazu identifiziert und bearbeitet sie große und drängende Fragen von Gesellschaft, Wissenschaft und Wirtschaft durch strategisch-programmatisch ausgerichtete Spitzenforschung in sechs Bereichen: Energie, Erde und Umwelt, Gesundheit, Schlüsseltechnologien, Materie sowie Luftfahrt, Raumfahrt und Verkehr. In der Helmholtz-Gemeinschaft haben sich 19 naturwissenschaftlich-technische und medizinisch-biologische Forschungszentren zusammengeschlossen. Mit mehr als 39 000 Mitarbeiter*innen und einem Jahresbudget von 4,5 Milliarden Euro ist die Helmholtz-Gemeinschaft die größte Wissenschaftsorganisation Deutschlands.

ww.helmholtz.de

Leibniz-Gemeinschaft

Die Leibniz-Gemeinschaft verbindet 95 selbständige Forschungseinrichtungen. Ihre Ausrichtung reicht von den Natur-, Ingenieur- und Umweltwissenschaften über die Wirtschafts-, Raum- und Sozialwissenschaften bis zu den Geisteswissenschaften. Leibniz-Institute widmen sich gesellschaftlichen, ökonomischen und ökologischen Fragen. Sie betreiben erkenntnis- und anwendungsorientierte Forschung, unterhalten wissenschaftliche Infrastrukturen und bieten forschungsbasierte Dienstleistungen an. Die Leibniz-Institute beschäftigen rund 20 000 Personen, darunter 10 000 Wissenschaftler*innen. Der Gesamtetat der Institute liegt bei mehr als 1,9 Milliarden Euro.

www.wgl.de

Die vier Forschungsverbünde werden teilweise direkt durch das Bundesministerium für Bildung und Forschung, teilweise durch Drittmittel und Industrieaufträge finanziert. Auch die Arbeit im Wissenschaftsmanagement profitiert von der im Vergleich zu Hochschulen sehr guten finanziellen Ausstattung. Gleichzeitig führen die Rechenschaftspflicht gegenüber dem Ministerium, teilweise inhaltliche Vorgaben und die größere Außenorientierung in der Ergebnispräsentation und -nutzung zu einer höheren Leistungsorientierung und zu einer strafferen Führung und Organisation. Insbesondere die Stellen in den Zentralen der Forschungsverbünde gehören mit zu den professionellsten und angesehensten im Wissenschaftsmanagement.

Auch auf europäischer Ebene gibt es einige Forschungseinrichtungen, wie die European Space Agency oder das European Molecular Biology Laboratory. Außerdem bietet das Wissenschaftsmanagement in den staatlichen und privaten Forschungsinstituten interessante Aufgaben. Zurzeit gibt es knapp fünfzig Bundeseinrichtungen mit Forschungsaufgaben.[27] Sie unterstehen einzelnen Bundesministerien, greifen aktuelle gesellschaftliche, wissenschaftliche und wirtschaftliche Probleme auf und erarbeiten Handlungsoptionen für staatliche Maßnahmen. Die Aufteilung der Aufgaben in Dienstleistungen, Beratung und Forschung variiert stark. Entsprechend existieren über hundert Landeseinrichtungen[28] und zahlreiche private Forschungsinstitute in allen Fachrichtungen.

In allen außeruniversitären Forschungseinrichtungen gibt es Positionen im Wissenschaftsmanagement, jedoch variieren die Anzahl der Stellen und das Spektrum der Aufgaben stark. Die eher forschungsbezogenen Stellen werden wie auch an den Universitäten oft intern an ehemalige Nachwuchswissenschaftler*innen vergeben. Gerade in kleinen Instituten finden sich kaum Einstiegsstellen für das Wissenschaftsmanagement, da die Verantwortung Personen übertragen werden soll, die bereits einschlägige Erfahrungen in einer vergleichbaren Position gesammelt haben.

Wissenschaftsförderer und Stiftungen

In Deutschland beschäftigen mehrere große Forschungsförderorganisationen – darunter auch Projektträger, die Forschungsförderprogramme im Auftrag von Bund und Ländern umsetzen, Wissenschaftsstiftungen sowie 13 Begabtenförderungswerke[29] – Referent*innen zur Betreuung der bei ihnen eingereichten Förderanträge.

Neben den Positionen, die sich um die Personen- oder Projektförderung kümmern, gibt es bei Wissenschaftsförderern, Projektträgern und Stiftungen je nach Größe zahlreiche Stellen, die sich etwa um Kommunikation, Personal oder Evaluation kümmern. Die Arbeit in diesen Institutionen ist inhaltlich der Unterstützung von Forschung oder Studium gewidmet und findet in Zusammenarbeit mit Mitgliedern von Hochschulen und Forschungseinrichtungen statt. Bei Projektträgern beschäftigen sich zahlreiche Personen zusätzlich in Zusammenarbeit mit Wissenschaft, Politik und Wirtschaft mit der Identifikation neuer Themen für die Forschungs- und Innovationspolitik.

Als durch den Bund und die Länder oder durch das Stiftungsvermögen privater Förderer finanzierte Einrichtungen ist allen Institutionen gemeinsam, dass von ihren Mitarbeitenden ein hohes Maß an Professionalität und Identifikation mit Auftrag und Zielen der Einrichtung verlangt wird. Einer gekonnten Außenkommunikation, Verbindlichkeit und Serviceorientierung wird hohe Bedeutung beigemessen.

Deutsche Forschungsgemeinschaft (DFG)

Die Deutsche Forschungsgemeinschaft (DFG) ist die zentrale Selbstverwaltungsorganisation der Wissenschaft in Deutschland. Sie fördert wissenschaftliche Exzellenz und Qualität durch die Auswahl der besten Projekte im Wettbewerb und setzt Impulse für die internationale Zusammenarbeit. Ihre besondere Aufmerksamkeit gilt dem wissenschaftlichen Nachwuchs und der Chancengleichheit für Wissenschaftlerinnen und Wissenschaftler. Ferner berät die DFG Parlamente und Behörden in wissenschaftlichen Fragen. Mitglieder sind deutsche Universitäten, außeruniversitäre Forschungseinrichtungen, wissenschaftliche Verbände und die Akademien der Wissenschaften. Für die Erfüllung ihrer Aufgaben stehen der DFG jährlich derzeit 3,2 Milliarden Euro zur Verfügung, die sie überwiegend von Bund (68 Prozent) und Ländern (31 Prozent), aber auch aus Mitteln der Europäischen Union und privaten Zuwendungen erhält. Sie beschäftigt rund 750 Mitarbeiter*innen. Die Geschäftsstelle der DFG hat ihren Sitz in Bonn, darüber hinaus verfügt sie über eine Dienststelle in Berlin sowie über Büros in Indien, Japan, Lateinamerika, Nordamerika und Russland.

www.dfg.de

VolkswagenStiftung

Die VolkswagenStiftung ist eine eigenständige, gemeinnützige Stiftung privaten Rechts. Sie fördert Wissenschaft und Technik in Forschung und Lehre. Mit einem Fördervolumen von insgesamt etwa 150 Millionen Euro pro Jahr ist sie die größte private deutsche wissenschaftsfördernde Stiftung und eine der größten Stiftungen hierzulande überhaupt. Ihre Mittel vergibt sie ausschließlich an wissenschaftliche Einrichtungen. In den mehr als 50 Jahren ihres Bestehens hat die VolkswagenStiftung rund 32 000 Projekte mit insgesamt mehr als 5,2 Milliarden Euro gefördert. Sie beschäftigt rund 100 Mitarbeiter*innen. Sitz der Stiftung ist Hannover.

www.volkswagenstiftung.de

Fritz Thyssen Stiftung

Die Fritz Thyssen Stiftung ist die erste große private wissenschaftsfördernde Einzelstiftung, die nach dem Zweiten Weltkrieg in der Bundesrepublik Deutschland errichtet wurde. Ausschließlicher Zweck der Stiftung ist nach ihrer Satzung die unmittelbare Förderung der Wissenschaft an Hochschulen und Forschungsstätten. Geschichte, Sprache und Kultur, Staat, Wirtschaft und Gesellschaft sowie die Medizin sind Gegenstandsbereiche der Förderung der Fritz Thyssen Stiftung. Hierbei widmet sie sich besonders intensiv der Förderung des wissenschaftlichen

Nachwuchses. Seit 1961 hat sie rund 530 Millionen Euro für Forschung an Hochschulen und gemeinnützigen Forschungsstätten zur Verfügung stellen können. Sitz der Stiftung ist Köln.

www.fritz-thyssen-stiftung.de

Stiftung Mercator

Die Stiftung Mercator ist eine private, unabhängige Stiftung. Sie strebt mit ihrer Arbeit eine Gesellschaft an, die sich durch Weltoffenheit, Solidarität und Chancengleichheit auszeichnet. Dabei konzentriert sie sich darauf, Europa zu stärken, den Bildungserfolg benachteiligter Kinder und Jugendlicher, insbesondere derer mit Migrationshintergrund, zu erhöhen, Qualität und Wirkung kultureller Bildung zu verbessern, Klimaschutz voranzutreiben und Wissenschaft zu fördern. Als eine führende Stiftung in Deutschland ist sie national wie international tätig. Sie hat 13 Partnergesellschaften, die sich inhaltlich fokussieren und dabei selbstständig und flexibel arbeiten. Dem Ruhrgebiet, der Heimat der Stifterfamilie und dem Sitz der Stiftung, fühlt sie sich besonders verpflichtet. Die Stiftung Mercator hat im Jahr 2017 insgesamt 116 Projekte mit einer Fördersumme von 77,1 Millionen Euro bewilligt. Der Hauptsitz der Stiftung Mercator ist Essen, in Berlin betreibt sie das ProjektZentrum Berlin. Darüber hinaus hat die Stiftung Büros in Istanbul und Peking.

www.stiftung-mercator.de

Robert Bosch Stiftung

Die Robert Bosch Stiftung ist eine der großen unternehmensverbundenen Stiftungen in Europa. In den fünf Fördergebieten Bildung, Gesellschaft, Gesundheit, Völkerverständigung und Wissenschaft greift sie gesellschaftliche Themen frühzeitig auf und entwickelt in Projekten beispielgebende Lösungen für die Zukunft. Die Stiftung verfolgt ausschließlich gemeinnützige Zwecke. Als Hauptgesellschafterin der Robert Bosch GmbH finanziert sie ihre Arbeit aus den Gewinnen des Unternehmens. Stiftung und Unternehmen arbeiten inhaltlich unabhängig voneinander. Die Stiftung beschäftigt rund 200 Mitarbeiter*innen, der Hauptsitz der Robert Bosch Stiftung befindet sich in Stuttgart.

www.bosch-stiftung.de

Stellen in den durch Bund und Länder finanzierten Forschungsfördereinrichtungen werden nach den Tarifverträgen des öffentlichen Dienstes vergütet. Je nach Aufgabe und Berufserfahrung kann das Gehalt bis Entgeltgruppe 14 oder 15 TVöD beziehungsweise TV-L gehen. Für ranghohe Führungspositionen kann auch eine außertarifliche Bezahlung gewährt werden. In Stiftungen orientiert sich die Vergütung ebenfalls am öffentlichen Dienst. Vor allem in größeren Stiftungen gibt es beim Gehalt aber auch Verhandlungsspielräume. Viele Einstiegsstellen sind zunächst auf zwei Jahre befristet. Bei Bewährung können diese befristeten Stellen zum Teil entfristet werden oder es kann eine passende Anschlussbeschäftigung im Haus übernommen werden.

Wie auch an Hochschulen herrscht gerade in größeren Institutionen durch Elternzeit, Pflegezeiten oder Sabbaticals eine gewisse Fluktuation beim Personal, die teils durch bereits eingearbeitete Mitarbeiter*innen, teils durch externe Bewerber*innen aufgefangen wird. Viele Forschungsförderorganisationen und Stiftungen bieten ihren Mitarbeiter*innen flexible Arbeitszeitmodelle, Unterstützung bei der Vereinbarkeit von Familie und Beruf sowie Angebote der Personalentwicklung, Weiterbildung und Gesundheitsförderung.

Projektträger Jülich (PtJ)

Als einer der größten Projektträger Deutschlands ist der Projektträger Jülich (PtJ) Partner der öffentlichen Hand in Wissenschaft, Wirtschaft und Politik. Mit seiner Expertise im Forschungs- und Innovationsmanagement unterstützt PtJ seine Auftraggeber in Bund und Ländern sowie die Europäische Kommission bei der Realisierung ihrer förderpolitischen Zielsetzungen. Im Geschäftsjahr 2017 wurden im Auftrag der Bundesministerien für Bildung und Forschung (BMBF), Wirtschaft und Energie (BMWi), Umwelt, Naturschutz und nukleare Sicherheit (BMU), Verkehr und digitale Infrastruktur (BMVI) sowie im Auftrag der Bundesländer Bayern, Baden-Württemberg, Nordrhein-Westfalen und Mecklenburg-Vorpommern im Rahmen von Forschungs- und Innovationsförderprogrammen rund 1,61 Milliarden Euro Fördermittel umgesetzt. PtJ beschäftigt rund 1 100 Mitarbeiterinnen und Mitarbeiter. Neben dem Hauptsitz in Jülich ist er mit drei weiteren Geschäftsstellen in Berlin, Rostock und Bonn vertreten.

www.ptj.de

Kooperationsstelle EU der Wissenschaftsorganisationen (KoWI)

Die »Kooperationsstelle EU der Wissenschaftsorganisationen« (KoWi) ist die gemeinsame Serviceplattform der im »Verein zur Förderung der europäischen und internationalen wissenschaftlichen Zusammenarbeit e.V.« zusammengeschlossenen großen deutschen Wissenschaftsorganisationen. Als sogenannte »Hilfseinrichtung der Forschung« wird KoWi von der Deutschen Forschungsgemeinschaft (DFG) finanziert. KoWi bietet begleitende und strategisch-proaktive Services »aus einer Hand«, die Forschende, Administrator*innen und Institutionen bundesweit ansprechen und grundsätzlich alle Stufen der Forschungskarriere, alle Instrumente des Forschungsrahmenprogramms und alle Phasen eines EU-Forschungsprojekts abdecken. KoWi unterhält Büros in Bonn und Brüssel.

www.kowi.de

Alexander von Humboldt Stiftung (AvH)

Die Alexander von Humboldt Stiftung ist eine von der Bundesrepublik Deutschland errichtete gemeinnützige Stiftung privaten Rechts und fördert aus Mitteln der Bundesregierung den internationalen Austausch von Wissenschaftler*innen. Dem Netzwerk der Stiftung gehören inzwischen mehr als 29 000 Humboldtianer*innen aus über 140 Ländern an, von denen bereits 55 mit dem Nobelpreis ausgezeichnet wurden. Im Jahr 2017 betrugen die Ausgaben zur Erfüllung des Stiftungszwecks circa 127,3 Millionen Euro und wurden zu etwa 96 Prozent aus Zuwendungen des Bundes sowie der Europäischen Union finanziert. Die Stiftung beschäftigt rund 200 Mitarbeiter*innen, die Hauptgeschäftsstelle ist in Bonn.

www.humboldt-foundation.de

Deutscher Akademischer Austauschdienst (DAAD)

Der DAAD ist die weltweit größte Förderorganisation für den internationalen Austausch von Studierenden und Wissenschaftler*innen. Seit seiner Gründung im Jahr 1925 hat der DAAD rund zwei Millionen Akademiker*innen im In- und Ausland unterstützt. Er wird als Verein von den deutschen Hochschulen und Studierendenschaften getragen. Seine Tätigkeit geht weit über die Vergabe von Stipendien hinaus: Der DAAD fördert die Internationalisierung der deutschen Hochschulen, stärkt die Germanistik und deutsche Sprache im Ausland, unterstützt Entwicklungsländer beim Aufbau leistungsfähiger Hochschulen und berät die Entscheider*innen in der Bildungs-, Außenwissenschafts- und Entwicklungspolitik. Das Budget stammt überwiegend aus Bundesmitteln verschiedener Ministerien, vor allem des Auswärtigen Amtes, von der Europäischen Union sowie von Unternehmen, Organisationen und ausländischen Regierungen. Der DAAD beschäftigt über 900 Mitarbeiter*innen, die Zentrale befindet sich in Bonn.

www.daad.de

Studienstiftung des deutschen Volkes

Die Studienstiftung des deutschen Volkes ist das älteste und größte Begabtenförderungswerk in der Bundesrepublik Deutschland. Gemäß ihrer Satzung fördert sie »die Hochschulbildung junger Menschen, deren hohe wissenschaftliche oder künstlerische Begabung und deren Persönlichkeit besondere Leistungen im Dienste der Allgemeinheit erwarten lassen«. Die Auswahl und Förderung der Stipendiat*innen erfolgen unabhängig von politischen, weltanschaulichen und religiösen Vorgaben. Wichtigster Geldgeber ist das Bundesministerium für Bildung und Forschung (BMBF), darüber hinaus erhält sie Zuschüsse von Ländern und Kommunen, von Stiftungen und Unternehmen sowie Spenden und Zustiftungen ihrer Alumni/Alumnae und weiterer privater Spender*innen. Aktuell fördert die Studienstiftung rund 12 900 Studierende und etwa 1 100 Doktorand*innen. Sie hat rund 145 hauptberuflichen Mitarbeiter*innen in ihrer Geschäftsstelle in Bonn und im Berliner Büro.

www.studienstiftung.de

Nicht wenige Mitarbeiter*innen bei Wissenschaftsförderern, Projektträgern und Stiftungen arbeiten mit großer Zufriedenheit viele Jahre auf ihren Referent*innenstellen. Dies bietet den Vorteil, dass es über einen langen Zeitraum verlässliche Ansprechpersonen für die Förderung gibt. Sowohl horizontal als auch vertikal bieten sich in Förderorganisationen und größeren Stiftungen aber auch viele Möglichkeiten für berufliche Mobilität. In Frage kommt etwa ein Wechsel zwischen den Teams und Abteilungen oder zwischen inhaltlichen Zuständigkeitsgebieten.

Einige Forschungsförderer haben Dependancen im Ausland, in die gewechselt werden kann. Auch der vertikale Aufstieg in Leitungspositionen ist möglich, allerdings sind die zur Verfügung stehenden Stellen begrenzt. Darüber hinaus bestehen interessante Karriereoptionen im Wechsel zwischen den einzelnen Fördereinrichtungen, aber beispielsweise auch zu den einschlägigen Ministerien.

Wissenschaftspolitische Einrichtungen und Interessenverbände

In der Wissenschaftspolitik erheben zahlreiche wissenschaftspolitische Einrichtungen ihre Stimme: der Wissenschaftsrat (WR) und die Hochschulrektorenkonferenz (HRK), Interessenverbände, wie der Stifterverband für die Deutsche Wissenschaft, der Deutsche Hochschulverband (DHV) oder die Junge Akademie. Sie engagieren sich auf vielfältige Weise: So berät der Wissenschaftsrat die Bundesregierung und die Regierungen der Länder zu Fragen der inhaltlichen und strukturellen Entwicklung der Hochschulen, der Wissenschaft und der Forschung. Der Hochschullehrerbund (hlb) hingegen sieht als Berufsverband der Fachhochschulprofessor*innen in Deutschland seine Aufgaben darin, das Profil dieser Hochschulart in der Öffentlichkeit darzustellen, die Beziehungen zwischen den Fachhochschulen einerseits und Wirtschaft, Verwaltung und sonstigen Bereichen der Gesellschaft andererseits zu intensivieren und seine Mitglieder in allen Fragen der Ausübung des Hochschullehrerberufs zu beraten.

Während alle Institutionen also im Feld der Wissenschaftspolitik agieren, unterscheiden sich zum einen die Aufgaben (übergreifende Expertisen, Lobbyarbeit, Mitgliederbetreuung), zum anderen der Blickwinkel (unabhängige Perspektive versus Interessen eines Stakeholders), drittens in Abhängigkeit von der Größe auch die Anzahl und entsprechende Spezialisierung der Stellen.

Wissenschaftsrat (WR)

Der Wissenschaftsrat ist eines der wichtigsten wissenschaftspolitischen Beratungsgremien in Deutschland. Er berät die Bundesregierung und die Regierungen der Länder in allen Fragen der inhaltlichen und strukturellen Entwicklung der Wissenschaft, der Forschung und des Hochschulbereichs. Dabei übernimmt der Wissenschaftsrat eine doppelte Vermittlungsfunktion, nämlich zwischen Wissenschaft und Politik einerseits sowie zwischen Bund und Ländern andererseits. Daneben gehört es zu seinen Aufgaben, zur Sicherung der internationalen Konkurrenzfähigkeit der Wissenschaft in Deutschland beizutragen. Die Empfehlungen des Wissenschaftsrates sollen mit Überlegungen zu den quantitativen und finanziellen Auswirkungen sowie ihrer Verwirklichung verbunden sein und den Erfordernissen des sozialen, kulturellen und wirtschaftlichen Lebens entsprechen. Der Wissenschaftsrat hat seinen Sitz in Köln.

www.wissenschaftsrat.de

Gemeinsame Wissenschaftskonferenz (GWK)

In der 2008 gegründeten GWK behandeln Bund und Länder alle sie gemeinsam berührenden Fragen der wissenschafts- und forschungspolitischen Strategien, der Wissenschaftsförderung und des Wissenschaftssystems. Mitglieder der GWK sind die Wissenschaftsminister*innen sowie die Finanzminister*innen von Bund und Ländern. Unter Wahrung ihrer Kompetenzen streben sie bei gemeinsam berührenden Fragen eine enge Koordination auf dem Gebiet der nationalen, europäischen und internationalen Wissenschafts- und Forschungspolitik an. Sie verfolgen dabei das Ziel, die Leistungsfähigkeit des Wissenschafts- und Forschungsstandorts Deutschland im internationalen Wettbewerb zu steigern. Das Büro erledigt die laufenden Geschäfte der GWK und sorgt für die Vor- und Nachbereitung der Gremienberatungen. Es ist – von den Fach- und Finanzressorts unabhängig – organisatorisch beim Bundespräsidialamt angesiedelt und wird durch den Bund finanziert. Sitz ist Bonn.

www.gwk-bonn.de

Hochschulrektorenkonferenz (HRK)

Die Hochschulrektorenkonferenz (HRK) ist der freiwillige Zusammenschluss der staatlichen und staatlich anerkannten Hochschulen in Deutschland. Die Mitgliedshochschulen werden in der HRK durch ihre Präsidien und Rektorate vertreten. Die HRK hat gegenwärtig 268 Mitgliedshochschulen, an denen rund 94 Prozent aller Studierenden in Deutschland immatrikuliert sind. Aufgrund dieser starken Mitgliedschaft, in der alle Hochschularten vertreten sind, ist die HRK die Stimme der Hochschulen gegenüber Politik und Öffentlichkeit und das zentrale Forum für den gemeinsamen Meinungsbildungsprozess der Hochschulen. Die HRK befasst sich mit allen Themenfeldern, die Rolle und Aufgaben der Hochschulen in Wissenschaft und Gesellschaft be-

treffen, vor allem mit Lehre und Studium, Forschung, Innovation und Transfer, wissenschaftlicher Weiterbildung, Internationalisierung sowie den Fragen der hochschulischen Selbstverwaltung und Governance. Sitz der Geschäftsstelle ist in Bonn, darüber hinaus gibt es Büros in Berlin und Brüssel.
www.hrk.de

Kernaufgabe des Wissenschaftsmanagements in allen Einrichtungen ist es, die hochschulpolitische Lage zu analysieren, auf Probleme aufmerksam zu machen und Vorschläge zur Weiterentwicklung zu unterbreiten. Eine konkrete Beschreibung der entsprechenden Tätigkeiten finden Sie im Abschnitt »Agenda Setting und Strategie« (siehe Kapitel 1.2 »Tätigkeitsbereiche «). Die größeren Institutionen haben auch Stabsstellen für Öffentlichkeitsarbeit und Personal, wohingegen diese Aufgaben bei den kleineren Einrichtungen zum Beispiel mit der Geschäftsstellenleitung zusammenfallen. In letzterem Fall sind also Generalist*innen gefragt, die alle unterschiedlichen Funktionen beherrschen.

Statt *in* der Wissenschaft arbeiten Sie in den wissenschaftspolitischen Einrichtungen und Interessenverbänden *für* die Wissenschaft. Ihre Arbeit findet also völlig losgelöst vom Forschungs- und Wissenschaftsbetrieb statt, hat in der Regel inhaltlich nicht mit einzelnen Fachgebieten zu tun und auch die Gepflogenheiten unterscheiden sich vermutlich stark von Ihren Erfahrungen als Wissenschaftler*in. Während strukturiertes, eigenverantwortliches Arbeiten zwar noch immer gefragt ist, gibt es sowohl zum Zeitplan als auch zu den Inhalten Vorgaben von Vorgesetzten. Ihre Arbeit muss gut dokumentiert werden, auch für Kolleg*innen, mit denen Sie im Team arbeiten, sich abstimmen und gegenseitig Feedback geben. Vermutlich verbringen Sie häufiger Arbeitstage in Kostüm oder Anzug, nicht nur im Außenauftritt ist hohe Professionalität gefragt.

Deutsche Akademie der Naturforscher Leopoldina – Nationale Akademie der Wissenschaften

Die Leopoldina ist eine der ältesten Wissenschaftsakademien der Welt. Mit ihren rund 1 500 Mitgliedern vereint die Leopoldina hervorragende Wissenschaftler*innen aus Deutschland, Österreich, der Schweiz und zahlreichen weiteren Ländern. Als Nationale Akademie Deutschlands vertritt sie die deutsche Wissenschaft in internationalen Gremien und nimmt zu wissenschaftlichen Grundlagen politischer und gesellschaftlicher Fragen unabhängig Stellung. In interdisziplinären Expert*innengruppen erarbeitet die Leopoldina, auch gemeinsam mit anderen deutschen, europäischen und internationalen Akademien, öffentliche Stellungnahmen zu aktuellen Themen. Die Leopoldina fördert die wissenschaftliche und öffentliche Diskussion, sie unterstützt wissenschaftlichen Nachwuchs, verleiht Auszeichnungen, führt Forschungsprojekte durch und setzt sich für die Wahrung der Menschenrechte verfolgter Wissenschaftler*innen ein. Abteilungen und Geschäftsstelle der Leopoldina haben insgesamt rund 100 Mitarbeiter*innen, ihr Sitz ist Halle.

www.leopoldina.org

Stifterverband für die Deutsche Wissenschaft

Der Stifterverband verkörpert seit 1920 die gemeinsame Verantwortung der deutschen Unternehmen für eine zukunftsfähige und lebenswerte Gesellschaft. DAX-Konzerne, Mittelständler, Unternehmensverbände, Stifter*innen und engagierte Privatpersonen – rund 3 000 Mitglieder haben sich im Stifterverband zusammengeschlossen. Sie sind der Nukleus eines in Deutschland einzigartigen Netzwerks aus Wirtschaft, Wissenschaft, Politik und Zivilgesellschaft. Die Kernthemen des Stifterverbandes sind Bildung, Wissenschaft, Innovation. Er setzt – gemeinsam mit seinen Töchtern – auf eine ganzheitliche Strategie, um nachhaltige Erfolge erzielen zu können. Das Spektrum reicht von der Schule über die Zivilgesellschaft bis zu den Strukturen des Wissenschafts- und Innovationssystems. Dabei verfolgt der Stifterverband ganz unterschiedliche und den jeweiligen Herausforderungen angepasste Handlungsansätze. Dazu gehören Wettbewerbe ebenso wie Förderprogramme, Studien oder Beratungsleistungen. Sitz des Stifterverbands ist Essen.

www.stifterverband.org

Centrum für Hochschulentwicklung (CHE)

Das gemeinnützige Centrum für Hochschulentwicklung erarbeitet anwendungsorientierte Lösungen für das Hochschul- und Wissenschaftssystem. Es unterstützt Hochschulen dabei, ihre Autonomie zu nutzen und zu gestalten, vielfältige Profile zu entwickeln und umzusetzen sowie ihre gesellschaftliche Verantwortung wahrzunehmen. Als gemeinnützige Einrichtung bietet das CHE eine Vielzahl frei zugänglicher Informationen und Services. Über seine Schwerpunkte und Projekte entscheidet das CHE unabhängig. Das Gesamtbudget beträgt circa 4,5 Millionen Euro pro Jahr und wird zu etwa einem Drittel von der Bertelsmann Stiftung finanziert. Sitz ist Gütersloh.

www.che.de

Das Gehalt in den wissenschaftspolitischen Institutionen entspricht oder orientiert sich am TV-L. Die meisten der Einrichtungen haben flache Hierarchien, die einen Aufstieg im Haus unwahrscheinlich machen. Es herrscht aber ein reger Wechsel zwischen den Institutionen, und auch ein Übergang in Ministerien oder in das Wissenschaftsmanagement an Hochschulen und Forschungseinrichtungen ist möglich. Gerade für Aufgaben, die mit Agenda Setting und Strategie befasst sind, werden Erfahrungen an anderen Institutionen als wertvolle Horizonterweiterung und strategisch sinnvolle Karrieregestaltung gesehen.

DEUTSCHER HOCHSCHULVERBAND (DHV)

Der Deutsche Hochschulverband ist mit über 30 000 Mitgliedern die größte Vereinigung von Wissenschaftler*innen in Europa. Er vertritt die hochschulpolitischen, rechtlichen und wirtschaftlichen Interessen der Hochschullehrer*innen gegenüber Staat und Gesellschaft. Seine besondere Sorge gilt dem wissenschaftlichen Nachwuchs. Die Arbeit des Deutschen Hochschulverbandes dient sowohl dem Hochschullehrer*innenberuf insgesamt als auch den Interessen des einzelnen Mitglieds. Der DHV verfolgt mit Stellungnahmen und Vorschlägen die Maßnahmen der Gesetzgebung und Verwaltung. Der Deutsche Hochschulverband ist die umfassende Service- und Informationseinrichtung für die deutschen Universitätslehrer*innen und den wissenschaftlichen Nachwuchs. Sitz der Geschäftsstelle ist Bonn.

www.hochschulverband.de

European University Association (EUA)

Die European University Association vertritt mehr als 800 Universitäten und nationale Rektorenkonferenzen in 48 europäischen Ländern. Sie spielt im Bologna-Prozess und bei der Einflussnahme auf die EU-Politik in den Bereichen Hochschulbildung, Forschung und Innovation eine entscheidende Rolle. Durch die kontinuierliche Interaktion mit anderen europäischen und internationalen Organisationen stellt die EUA sicher, dass die unabhängige Stimme der europäischen Universitäten gehört wird. Sie ermöglicht ihren Mitgliedern, bewährte Verfahren auszutauschen, indem sie an Projekten, Veranstaltungen und anderen Aktivitäten des gegenseitigen Lernens teilnehmen, an denen eine Vielzahl von Universitäten beteiligt ist. Der Verband bietet seinen Mitgliedern auch einzigartige Möglichkeiten zur Gestaltung europäischer Policies und Initiativen, die sich auf Hochschulbildung und Forschung auswirken. Die Mission der EUA besteht darin, die Entwicklung eines kohärenten Bildungs- und Forschungssystems auf europäischer Ebene durch Studien, Projekte und Dienstleistungen für die Mitglieder zu fördern. Das in Brüssel und Genf ansässige EUA-Sekretariat beschäftigt rund 40 Mitarbeiter*innen.

www.eua.eu

German Scholars Organization (GSO)

Die German Scholars Organization ist ein unabhängiger und gemeinnütziger Verein, der sich für Wissenschaftler*innen im Ausland engagiert und deren Anbindung an den Wissenschafts- und Wirtschaftsstandort Deutschland fördert. Die GSO hilft dabei, Karrierewissen und Kontakte im deutschen Arbeitsmarkt zu vermitteln, Stellenangebote zielgerichtet zu positionieren und geeignete Maßnahmen in den Bereichen Talentmobilität und -management zu konzeptionieren und umzusetzen. Das Angebot richtet sich an im Ausland lebende Wissenschaftler*innen, die in Deutschland arbeiten und forschen möchten. Zum anderen spricht die GSO in Deutschland Hochschulen, Unternehmen und Forschungseinrichtungen an, die Bedarf an hochqualifizierten Forschenden und Fachkräften mit internationaler Erfahrung haben. Die GSO ist eine gemeinnützige Organisation, die ausschließlich kostendeckend arbeitet und keine Gewinne erwirtschaftet. Die Geschäftsstelle befindet sich in Berlin.

www.gsonet.org

Ministerien und Behörden

Weichenstellungen in der Hochschulpolitik, in der Finanzausstattung sowie bei den rechtlichen Rahmenbedingungen werden durch das Bundesministerium für Bildung und Forschung (BMBF) sowie durch die 16 Wissenschaftsministerien der Länder festgelegt. Ihnen sind zahlreiche Behörden nachgeordnet, die Aufträge im Namen der Ministerien erfüllen. Ministerien gehören nur im weiteren Sinne zum Wissenschaftsmanagement, da sie aber eine interessante Station für einen beruflichen Wechsel zwischen verschiedenen Arbeitgeber*innen sind, seien sie hier genannt.

In Ministerien gibt es viele Positionen, die sich mit Aspekten der Wissenschaftspolitik beschäftigen, etwa mit der Forschung, dem Studium, der Nachwuchsförderung oder der Infrastruktur. In Stabsfunktion oder im zentralen ministeriellen Verwaltungsapparat sind Kommunikation, Personal und Controlling untergebracht. Ministerien sind streng hierarchisch organisiert, intern müssen stets die vorgeschriebenen Mitzeichnungs- und Beteiligungswege eingehalten werden. Dies führt unter anderem dazu, dass Entscheidungswege oder der Weg von der Idee bis zur Umsetzung, sehr lange dauern können. Wer gern zu schnellen Ergebnissen findet, ist möglicherweise in Ministerien fehl am Platz, andererseits können Entscheidungen, die hier getroffen werden, die Wissenschaftslandschaft grundlegend gestalten.

Aufgrund der zu beachtenden rechtlichen Rahmenbedingungen und wegen ihrer präzisen Arbeitsweise sind Jurist*innen in Ministerien besonders gern gesehen. Aber auch Bewerber*innen anderer Fachrichtungen haben Chancen, wenn sie einschlägige Vorerfahrungen zum jeweiligen Themenfeld der ausgeschriebenen Stelle mitbringen. Referent*innenstellen in Ministerien gehören dem höheren Dienst an und werden nach dem Tarifvertrag des öffentlichen Dienstes (TVöD oder TV-L) oder Bundesbesoldungsgesetz vergütet, das Einkommen ist also vergleichbar mit wissenschaftlichen Stellen. Bei den Bundesministerien kommt eine Ministerialzulage hinzu. Das Einstiegsgehalt entspricht in der Regel TVöD/TV-L 13, je nach Ausschreibung und Eigenverantwortung kann auch höher eingruppiert werden. Bei Vorliegen entsprechender Voraussetzungen ist auch eine Verbeamtung ab A13 möglich. Einstiegsstellen, die von den Ministerien extern ausgeschrieben werden, sind oft befristet. Nicht selten bieten sie aber die Möglichkeit zur Entfristung oder andere beruflichen Entwicklungsmöglichkeiten innerhalb der öffentlichen Verwaltung.

Bundesministerium für Bildung und Forschung (BMBF)

Das Bundesministerium für Bildung und Forschung verantwortet für die Bundesregierung die Bereiche Bildung, Wissenschaft und Forschung. Die Aufgaben umfassen alle Abschnitte im Lebensverlauf, von der frühkindlichen Förderung bis zur Weiterbildung und zum lebenslangen Lernen. Die Bereiche Schule und Hochschule fallen primär in die Zuständigkeit der Länder, der Bund leistet jedoch – zum Beispiel durch den Hochschulpakt, die Vergabe von Stipendien und das BAföG – auch hier wichtige Beiträge. Gemeinsam mit den Ländern kümmert er sich um die außerschulische berufliche Bildung, die Aufstiegsförderung und die berufliche Weiterbildung. Das Bundesministerium fördert die Erforschung und Entwicklung zukunftsträchtiger Technologien, setzt in der Wissenschaftslandschaft mit der Exzellenzinitiative und dem Pakt für Forschung und Innovation wichtige Impulse und fördert den wissenschaftlichen Nachwuchs. Zu den Aufgaben gehört auch der internationale Austausch in Bildung, Wissenschaft und Forschung. Das BMBF hat zwei Dienstsitze, einen in Bonn und einen in Berlin.

www.bmbf.de

Landesministerien, zum Beispiel Ministerium für Wissenschaft, Forschung und Kunst Baden-Württemberg (MWK)

Das Ministerium für Wissenschaft, Forschung und Kunst vertritt Schlüsselbereiche der baden-württembergischen Politik. Als oberste Landesbehörde erstreckt sich seine Zuständigkeit auf sämtliche Hochschulen des Landes, den größten Teil der außeruniversitären Forschungseinrichtungen, die wissenschaftlichen Bibliotheken und Archive sowie bedeutende Kunsteinrichtungen Baden-Württembergs. Das Ministerium ist eine Landesbehörde mit rund 300 Mitarbeiter*innen. Es gliedert sich derzeit organisatorisch in fünf Abteilungen mit insgesamt 24 Referaten. An deren Spitze steht die Ministerin, die in ihrer Arbeit vom Ministerbüro unterstützt wird. Der Staatssekretärin steht ebenfalls eine persönliche Referentin zur Seite. Der Ministerialdirektor ist in seiner Eigenschaft als Amtschef des Ministeriums allgemeiner Stellvertreter der Ministerin. Die Behörde hat ihren Sitz in Stuttgart.

mwk.baden-wuerttemberg.de

In Ministerien gibt es verschiedene Möglichkeiten, sich beruflich zu verändern. Zum einen ist ein Wechsel zwischen den Abteilungen und Arbeitsbereichen möglich, zum anderen der Aufstieg in eine höhere Position, zum Beispiel in eine Referats- oder Abteilungsleitung. Um diesen Aufstieg zu machen, sollte man zuvor in unterschiedlichen Arbeitsbereichen des Ministeriums gearbeitet und Verantwortung für wichtige Themen übernommen haben. Darüber hinaus besteht die Möglichkeit, eine leitende Funktion in einer nachgeordneten Einrichtung zu übernehmen, das heißt in Ämtern, Instituten oder Dienstleistern, die in die Zuständigkeit des Ministeriums fallen. Ein Beispiel hierfür ist das Elitenetzwerk Bayern[30], das eine nachgeordnete Einrichtung des Bayerischen Staatsministeriums für Wissenschaft und Kunst (StMWK) ist. Typisch ist auch ein Wechsel oder eine Abordnung von einem Landesministerium in ein Bundesministerium, in andere Landesministerien oder Stabsstellen der Landesregierung. Hierfür stehen Mitarbeitenden die internen Stellenbörsen der ministerialen Einrichtungen offen.

Weitere Arbeitgeber*innen

Im Rahmen dieses Buches haben wir unsere Definition für das Wissenschaftsmanagement so gewählt, dass wir als Arbeitgeber*innen in erster Linie Forschungseinrichtungen, also Universitäten, Fachhochschule und außeruniversitäre Forschungseinrichtungen sehen. Aber auch entsprechende Funktionen in Einrichtungen, die im weiteren Sinne wissenschaftsfördernd tätig sind, wie die Forschungsförderer oder Akteur*innen der Wissenschaftspolitik, wie Interessenverbände, Ministerien und Thinktanks.

Wenn unter den Tätigkeitsbereichen und Arbeitgeber*innen, die wir Ihnen bisher vorgestellt haben, noch nicht das Richtige für Sie dabei war, kann es auch lohnenswert sein, sich nach wissenschaftsunterstützenden Unternehmungen umzusehen, die profitorientiert arbeiten. Wir denken zum Beispiel an wissenschaftliche Verlage und Zeitschriften, bei denen Ihre Fachkenntnis eine der gefragten Einstiegsqualifikationen sein kann. Wenn Sie sich für das Qualitätsmanagement interessieren und Expertise in den Bereichen Statistik und Evaluation mitbringen, kommt auch eine Tätigkeit bei einer der Evaluierungsagenturen in Frage. Umfassenden Service für Studierende in sehr unterschiedlichen Bereichen bieten zum Beispiel bundesweit die Studierendenwerke. Mit einer fundierten Kenntnis des Wissenschaftssystems und analytischem Blick könnte für Sie auch eine Tätigkeit bei einer externen Organisationsberatung, die im Hochschulsektor aktiv ist, interessant sein. Zahlreiche freiberufliche Dienstleister*innen unterstützen Forschungseinrichtungen und ihre Mitglieder: Coaches und Trainer*innen, Mediator*innen und Moderator*innen, aber auch Personen, die zum Beispiel Dienstleistungen in der Datenanalyse für die Wissenschaft anbieten. Wir könnten diese Liste noch weiterspinnen, aber die Botschaft ist vielleicht schon klar: Auch über das Wissenschaftsmanagement hinaus gibt es zahlreiche wissenschaftsnahe Tätigkeiten, die für Sie eine spannende berufliche Perspektive bieten. Die Methode, die wir Ihnen in Kapitel 2 vorstellen, können Sie auch dafür einsetzen.

1.4 Arbeitsbedingungen

In diesem Kapitel möchten wir Ihnen einen Überblick zu den Arbeitsbedingungen im Wissenschaftsmanagement geben. Dabei geht es uns um Aspekte der gelebten Arbeitspraxis, die Berufsfeldeinsteiger*innen üblicherweise wichtig sind. Diese können natürlich von Arbeitgeber*in zu Arbeitsgeber*in und auch zwischen den einzelnen Tätigkeitsbereichen variieren. Vielleicht fällt Ihnen bei der Lektüre auf, dass Ihnen eines der besprochenen Themen besonders am Herzen liegt. Der folgende Überblick kann Ihnen als Anregung dazu dienen, über Ihre Wunschbedingungen zu reflektieren, damit Sie gezielter nach einem Job suchen können.

Work-Life-Balance

Das Wissenschaftsmanagement orientiert sich in vielen Aspekten an der Wissenschaft. Auch wer sich bewusst für den Beruf entschieden hat und darin keinen »Plan B« zu einer wissenschaftlichen Karriere sieht, hat in der Regel ein sehr positives Bild von der Wissenschaft und den durch sie vertretenen Werten. Der engagierte Einsatz für »die Sache« gehört dazu. Flexibilität, Fleiß und Übernahme von Verantwortung sind meist Teil des (Selbst-)Anspruchs an eine*n Wissenschaftsmanager*in. Während allerdings in der Wissenschaft die Hingabe oft bis zu Selbstausbeutung reicht und eine Karriere kaum anders als mit maximalem Einsatz möglich ist, können Sie im Wissenschaftsmanagement wesentlich freier wählen, wie viel Zeit für Familie, Freizeit und andere Lebensbereiche bleiben soll. Wie in anderen Berufen auch gilt grundsätzlich die Formel: Je mehr Engagement Sie im Beruf zeigen, desto interessantere Aufgaben und umso mehr Entscheidungsfreiheit können Sie erreichen. Im Wissenschaftsmanagement haben Sie tendenziell viele Kolleg*innen, die zu einem überdurchschnittlichen Einsatz bereit sind. Das macht es zu einem spannenden Arbeitsgebiet.

Gleichzeitig wird im Wissenschaftsmanagement darauf geachtet, dass die gesetzlichen Arbeitszeitregelungen eingehalten werden – vielerorts mithilfe einer Zeiterfassung, die von den Vorgesetzten regelmäßig geprüft wird. Ständige Erreichbarkeit oder Abend- und Wochenendarbeit wird in der Regel nur zu besonderen Stoßzeiten und in einigen hervorgehobenen Positionen erwartet. Sie können den Ihnen zustehenden Erholungsurlaub nehmen und auch als solchen verbringen. Auch wenn Sie Wert auf eine ausgeglichene Work-Life-Balance legen oder vielleicht streckenweise andere Prioritäten in Ihrem Leben setzen, werden Sie im Wissenschaftsmanagement interessante Aufgaben bekommen, Verantwortung übernehmen und sich bewähren können.

Oft lässt sich das Arbeitsvolumen mittelfristig über die Beteiligung an Projekten oder Aufgaben, die nur über einen bestimmten Zeitraum anfallen, immer wieder anpassen. So können Sie über einige Monate, zum Beispiel bei der Entwicklung eines neuen Konzepts, dem Aufbau eines neuen Bereichs oder bei der Beantragung von Fördermitteln für ein konkretes Projekt, durchstarten, aber mit dem Abschluss dieser Phase wieder pünktlich Feierabend machen. Voraussetzung ist, dass Sie die gegenseitigen Erwartungen mit Ihren Vorgesetzten und Kolleg*innen gut absprechen.

Manchmal »Nein« sagen zu können, ist eine wichtige Fähigkeit: Auch wenn Sie Lust haben, sich stark im Job zu engagieren, sind zu viele Aufgaben ein sicherer Weg zum Scheitern. Wenn Ihnen schlicht zu viel aufgebürdet werden soll (oder Sie selbst dazu neigen, sich zu viel aufzubürden), ist es auch bei höchster Motivation für den Beruf Zeit, »Stopp« zu sagen.

Arbeitsalltag

Der Arbeitsalltag findet in den meisten Tätigkeitsbereichen im Wissenschaftsmanagement am Schreibtisch und vor dem Computer statt. Texte schreiben, Datenbanken pflegen, Konzepte erarbeiten, Programme zusammenstellen, Berichte lesen und Recherchen sind das tägliche Brot von Wissenschaftsmanager*innen. Außentermine wie Projektbesuche, Veranstaltungen, Diskussionsrunden etc. machen, je nach Tätigkeitsbereich, eher einen kleinen Teil der Arbeitszeit aus.

Das bedeutet jedoch nicht, dass Sie als Wissenschaftsmanager*in eine einsame Bürotätigkeit haben oder Einzelkämpfer*in sind. Im Gegenteil: In aller Regel haben Sie viel Kontakt mit anderen Menschen: am Telefon, in Sitzungen, in Beratungsgesprächen oder per E-Mail. Das können je nach Schwerpunkt Ihres Jobs Studierende, Doktorand*innen, Postdoktorand*innen, Professor*innen, Verwaltungsangestellte, andere Wissenschaftsmanager*innen, Menschen außerhalb Ihrer Institution, wie Journalist*innen, Veranstalter*innen oder Politiker*innen, oder alles auf einmal sein. Wo so viele verschiedene Menschen zusammenkommen, tobt das Leben, es gibt Missverständnisse, Konflikte, aber auch viel Interessantes zu erleben und zu lernen. Oft muss man Geduld mitbringen, gut zuhören und sich auf die Bedürfnisse, Erwartungen und Gewohnheiten anderer einstellen. Hinzu kommt, dass Sie im Laufe eines Arbeitstages mit immer wieder neuen Konstellationen zu tun haben, sich also laufend umstellen müssen. Das kann, je nach Veranlagung, sehr anstrengend sein, andererseits ist es selten langweilig.

Im Wissenschaftsmanagement arbeiten überdurchschnittlich viele Frauen. Während in der Wissenschaft vor allem die Führungspositionen noch überwiegend von Männern besetzt werden, sind im Wissenschaftsmanagement die »Chefs«, zumindest im mittleren Management, häufig Frauen.

> *»Vormittags mit der Fachbereichssprecherin die Tagesordnung für die Fachbereichsgremien planen, anschließend die neuen Erstsemester begrüßen und in die Regeln ihres Studiengangs einführen, am Nachmittag einen Professor bei einem komplizierten Einstellungsvorgang beraten, danach eine Anfrage aus der zentralen Verwaltung zu aktuellen Forschungsthemen im Fachbereich beantworten und sich abschließend noch mit der Lehrplanung für das kommende Semester befassen. Die abwechslungsreichen Aufgaben,*

> *die Gestaltungsspielräume sowie die Rolle als institutionelles Gedächtnis und zentrale*r Ansprechpartner*in machen für mich den Reiz meines Berufs aus.«*
>
> *Martin, 38, Fachbereichsreferent*

Verhältnis zu Wissenschaftler*innen

Viele Einsteiger*innen im Wissenschaftsmanagement empfinden sich selbst, zumindest anfangs, vor allem als Aussteiger*innen aus der Wissenschaft. Wir sind bereits an verschiedenen Stellen darauf eingegangen, dass Rollenklarheit eine wichtige Voraussetzung für eine erfolgreiche Tätigkeit im Wissenschaftsmanagement ist. Ihre neue Rolle besteht darin, der Wissenschaft zu dienen. Es geht also um eine unterstützende Funktion, in der Sie Services bieten, Lehrenden und Forschenden den Rücken freihalten und Wissenschaft ermöglichen. Das gilt für eine Tätigkeit mit Beratungsschwerpunkt genauso wie für eine Geschäftsführung, bei der Sie die auf Zeit gewählte professorale Leitung unterstützen.

In Ihrem Alltag werden Sie eng mit Wissenschaftler*innen zusammenarbeiten und sich häufig in den gleichen Kontexten bewegen. Gleichzeitig werden Sie an »Ihrer« Universität, auf Konferenzen, bei Begutachtungs- und Evaluationssitzungen etc. immer spüren, dass Sie nicht mehr als Wissenschaftler*in wahrgenommen werden. Ihre unterstützenden Leistungen für Forschung und Lehre, so groß sie auch sein mögen, werden von den Wissenschaftler*innen oft wenig beachtet und kaum differenziert bewertet. Wir stellen häufig fest, dass Wissenschaftler*innen meist nur eine sehr ungenaue Vorstellung von den Aufgaben, dem Arbeitsalltag und nicht zuletzt der Expertise von Wissenschaftsmanager*innen haben, zumal von denjenigen, deren Stellen in der zentralen Verwaltung angesiedelt sind.

Insbesondere wenn Sie als Vertreter*in einer Förderinstitution oder eines Ministeriums auftreten, kann es sein, dass Sie sehr zuvorkommend behandelt werden. Sie können sich als »Partner*in der Wissenschaft« Ansehen und Respekt erarbeiten. So wird man Sie, vor allem in den nachrückenden Generationen, durchaus als »gleichwertig« wahrnehmen, nicht jedoch als »gleichartig«. Wissenschaftler*innen – das erinnern Sie sicher auch aus Ihrer Zeit in der Wissenschaft – haben ein eigenes, oft elitäres, Selbstverständnis. Ob Sie sich »ausgeschlossen« fühlen oder souverän aus Ihrer neuen Identität heraus agieren können, hängt davon ab, wie gut Sie mit Ihrem (ehemaligen) Selbstbild als Wissenschaftler*in abgeschlossen haben. Letzteres sei an dieser Stelle nochmal ausdrücklich empfohlen.

> *»Man kann nicht zweimal in denselben Fluss steigen – kein Tag in meinem Arbeitsalltag ist wie der andere. Die Arbeit mit internationalen Postdoktorand*innen liefert immer neue Herausforderungen, die mich dazu bringen, meine Arbeit zu überdenken und in einem sich ständig verändernden System neue Lösungen zu schaffen. Das Gefühl, einen Beitrag im Entwicklungsprozess der jungen Wissenschaftler*innen zu leisten und gleichzeitig mit den neuesten Entwicklungen in verschiedenen wissenschaftlichen Disziplinen in Kontakt zu bleiben, ist ein großartiger Ansporn.«*
>
> *Anda, 38, Koordinatorin eines Nachwuchskollegs*

Dienstreisen

Wie viel man reisen darf oder muss, ist in den verschiedenen Bereichen des Wissenschaftsmanagements sehr unterschiedlich. Wenn Sie Lust haben, andere Länder zu entdecken, bieten sich vor allem in Institutionen, die den internationalen Austausch für Wissenschaftler*innen ermöglichen oder den Wissenschaftsstandort Deutschland im Ausland vertreten beziehungsweise bewerben, spannende Möglichkeiten. Sie können für längere Zeit in einer Auslandsvertretung arbeiten (zum Beispiel der DFG, des DAAD oder der Heinrich-Böll-Stiftung) oder von einer Anstellung in Deutschland aus regelmäßig Auslandsreisen unternehmen. Wer international arbeiten möchte ohne zu reisen, kann aber auch in Deutschland mit Gästen aus aller Welt arbeiten, zum Beispiel in einem International Office einer Universität.

Gleichzeitig können Sie Ihren Fokus im Wissenschaftsmanagement vorwiegend national setzen. Auch hier reicht die Bandbreite von Tätigkeitsbereichen, in denen Sie sehr häufig reisen und dabei weite Teile Deutschlands kennenlernen, bis zu anderen, in denen Sie nur gelegentlich zu einer Konferenz, einem Netzwerktreffen oder einer Projektvorstellung fahren. Wer Ambitionen hat in eine Führungsposition aufzusteigen, sollte sich, wenn er*sie diese Position erreicht, auf deutlich mehr Reisen einstellen. Auch wenn Videokonferenzen mittlerweile zum Standartrepertoire gehören: Der Großteil des nationalen und internationalen Austauschs findet immer noch im persönlichen Gespräch, auf Veranstaltungen und Konferenzen statt. Darin unterscheidet sich das Wissenschaftsmanagement nicht von der Wissenschaft.

Wenn Sie (zum Beispiel in der Wissenschaftsförderung) für ein bestimmtes Fachgebiet zuständig sind, werden Sie die Gelegenheit haben, weiterhin wissenschaftliche Fachkonferenzen zu besuchen. Auch wenn Sie sich im Alltag nicht mehr so intensiv mit Ihrem Fach beschäftigen können, stellt dies eine schöne Möglichkeit dar, in bestimmten Fachgebieten auf dem neuesten Stand zu bleiben. Anders als in der Wissenschaft arbeiten Sie nicht mehr an einem fachlichen Spezialgebiet, sondern können einen größeren Überblick über ein Fach gewinnen. Jetzt werden Ihnen die Ergebnisse zugetragen, Sie müssen sich nicht mehr auf die Details konzentrieren, sondern können das große Ganze oder die spannendsten Entwicklungen in den Blick nehmen.

Familienfreundlichkeit

Das Wissenschaftsmanagement ist insgesamt ein familienfreundliches Berufsfeld. Elternzeiten zu nehmen und in Teilzeit zu arbeiten, ist in der Regel gut möglich. Viele Führungskräfte haben selbst Elternzeiten genommen und arbeiten manchmal in Teilzeit. Sie haben also in der Regel Verständnis, wenn Sie einen Teil Ihrer Zeit für die Familie einplanen. Wie in allen anderen Berufen erfordert das eine vorausschauende Planung. Dann besteht meist keine Schwierigkeit, eine Elternzeitvertretung einzustellen oder für kürzere Zeiten die Arbeit unter Kolleg*innen aufzuteilen. In dieser Hinsicht ist das Wissenschaftsmanagement sehr flexibel und an vielen Institutionen gibt es weitere Serviceleistungen zur Unterstützung der Elternschaft.

Auch männliche Wissenschaftsmanager nehmen häufig Elternzeiten, allerdings, wie in anderen Bereichen, meist nicht im selben Umfang wie Frauen. Mit Rücksicht auf familiäre Verpflichtungen in Teilzeit zu arbeiten, ist bislang ebenfalls eher unter weiblichen Wissenschaftsmanagerinnen verbreitet. Es kann sein, dass das selbst in diesem von Frauen dominierten Bereich nicht ohne Auswirkung auf Aufstiegschancen bleibt. Darüber hinaus gibt es zahlreiche Beispiele, dass Wissenschaftsmanager*innen sich ohne familiäre Gründe für Teilzeitmodelle entscheiden, etwa um Zeit für nebenberufliche oder ehrenamtliche Tätigkeiten zu finden oder um über Lehraufträge oder die Beteiligung an (kleineren) Forschungsprojekten wissenschaftlich aktiv zu bleiben.

> *»Für mich ist die Arbeit in der Hochschuldidaktik ein inspirierendes Arbeitsumfeld. Ich schätze die Zusammenarbeit mit engagierten Wissenschaftler*innen und Wissenschaftsmanager*innen. Die Tätigkeiten von individueller Beratung über Workshops bis hin zu Strukturentwicklungsmaßnahmen sind sehr vielseitig, bieten Raum für die persönliche Weiterentwicklung und ermöglichen Einblicke in unterschiedlichste Forschungszweige und Organisationseinheiten innerhalb der Universität. Durch die zeitliche Flexibilität ist die Teilzeitstelle gut kombinierbar mit meiner Selbstständigkeit.«*
>
> *Melanie, 39, Hochschuldidaktikerin*

Befristungen

Ein wichtiger Grund, aus dem viele Nachwuchswissenschaftler*innen ihre wissenschaftliche Karriere beenden, ist der Unwille, sich über Jahre, wenn nicht Jahrzehnte, von befristetem zu befristetem Vertrag zu hangeln. Wenn Sie sich Stellenausschreibungen für das Wissenschaftsmanagement anschauen, werden Sie feststellen, dass auch hier zahlreiche Positionen befristet besetzt werden. Dies gilt vor allem für Stellen, die für Einsteiger*innen in Frage kommen. Ist also in puncto berufliche Sicherheit nichts gewonnen?

Die Stellenstruktur im Wissenschaftsmanagement folgt im Allgemeinen dem Grundsatz, dass für Daueraufgaben unbefristete Stellen vorhanden sein sollen. Dies gilt sowohl für Aufgaben, die den Wissenschaftseinrichtungen von Gesetz und Politik vorgeschrieben werden, als auch für solche, die sich die Wissenschaftseinrichtung selbst in ihren Satzungen oder durch die Schaffung von Institutionen auferlegt hat. Die Leitungspositionen in der Hochschulverwaltung sind also unbefristet im Stellenplan verankert, genauso verfügen Förderwerke und Drittmittelgeber über ein permanentes Stellenkontingent für die grundsätzlichen Aufgaben ihrer Institution.

Dass dennoch zahlreiche Stellen im Wissenschaftsmanagement befristet sind, hat zwei Gründe: Zum einen machen viele Institutionen Gebrauch von der sogenannten »sachgrundlosen Befristung«, die bis zu zwei Jahre dauern kann, wenn sie die Passfähigkeit neuer Mitarbeiter*innen oder die Praktikabilität eines neuen Arbeitsgebiets testen wollen oder der Arbeitsaufwand nur vorübergehend anfällt. Da Kündigungen im öffentlichen Dienst äußerst selten sind, ist dies für Arbeitgeber*innen die unkomplizierte Lösung, um sich nicht dauerhaft binden zu müssen.

Zum anderen haben wir in den vorangegangenen Kapiteln bereits die hochschulpolitische Dynamik beschrieben, in der sich das Wissenschaftsmanagement derzeit entwickelt. Ständig werden neue Aufgaben und Tätigkeitsbereiche geschaffen und dafür neue Stellen ausgeschrieben – allerdings müssen sich die meisten von ihnen im Gefüge der Institution und des Wissenschaftssystems erst bewähren. Daher tun sich Arbeitgeber*innen schwer, diese »Experimentierfelder« von Beginn an auf Dauer zu stellen. Viele der innovativen Dienstleistungen und Aufgaben werden im drittmittelfinanzierten Wettbewerb der Institutionen geschaffen, wir denken etwa an die Exzellenzinitiative, die Hochschulpakte oder einzelne Ausschreibungen, die E-Learning oder Transfer fördern sollen. Inhaltlich bieten diese Stellen oftmals spannende Herausforderungen, bei denen Sie Hochschulen auf der Höhe der Zeit weiterentwickeln können. Das Geld dafür steht der Wissenschaftseinrichtung jedoch nur für wenige Jahre zur Verfügung.

Befristungen sind also auch im Wissenschaftsmanagement ein Thema, und wer sich nach Jahren mit kürzer oder länger befristeten wissenschaftlichen Verträgen Kontinuität und Perspektive wünscht, kann sich gerade auf den ersten Positionen im Wissenschaftsmanagement schmerzhaft in derselben Befristungsspirale fühlen wie in der Wissenschaft. Ohne die Brisanz befristeter Verträge im Wissenschaftsmanagement leugnen zu wollen, bietet dieses Berufsfeld unserer Erfahrung nach jedoch realistische Perspektiven.

Erstens ist der Arbeitsmarkt im Wissenschaftsmanagement sehr dynamisch: Ständig werden neue Stellen ausgeschrieben und es gibt kaum Gebiete in Deutschland, wo der*die nächste Arbeitgeber*in der reichen Forschungslandschaft nicht wenige Kilometer entfernt ist. Das Risiko, arbeitslos zu werden, ist erfahrungsgemäß sehr gering und wird umso kleiner, je mehr Erfahrung Sie sammeln. Haben Sie den ersten Einstieg geschafft, zum Beispiel auf einer sachgrundlos befristeten Stelle, als Elternzeitvertretung oder in einem kurzzeitig finanzierten Hochschulentwicklungsprojekt, steht zu erwarten, dass Sie kompetitiv für weitere Aufgaben im Wissenschaftsmanagement sind.

Zweitens stehen die Chancen für eine Verlängerung oder Entfristung nicht schlecht, wenn man auf einem befristeten Projekt gute Arbeit geleistet und das Arbeitsgebiet zu einem wichtigen Teil des Wissenschaftsmanagements entwickelt hat. Diese Möglichkeit hängt nicht zuletzt an der Verhandlungsstärke des*der Vorgesetzten gegenüber der Hochschulleitung und Ihrem Erfolg, diese*n für sich und das Projekt eingenommen zu haben.

Allerdings: Wo Potenzial steckt, verbirgt sich auch Frustrationsmöglichkeit. Denn nicht immer reichen herausragende Arbeit und gutes Netzwerken dafür aus, dauerhaft auf einer Stelle bleiben zu können. Hier hilft es, den Blick frühzeitig auf Möglichkeiten bei anderen Arbeitgeber*innen zu richten. Immerhin zählt Erfahrung in verschiedenen Institutionen zu den wünschenswerten Qualifikationen im Wissenschaftsmanagement, besonders für Führungspositionen.

> *»In den ersten 16 Jahren meiner Arbeit im Wissenschaftsmanagement hatte ich acht befristete Verträge, der erste lief sogar nur über fünfeinhalb Monate. Eingestiegen bin ich als Elternzeitvertretung, danach boten sich spannende innovative Projekte, die mich inhaltlich begeisterten, auch wenn sie unter anderem im Rahmen der Exzellenzinitiative befristet waren. Die inhaltlichen Herausforderungen reizten mich mehr als eine Dauerstelle. Wichtig war für mich aber die Einschätzung, dass ich mit der Expertise, die ich aufgebaut hatte, vermutlich immer wieder neue Stellen finden würde. Zweimal bin ich dafür auch in eine andere Stadt gezogen, manchmal hatte ich Führungsverantwortung, manchmal habe ich stärker konzeptionell gearbeitet. Thematisch konnte ich mich weiterentwickeln und spezialisieren, bis ich meinen Traumjob gefunden hatte – und der ist inzwischen entfristet worden.«*
>
> *Mirjam, 47, Personalentwicklerin*

Karrieremöglichkeiten

Wissenschaftsmanager*innen bewegen sich vor allem in Hochschulverwaltungen und bei den großen Fördereinrichtungen meist in hierarchischen Systemen. Das eröffnet die Möglichkeit, eine Karriere im klassischen Sinne zu machen und von einer Einstiegsposition in höhere und höchste Führungspositionen aufzusteigen. Je nach Ambition kann man also auch ohne Professor*innentitel in verantwortungsvolle Stellungen gelangen. Kanzler*innen von Hochschulen, Generalsekretär*innen von Forschungsförderern oder Staatssekretär*innen in Wissenschaftsministerien haben großen Einfluss auf die Wissenschaftslandschaft in Deutschland und können deren Zukunft maßgeblich mitgestalten. Und auch ohne gleich diese Toppositionen im Auge zu haben, bieten sich innerhalb des Systems verschiedene Aufstiegsmöglichkeiten. Ein Doktortitel wird für Leitungspositionen gern gesehen, allerdings sollten Sie nicht erwarten, dass Sie als Quereinsteiger*in aus der Wissenschaft gleich für diese Aufgabe für passend gehalten werden. In der Regel ist die fachliche Expertise im Wissenschaftsmanagement und Arbeitserfahrung in diesem Bereich Voraussetzung für eine Führungsrolle.

Eine Karriere im Wissenschaftsmanagement muss jedoch nicht »nach oben« führen. Auf jeder Hierarchiestufe gibt es viele Möglichkeiten verantwortungsvolle, spannende und wichtige Arbeit zu leisten. Eine klassische Laufbahn besteht in diesem Bereich darin, dass Sie sich über die Jahre immer mehr Expertise erarbeiten. Vielleicht wechseln Sie zunächst zwischen Tätigkeitsbereichen, bis Sie denjenigen gefunden haben, der Ihnen besonders liegt und wo Sie Ihre Fähigkeiten und Kenntnisse gewinnbringend einsetzen können. Vielfach gibt es die Gelegenheit, Weiterbildungen zu besuchen, sich inhaltlich auf einer Stelle zu entwickeln und mehr Verantwortung zu übernehmen. Möglicherweise ein Nachteil: Die zunehmende Expertise schlägt sich jedoch längst nicht immer in einer äußeren Veränderung des Status, also einer Gehaltserhöhung, einer anderen Stellenbezeichnung oder formal höheren Position, nieder.

Karrierewege im Wissenschaftsmanagement zeichnen sich durch eine hohe Durchlässigkeit zwischen den Arbeitgeber*innen aus. Möglicherweise arbeiten Sie bei verschiedenen Institutionen gleichen Typs, vielleicht führt Ihr Weg Sie aber auch aus dem Wissenschaftsmanagement einer Universität zu einer hochschulpolitischen Institution und dann zu einem Forschungsförderer. Die Erfahrungen aus Tätigkeitsbereichen und Institutionen können Sie gewinnbringend in Ihre nächste Stelle einbringen. Verschiedene Institutionen von innen zu kennen wird gerade für Führungspositionen gern gesehen, oft kann bei einem solchen Wechsel in der neuen Einrichtung mehr Verantwortung übernommen werden.

Klar definiert sind Karrierewege im Wissenschaftsmanagement bislang noch nicht, und das kann sowohl ein Nachteil als auch ein Vorteil sein. Wir können Ihnen daher keinen Fahrplan an die Hand geben, welche Schritte Sie gehen müssen, um nach Ihrem erfolgreichen Einstieg im Wissenschaftsmanagement Karriere zu machen. Für Ihren weiteren Weg legen wir Ihnen jedoch ans Herz, sich Gedanken über Ihre Entwicklungswünsche und -ziele zu machen. Damit Sie diesem spannenden Beruf langfristig mit Leidenschaft nachgehen können, geben wir Ihnen in Kapitel 2.6 Methoden für Ihre berufliche Entwicklung an die Hand.

1.5 Möglichkeiten über Möglichkeiten

In den vorigen Kapiteln haben wir die verbindenden Charakteristika wie auch die Heterogenität des Berufsfelds dargestellt. Die Vielfalt der Tätigkeitsbereiche und Arbeitgeber*innen eröffnet zahlreiche Chancen für Menschen mit unterschiedlichen Fähigkeiten, Vorqualifikationen und Interessen. Sowohl in Führungspositionen als auch an weniger exponierter Stelle können Sie im Wissenschaftsmanagement spannende Aufgaben und Verantwortung übernehmen, mitgestalten und in den meisten Fällen gleichzeitig Ihrem jeweiligen Bedürfnis nach Freizeit gerecht werden. Es ist möglich, relativ wissenschaftsnah zu arbeiten und die aktuellen Forschungsergebnisse eines Faches zu verfolgen. Andere Bereiche sind fachlich wesentlich breiter aufgestellt oder bieten wenig konkreten Bezug zu wissenschaftlichen Inhalten und nutzen stattdessen Methoden anderer Berufsfelder.

> *»Was die Arbeit in der Zentralen Studienberatung für mich besonders attraktiv macht, ist die große Vielfalt an unterschiedlichen und anspruchsvollen Aufgaben. Meiner Ansicht nach kann man nur in wenigen Jobs innerhalb kurzer Zeit so viel Beratungserfahrung sammeln wie in der Studienberatung. Und dabei wird es nie langweilig, weil die Themen und Anliegen in der Beratung genauso individuell sind, wie die Ratsuchenden.«*
>
> *Gerd, 49, Studienberater*

Eine Karriere im Wissenschaftsmanagement bietet neben der Schnittstelle zur Wissenschaft oftmals Kontaktpunkte zu anderen gesellschaftlichen Bereichen wie der Wirtschaft, dem Journalismus, der Politik, Verwaltung und Kultur. Das Wissenschaftsmanagement selbst ermöglicht genug Raum, um (langfristig) eigene Impulse zu setzen und Schwerpunkte zu bilden.

Auch einem Umzug ins Ausland steht nichts im Wege: Wissenschaftsmanagement gibt in allen Ländern der Welt, in denen sich Universitäten und Forschungseinrichtungen befinden – wenn auch in unterschiedlichen nationalen Ausformungen. Mit der internationalen Wissenschaftssprache Englisch ist man hier relativ flexibel.

Das Wissenschaftsmanagement erlaubt in gewissem Maße *trial and error*: In vielen Tätigkeitsbereichen ist ein Karrierewechsel in angrenzende Felder auch nach mehreren Jahren Berufserfahrung noch möglich. Das Feld bietet also nahezu jedem*jeder, der*die sich mit dem Zweck von Wissenschaft identifizieren kann, grundsätzlich die Chance, die persönlichen Wünsche an eine Karriere zu realisieren. Das setzt natürlich, wie in anderen Jobs, voraus, dass man die eigenen Wünsche kennt und bereit ist, die notwendige Arbeit zu leisten. Dazu mehr in Kapitel 2.

2. Der Arbeitsteil: Ihr Weg ins Wissenschaftsmanagement

Willkommen im Arbeitsteil dieses Buches. Wir möchten ihn mit einigen Worten einleiten, denn er unterscheidet sich in seinem methodischen Ansatz und seiner Struktur deutlich von den übrigen Kapiteln. Auf den vorangegangenen Seiten haben wir versucht, die Frage zu beantworten: »Was ist Wissenschaftsmanagement?« Vielleicht hat Ihnen dieses Kapitel bei der Überlegung weitergeholfen, ob Sie in das Berufsfeld einsteigen möchten. Falls dies eine interessante Option für Sie darstellt, fragen Sie sich jetzt möglicherweise: »Wie kann ich einen Job im Wissenschaftsmanagement finden?« Vielleicht stecken dahinter Zweifel, ob und wo Sie mit Ihrer bisherigen Berufserfahrung eine Chance haben. Möglicherweise wollen Sie Ihren Berufswechsel aber auch möglichst schnell und effektiv gestalten, weil Ihr Vertrag bald ausläuft oder weil Sie neben Ihrer wissenschaftlichen Tätigkeit nicht recht Zeit finden, sich mit Alternativen zu beschäftigen. Das Ziel des Arbeitsteils ist es, den Weg ins Wissenschaftsmanagement für Sie in kleine, machbare Schritte zu unterteilen und diese in eine sinnvolle Reihenfolge zu bringen. Nach unserem Prinzip »Keep it simple!« versuchen wir die Dinge so einfach wie möglich zu machen, damit Sie sich ohne Umschweife auf Ihren Weg ins Wissenschaftsmanagement begeben können und bald erste Ergebnisse erzielen.

Leser*innen, die sich neben all den Tipps und Handlungsanregungen fragen, wie der Einstieg in das Berufsfeld ganz konkret aussehen und sich anfühlen könnte, finden im Arbeitsteil außerdem eine Erzählung in mehreren Episoden. Sie ist fiktiv, beruht aber auf realen Erfahrungen und Begebenheiten.[31] Damit wollen wir beginnen:

Hanna liegt wach. Es ist drei Uhr fünfundzwanzig. Sie sollte dringend schlafen, denn sie muss in wenigen Stunden im Labor sein. In zwei Monaten will sie ihre Doktorarbeit einreichen. Im Juni soll die Verteidigung stattfinden. Und dann?

Hanna ist Doktorandin in Bielefeld. Ihre Promotion in Verhaltensbiologie ist fast fertig. Vor einigen Tagen hat ihr Professor ihr eine Postdoc-Stelle angeboten. Sie weiß nicht, wie sie damit umgehen sollte. Einerseits möchte sie weiter wissenschaftlich arbeiten. Sie ist gern im Labor und schätzt die Flexibilität ihrer Stelle. Aber wie sieht die Zukunft aus? Klar, sie hat recht gut publiziert, zwei Paper in gar nicht so schlechten Zeitschriften, und sie hat ein paar Artikel in der Pipeline.

Als ihr Professor ihr die Stelle anbot, fragte ihn Hanna nach ihren Zukunftschancen in der Wissenschaft. Er meinte, sie solle es doch versuchen. Sie könne einen Forschungsantrag bei der DFG stellen und in ein, zwei Jahren vielleicht eine eigene Nachwuchsgruppe einwerben. Das hörte sich gar nicht so schwer an. Andererseits: Sie hat schon jetzt ziemlich wenig Zeit für ihr Privatleben. Nun auch noch Anträge schreiben?

Aber was sind die Alternativen? Als Verhaltensbiologin in der Industrie arbeiten? Ihre Mutter ist Ärztin, ihr Studium bedeutete eine eindeutige berufliche Qualifikation. Ihr Vater hat nicht studiert, er hat sich in einem großen Lebensmittelkonzern hochgearbeitet und ist schließlich im mittleren Management gelandet. Beide raten ihr, sich einen sicheren Job zu suchen, der ihr Spaß macht. Aber was soll das sein? Wissenschaft macht ihr Spaß. Allerdings ist es wohl einer der unsichersten Jobs, der einem so einfallen kann. Hanna wälzt sich zur anderen Seite: drei Uhr vierzig.

Einige Tage später sitzt Hanna vor dem Rechner. Kurz zuvor war sie bei Antje, der Koordinatorin ihrer Graduate School. Sie haben über den Abschluss ihrer Promotion gesprochen, aber dann thematisierte Hanna auch die Zeit danach. »Warum gehst du nicht ins Wissenschaftsmanagement?«, fragte Antje sie. »Was ist das denn eigentlich genau?«, wollte Hanna wissen. Sie hatte den Begriff natürlich immer wieder gehört, konnte sich aber nicht wirklich etwas darunter vorstellen. »Na das, was ich hier mache, zum Beispiel. Organisieren, Programme koordinieren, Leute beraten.«

Jetzt starrt Hanna auf das Ergebnis ihrer Internetrecherche. »Wissenschaftsmanagement« – 143 000 Treffer. Was machen die genau? Wie sieht das Gehalt aus? Und macht das Spaß? Kann ich da Karriere machen?

Hanna klappt den Rechner zu. Sie fühlt sich überwältigt und weiß nicht, wo sie anfangen soll. Vielleicht macht sie doch erstmal den Postdoc. Da weiß sie wenigstens, wie's funktioniert. Wissenschaftsmanagement könnte ein Plan B sein. Später.

2.1 Anleitung für den Arbeitsteil

Vermutlich kommt Ihnen einiges an dieser Geschichte bekannt vor. Wissenschaftsmanagement scheint eine berechenbare Alternative zur unsicheren wissenschaftlichen Karriere zu sein. Ein Job, der »auch irgendwie mit Wissenschaft zu tun hat«, aber vielleicht besser geeignet ist, um Familie, eine unbefristete Stelle und vielleicht ein bisschen Freizeit zu haben. Gleichzeitig wirkt das Wissenschaftsmanagement furchtbar unübersichtlich. Es ist unklar, welche Ausbildung dafür gebraucht wird, worin die täglichen Aufgaben bestehen und wie es beruflich weitergehen kann. Wie können Sie sich also bewusst für das Wissenschaftsmanagement entscheiden und herausfinden, ob Ihnen so ein Job liegen würde?

Mit dem Arbeitsteil möchten wir Ihnen ein System anbieten, mit dem sie den Berufseinstieg ins Wissenschaftsmanagement Schritt für Schritt angehen können. Er setzt keinerlei Vorkenntnisse voraus, Sie müssen auch den ersten Teil dieses Buches nicht gelesen haben. Der Arbeitsteil wird es für Sie einfach machen, solides Wissen über das Wissenschaftsmanagement aufzubauen und seine Logik zu verstehen. Er wird Ihnen helfen zu erkennen, welche Karriere im Wissenschaftsmanagement für Sie spannend wäre, indem er Sie dabei unterstützt, Klarheit und Selbstsicherheit in Bezug auf Ihre Gefühle und Wünsche in Bezug auf Ihre berufliche Zukunft zu entwickeln. Und er gibt konkrete Anregungen, was Sie tun können, um die erste Anstellung zu finden.

Dieser Teil des Buches ist vor allem dann für Sie nützlich, wenn Sie damit arbeiten. Er bietet keine überraschenden Erkenntnisse, sondern Ideen, Strukturvorschläge und Hilfestellungen. Wählen Sie aus, was für Ihren individuellen Weg nützlich ist und verwerfen Sie den Rest.

Der Weg

Der Weg zur ersten Stelle hat in vieler Hinsicht Ähnlichkeiten mit einer Wanderung. Er benötigt Zeit und Durchhaltevermögen, bis ein Ziel in Sichtweite kommt. Er ist herausfordernd, manchmal anstrengend und es gibt knifflige Passagen, was jedoch auch seinen Reiz ausmacht. Mit jedem Schritt erweitert sich Ihr Horizont und Sie lernen Neues dazu. Um den Arbeitsteil anschaulich zu strukturieren, beschreiben wir den Weg ins Wissenschaftsmanagement als Wanderung.

Bevor Sie eine Wandertour beginnen, stellen Sie sich die Frage: »Wo will ich eigentlich hin?« Das Ziel muss klar sein, sonst laufen Sie im Kreis. Natürlich kann Ihr Ziel vorläufig sein, um zunächst einen Überblick zu erlangen. Übertragen auf den Karriereweg lautet die erste Frage: »Was ist mein berufliches Ziel?«

Sobald Sie Ihr Ziel bestimmt haben, laufen Sie los und jeder einzelne Schritt ist einfach. Doch mit der Zeit, sobald Hindernisse auftauchen oder der Weg sich hinzieht, wird es anstrengend. Sie beginnen zu grübeln, ob sich das Weitergehen lohnt und stellen sich eine zweite Frage: »Warum will ich dahin?« Es gibt so viele Dinge, die wir wollen sollten, die uns aber, wenn wir ehrlich sind, eigentlich nicht interessieren. Und damit auch nicht motivieren. Also: Habe ich Lust auf dieses Ziel? Was kann ich auf dem Weg dahin erleben und lernen? Wie fühle ich mich vermutlich, wenn ich es erreicht habe? Das gilt natürlich ebenso für Ihre berufliche Entwicklung: Für die Dinge, die Ihnen wirklich wichtig sind, finden Sie sicher auch die Kraft, Motivation und das Durchhaltevermögen, um Hindernisse zu überwinden.

Aber für Ihren Weg benötigen Sie noch eine dritte Sache: eine Karte. Sie verschafft Ihnen Überblick, hilft Ihr Ziel zu verorten und den direktesten Weg dorthin zu finden. Mit dem Arbeitsteil dieses Buches geben wir Ihnen eine Karte an die Hand. Dabei schreiben wir Ihnen den Weg nicht vor: Ihr Weg ins Wissenschaftsmanagement wird individuell sein, genau wie Sie mit Hilfe einer Karte den Weg zu ganz unterschiedlichen Zielen finden können. Wenn Sie Ihr Ziel festlegen und ab und zu auf Karte und Kompass schauen, kann eigentlich nichts schief gehen. Das Laufen können wir Ihnen natürlich nicht abnehmen: Handeln müssen Sie selbst. Aber vielleicht macht es Ihnen Spaß, wenn Sie warmgelaufen sind und Ihr Tempo gefunden haben!

Den Arbeitsteil haben wir methodisch auf den Jobeinstieg ins Wissenschaftsmanagement ausgerichtet. Aber Sie können das Prinzip auch für jeden anderen Karriereweg anwenden. Sollten Sie also auf dem Weg feststellen, dass Sie eigentlich etwas ganz anderes wollen, ist das kein Problem. Schlagen Sie die entsprechende Richtung ein und gehen Sie weiter. Es ist Ihr Weg!

Die fünf Etappen

Um Ihren Weg ins Wissenschaftsmanagement überschaubar zu gestalten, haben wir ihn in fünf Etappen unterteilt, ähnlich einem Reiseführer: Die erste Etappe dreht sich um die Themen »Information und Selbstreflexion«, die zweite Etappe beschäftigt sich mit »Netzwerken und Institutionen«. Etappe 3 legt den Schwerpunkt auf »Bewerben und weitere Vernetzung«, in Etappe 4 geht es schließlich um den »Einstieg ins Wissenschaftsmanagement«. Auf der fünften Etappe können Sie Ihre weitere Karriere selbstbestimmt gestalten, sobald Sie den ersten Job gefunden haben.

Auf jeder der Etappen machen wir Vorschläge, welche Aktivitäten Sie unternehmen könnten, um Ihr Ziel zu erreichen. Für diejenigen von Ihnen, die sich bisher noch nicht mit dem Wissenschaftsmanagement beschäftigt haben, gehen wir an einigen Stellen sehr kleinteilig vor: Wir möchten Ihnen viele Möglichkeiten anbieten – nicht alle müssen Sie abarbeiten. Vielleicht erreichen Sie das Etappenziel bereits mit wenigen Aktivitäten. Sollten Sie erfahrener sein, womöglich über entsprechende Kontakte verfügen oder schon den ein oder anderen Bewerbungsversuch unternommen haben, können Sie Aktivitäten auslassen oder auf einer späteren Etappe einsteigen.

Die vorgeschlagenen Aktivitäten fassen wir jeweils am Ende eines Abschnitts in Stichpunkten zusammen. Das erleichtert es Ihnen, diejenigen auszuwählen, die für Sie persönlich sinnvoll erscheinen. Für den Fall, dass Sie vollkommen frei arbeiten und sich ein eigenes Programm zusammenstellen möchten, finden Sie im Anhang eine Übersicht mit allen vorgeschlagenen Aktivitäten, geordnet nach Themen.

Wegbeschreibung	*Rucksack*	*Schritte*	*Kompass*	*Abkürzungen*
Etappe 1 Information und Selbst-Reflexion	Arbeitsbuch, Bestandsaufnahme, Information	Newsletter, Mindmaps und Reflexion	Reflexion zu eigenen Zielen und Motivationen	–
Etappe 2 Netzwerken und Institutionen kennenlernen	Recherche von Personen, Institutionen, Netzwerken, Stellenbörsen	Infos zu Institutionen sammeln, Bewerbungsunterlagen vorbereiten	Reflexion zu Interessen, Werten und Zielen	Arbeitsgruppe, Recherche zu Unterstützung bei Bewerbungen und Coaching
Etappe 3 Bewerben und weitere Vernetzung	Recherche zu Zeitschriften und Blogs, Kolleg*innen als Ratgeber*innen	Publikationen lesen, Austausch mit Wissenschaftsmanager*innen, Stellenanzeigen auswerten	Gespräche und Publikationen auswerten, Reflexion über Arbeit an Bewerbungen	Coaching und Bewerbungstraining, Feedback zu Bewerbungsentwürfen, Kontaktpersonen Bewerbung
Etappe 4 Einstieg ins Wissenschaftsmanagement	Reflexion und Entscheidungen zu Bewerbungen	Bewerben, Vernetzen, Institutionen erkunden	Kontakte ordnen, Feedback aus Bewerbungen auswerten, vertiefte Reflexion zu Institutionen	Reflexion über eigene Werte und Identität, Mentoring
Etappe 5 Den eigenen Weg gestalten	Prioritäten und Maßstäbe setzen Eigene Etappengestaltung: Ziel und Motivation formulieren – Weg entwerfen – Ressourcen erschließen			

Abb. 1: Übersicht über die Aktivitäten der fünf Etappen

Ihre Wegbegleiter

Jede der von uns vorgeschlagenen Etappen ist nach demselben methodischen Gliederungsprinzip aufgebaut. Sie erkennen die Methoden auch an den Symbolen wieder:

Wegbeschreibung	Fasst Themen und Ziele einer Etappe zusammen.
Rucksack	Vorbereitende Aktivitäten, die nur einmal durchgeführt werden.
Schritte	Aktivitäten, die so oft wiederholt werden, bis das entsprechende Ziel erreicht ist.
Kompass	Reflexionen, mit denen Sie Ihren individuellen Weg ins Wissenschaftsmanagement finden.
Abkürzungen	Ideen und Tipps, die das Vorankommen erleichtern.

Abb. 2: Ihre Wegbegleiter

Die Wegbeschreibung: Bevor Sie sich auf den Weg machen, orientieren Sie sich. Wo ist Ihr Ziel auf der Karte zu finden und welchen Weg werden Sie zurücklegen? Hier fassen wir die Themen zusammen und beschreiben das Ziel dieses Abschnitts. Außerdem versuchen wir einzuschätzen, wie lange Sie in etwa für diese Etappe brauchen werden. Das sind natürlich nur Näherungswerte, die davon abhängen, wie viel Arbeit und Zeit Sie investieren und wie viel Glück Sie haben.

Der Rucksack: Als nächstes packen Sie Ihren Rucksack. Bevor Sie sich auf die Reise machen, bereiten Sie das Wichtigste vor. Sie wollen keinen Ballast schleppen. Deshalb haben wir Ihnen eine Packliste gemacht. Die Metapher »Rucksack« steht für vorbereitende Aktivitäten, die Sie nur einmal erledigen müssen.

Die Schritte: Dann geht es los. Sie schreiten Schritt für Schritt voran. Wir schlagen Ihnen Aktivitäten vor, die Sie so lange wiederholen können, bis Sie am Ziel angekommen sind. Manche täglich, andere wöchentlich oder monatlich. Alle Vorschläge sind daher bewusst so weit heruntergebrochen, dass sie meist in fünf bis zehn Minuten erledigt sein können. Damit soll die Hemmschwelle, die Aktivitäten regelmäßig umzusetzen, so niedrig wie möglich gehalten werden. Gleichzeitig können auf diese Weise schnell Ergebnisse erreicht werden und sich Erfolge einstellen, die Sie motivieren weiterzugehen. Die meisten unserer Leser*innen haben vermutlich wenig Zeit und viele andere Verpflichtungen.

Der Kompass: Auf dem Weg schauen Sie immer wieder auf den Kompass. Stimmt die Richtung noch? Vielleicht müssen Sie sich nach einem Umweg wieder orientieren oder Ihr Ziel neu festlegen. Im übertragenen Sinn geht es hier um Entscheidungen, die in eine neue Richtung führen oder helfen, das angepeilte Ziel nicht aus den Augen zu verlieren. Beim Kompass schlagen wir dafür (Selbst-)Reflexionen vor. Unterschätzen Sie nicht deren Bedeutung. Die Zeit, in der Sie über sich selbst, Ihre Wünsche und Ziele nachdenken und sie präzisieren, lohnt sich immer, auch wenn Sie in dieser Zeit (scheinbar) nicht vorankommen.

Abkürzungen: So schön so eine Wanderung ist, manchmal möchte man einfach nur ankommen! Gibt es nicht vielleicht Schleichwege, auf denen es schneller vorwärts geht? Ja, die gibt es! Wir geben Ihnen für jeden Wegabschnitt ein paar Tipps, um solche Abkürzungen zu finden. Die richtigen Ressourcen können die Strecke um Wochen, Monate oder sogar Jahre verkürzen.

Bevor es losgeht …

Bevor Sie in Ihr Abenteuer starten, möchten wir Ihnen ein paar Tipps mit auf den Weg geben, die Ihnen die Reise erleichtern sollen und Ihnen auf Durststrecken helfen durchzuhalten.

Wöchentliche Planung

Richten Sie sich einen festen Planungstermin ein, am besten wöchentlich. Reservieren Sie beispielsweise jeden Sonntag eine halbe Stunde in Ihrem Kalender, in der Sie sich einen Plan für die kommende Woche machen. Wählen Sie fünf bis zehn Aktivitäten für die nächste Woche aus, die zusammengenommen einen Zeitaufwand von 30 Minuten bis zwei Stunden ergeben, und tragen sie in Ihren Kalender ein. Außerdem empfehlen wir, die letzte Woche noch einmal zu reflektieren: Was haben Sie gemacht? Zu welchen Ergebnissen hat das geführt? Sind Sie damit glücklich oder wollen Sie in Zukunft etwas anders machen?

Deadlines

Wenn Sie sich entschieden haben, etwas zu tun, legen Sie eine genaue Deadline fest, bis wann Sie es tun. Auf diese Weise stellen Sie sehr schnell fest, ob Sie sich mehr vornehmen, als Sie schaffen können. In diesem Fall dürfen Sie genauer auswählen, was Sie wirklich machen wollen. Es geht nicht darum, möglichst viel zu tun, sondern möglichst zielführende Aktivitäten auszuwählen. Fragen Sie sich, was genau Sie sich von dieser Aktivität versprechen und wie das Ihre Jobsuche voranbringen kann. Gibt es einen Weg, wie Sie noch mehr Einfluss auf den Erfolg dieser Aktivität nehmen können? Beispielsweise ist es sinnvoller, ein Bewerbungsschreiben gründlich auszuarbeiten, als fünf oberflächliche Schreiben zu verschicken.

Keine Zeit?

Setzen Sie Prioritäten und treffen Sie Entscheidungen. Was ist für Sie persönlich wichtig? Wenn Sie keine Zeit für die Dinge haben, die Ihnen wirklich wichtig sind, dann liegt das daran, dass Sie entweder die falschen Entscheidungen treffen oder andere für sich entscheiden lassen. Übernehmen Sie Verantwortung für Ihr Leben. Für dieses Buch bedeutet das: Entscheiden Sie, ob es Ihnen wirklich wichtig ist, sich mit der Gestaltung ihrer beruflichen Zukunft auseinanderzusetzen. Falls Sie das bejahen, nehmen Sie sich die Zeit dafür. Auch wenn Sie nur wenig Zeit investieren können, werden Sie nach und nach vorankommen und Ihren Gestaltungsrahmen dabei erweitern.

Keine Lust?

Wenn Sie entschieden haben, dass es Ihnen wichtig ist, sich mit Ihrer Karriere auseinanderzusetzten, und trotzdem feststellen, dass Sie Schwierigkeiten haben, sich zu motivieren, wird Ihnen helfen, über folgende Fragen nachzudenken: Warum wollen Sie Ihre berufliche Zukunft gestalten? Was erhoffen Sie sich davon? Und was erwarten Sie, falls Sie es nicht tun? Schreiben Sie Ihre wichtigsten Gründe in wenigen, klaren Sätzen auf und lesen Sie diese Sätze, wenn Sie sich unmotiviert fühlen. Das sollte genügen, um ins Handeln zu kommen. Wenn Ihre Gründe nicht stark genug sind, dann hat die Jobsuche vielleicht (jetzt) noch nicht oberste Priorität für Sie. Konzentrieren Sie sich auf das, was für Sie wichtig ist.

Ziele mitteilen

Wenn Sie anderen Menschen von Ihren Zielen erzählen, wird es Ihnen deutlich schwerer fallen, sie nicht umzusetzen. Achten Sie darauf, dass Sie Ziele realistisch formulieren und es möglichst nur von Ihnen selbst abhängt, ob Sie das Ziel erreichen. Beispielsweise: »Ich werde den*die Referenten*in der DFG für mein Fachgebiet um ein Telefonat bitten«, statt »Ich werde ein Gespräch mit einem*einer Referenten*in der DFG führen.« Wenn Sie eine gut formulierte E-Mail abgeschickt haben, obwohl Sie eigentlich ungern Leute ansprechen, ist das ein Erfolg! Ob er*sie darauf reagiert, liegt nicht in Ihrer Hand. Wenn Ihr bester Kumpel oder Ihre beste Freundin fragt: »Du wolltest doch jemanden von der DFG ansprechen. Wie ist es denn gelaufen?«, dann fühlt es sich einfach gut an, wenn Sie alles getan haben, was Sie konnten. Bleiben Sie dran, dann werden sich die Ergebnisse auch einstellen.

Bauchgefühl

Folgen Sie Ihrer Intuition! Es geht darum, Ihre Zukunft zu gestalten. Sie brauchen das für niemand anderen zu tun und niemand kann Ihnen sagen, ob das, was Sie erreichen, das Richtige ist. Wenn sich etwas falsch anfühlt, wenn Sie etwas langweilt oder Sie sich seit Tagen davor drücken, sich damit zu beschäftigen, dann ist es vielleicht einfach der falsche Weg für Sie. Erlauben Sie sich, Ihre eigenen Entscheidungen zu treffen, und achten Sie immer darauf, welche Menschen Sie spannend und sympathisch finden, auf welches Thema Sie neugierig sind und was Ihnen wirklich Spaß machen würde.

Spielen ist erlaubt

Wo immer es möglich ist, betrachten Sie die Jobsuche als Spiel! Schauen Sie sich an, in welchem Tempo Kinder neues Wissen und Fähigkeiten lernen. Das können Sie auch. Vielleicht bereitet es Ihnen Freude, Ihr neues Wissen über das Wissenschaftsmanagement in Sketchnotes festzuhalten, die Sie bunt ausmalen? Vielleicht gestalten Sie Ihre Karriereplanung als Schatzkarte? Oder wählen die Aktivitäten der nächsten Woche mit Dartpfeilen aus? Vielleicht machen Sie einen Wettbewerb mit anderen Jobsuchenden: Wer eine Einladung zum Bewerbungsgespräch bekommt, spendiert den anderen ein Bier. Memory mit Wissenschaftsinstitutionen? Sammelalben der Top-Wissenschaftsmanager*innen?

Erfolge feiern

Setzen Sie eine Belohnung für das Erreichen Ihrer Ziele fest. Erstens ist das ungemein motivierend, wenn etwas ansteht, das Ihnen keinen Spaß macht oder wobei Sie Ihre Komfortzone verlassen müssen. Zweitens hilft es Ihnen, sich das Erreichte wirklich bewusst zu machen. Bei einer Wanderung mit einem Schokoriegel auf einem Felsen zu sitzen, auf den Weg zurückzublicken und dabei zu denken: »Wow, ich bin schon ein ganzes Stück vorangekommen!«, tut einfach gut. Jeder Haken auf ihrer Liste ist ein kleiner Dopamin-Schub und motiviert für das, was noch kommt.

2.2 Die erste Etappe: Selbstreflexion und Information

Die erste Etappe haben wir relativ kurz gehalten. Hier geht es darum, eine Bestandsaufnahme durchzuführen, das Prinzip zu verstehen und erste positive Erfahrungen zu sammeln. Laufen Sie sich warm und gehen Sie Schritt für Schritt voran. Sie werden feststellen, dass Sie mit kleinen Schritten langfristig bessere Ergebnisse erzielen, als bei dem Versuch, mit einer großen Anstrengung etwas zu erreichen.

Für den Start sollten Sie sich etwa eine Stunde Zeit nehmen. Neben diesem Buch brauchen Sie Ihren Kalender sowie Zettel und Stift. Beginnen Sie mit einem Blick auf die Wegbeschreibung: Lesen Sie also zunächst den folgenden Abschnitt in Ruhe durch. Anschließend packen Sie Ihren Rucksack für die Reise, das heißt: Wählen Sie aus dem folgenden Abschnitt erste Aktivitäten aus und tragen Sie sie für die nächste Woche in Ihren Kalender ein. Für jede Aktivität sollten Sie etwa eine Viertelstunde einplanen. Manche Aktivitäten sind damit noch nicht abgeschlossen oder können beliebig oft wiederholt werden. In 15 Minuten können Sie auf jeden Fall einen Schritt vorwärtskommen und wir empfehlen, zumindest am Anfang nicht zu ehrgeizig zu sein. Nehmen Sie sich nicht mehr als 30 Minuten pro Tag vor. Vielleicht würde an den ersten zwei Tagen auch mehr klappen, aber es ist wie bei einer Wanderung: Wer in den ersten Tagen zu weit geht, dem schmerzen nach kurzer Zeit die Beine. Bis Sie warmgelaufen sind, gilt daher: Weniger ist mehr!

Die Wegbeschreibung der ersten Etappe

Der erste Abschnitt führt uns durch die Themen »Selbstreflexion« und »Information«. Diese Etappe können Sie ohne jede Erfahrung und allein bewältigen: Sie verschaffen sich erstmal einen Überblick und bestimmen Ihren eigenen Standpunkt. Wissenschaftsmanager*innen begegnen Sie dabei höchstens sporadisch. Die Etappe wird Ihnen eine gute Orientierung für den weiteren Weg verschaffen. An ihrem Ende erreichen Sie ein Wissensziel und ein Entwicklungsziel.

Das Wissensziel

Hier geht es darum, dass Sie ein grobes Wissensnetz aufbauen. Wenn Sie sich einen ersten Überblick verschaffen, bauen Sie damit eine Art Raster in Ihrem Gehirn auf. Eine solche Grundstruktur ist zunächst oberflächlich, aber sehr hilfreich, um alles weitere Wissen einzuordnen. So vermeiden Sie, sich von Informationen erschlagen zu fühlen. Nach und nach gewinnen Sie immer mehr Klarheit. Wenn Ihnen ein vollkommen neues Thema begegnet, erkennen Sie es sofort, da es nicht in Ihr Grundraster passt. In beiden Fällen knüpfen Sie bewusst an Ihr Wissensnetz an.

Um das Ganze grafisch darzustellen, bieten sich beispielsweise eine Mindmap oder eine Sketchnote an. Auf jeden Fall sollten Sie Ihr Wissen auf Papier, im Rechner oder Handy sammeln. Sie werden immer wieder auf Informationen stoßen, die Sie zwar interessant finden, aber im Augenblick noch nicht verwenden oder weiterverfolgen können. Später kann solches Material sehr wertvoll werden. Um sich dann daran zu erinnern, sollten Sie es aufgeschrieben haben. Letztlich geht es darum, ein paar Grundkategorien zu schaffen, also Schubladen, in die Sie in der Folge alles weitere Wissen ablegen können, und vor allem: Wo Sie es auch wiederfinden!

Mindmaps und Sketchnotes

Mindmapping ist eine sehr einfache Technik, bei der ein Schlüsselwort in die Mitte eines Blattes geschrieben wird. Unterbegriffe werden um dieses Schlüsselwort herum verzeichnet, verbunden mit dem Schlüsselwort durch einfache Linien. Auch für diese Unterbegriffe können wiederum beliebig viele Unterkategorien gebildet werden. So entsteht eine übersichtliche Ordnung, die jederzeit ergänzt werden kann.

Literaturtipp: Buzan, Tony (2013), *Das Mind-Map-Buch: Die beste Methode zur Steigerung Ihres geistigen Potenzials*, München.

In einer Sketchnote verbinden Sie kleine, einfache Skizzen mit wichtigen Schlüsselbegriffen zu einem Thema. Um ein Thema in einer einfachen Grafik darzustellen, müssen Sie es einerseits sehr gut durchdacht haben. Andererseits ist es leicht, sich auch komplexe Zusammenhänge anhand einer bildlichen Darstellung zu merken.

Literaturtipp: Haussmann, Martin (2014), *UZMO – Denken mit dem Stift: visuell präsentieren, dokumentieren und erkunden*, München.

Das Entwicklungsziel

Das Entwicklungsziel besteht darin, dass Sie eine erste Vorstellung davon entwerfen, was Sie in Bezug auf Ihre berufliche Zukunft wollen und warum Sie das wollen. Das klingt banal und scheint sehr einfach zu sein. Wenn Sie beide Fragen bereits beantworten können: Fantastisch! Ansonsten werden Sie spätestens am Ende dieser Etappe einen ersten Entwurf dieser Sätze in Händen halten.

Als Nebeneffekt der ersten Etappe werden Sie Erfahrungen mit unserem System sammeln und die Disziplin üben, im wöchentlichen Rhythmus an Ihrer Karriere zu arbeiten. Für die erste Etappe sollten Sie mindestens zwei Wochen einplanen. Wenn Sie nur wenig Zeit pro Woche investieren können, entsprechend mehr.

Den Rucksack packen

Als Vorbereitung auf diese und spätere Etappen empfehlen wir Ihnen, ein Arbeitsbuch anzulegen. Dies kann, entsprechend Ihren Vorlieben, analog oder digital gestaltet sein. Wenn Sie gern auf Papier arbeiten, ist dazu beispielsweise ein Collegeblock in Kombination mit einem Ringbuch geeignet. Auf dem Collegeblock machen Sie Ihre Notizen, wobei Sie jedes neue Thema auf einer eigenen Seite festhalten. Später können Sie die einzelnen Seiten aus dem Block heraustrennen und im Ringbuch thematisch sortieren. Außerdem sind Überarbeitungen möglich, indem Sie einfach Seiten austauschen. Falls Sie lieber mit elektronischen Systemen wie Evernote oder anderen Apps und Programmen arbeiten, haben Sie die Möglichkeit zur Überarbeitung natürlich von vornherein.

Zur Vorbereitung auf Ihren Weg in das Wissenschaftsmanagement empfiehlt sich außerdem eine Bestandsaufnahme: Was können Sie gut, über welche praktischen Erfahrungen verfügen Sie und wo haben Sie bereits mit dem Wissenschaftsmanagement zusammengearbeitet? Am einfachsten ist es, wenn Sie diese Fragen mit einem*einer Sparringspartner*in bearbeiten.

Sprechen Sie zuerst mit ihm*ihr darüber, in welchen Projekten Sie bisher mitgearbeitet haben, was Sie in der Vergangenheit gelernt haben und welche Erfolge Sie erreicht haben. Welche Ihrer wissenschaftlichen Tätigkeiten sind eventuell auch für das Wissenschaftsmanagement interessant? Dies könnte zum Beispiel die Organisation von Symposien und Konferenzen, die Erfahrung in Ihrer *scientific community*, Recherche- oder Statistikkenntnisse sein. Beziehen Sie dann auch den privaten Bereich in Ihre Bestandaufnahme ein: Kennen Sie sich besonders gut mit Social Media aus? Haben Sie Veranstaltungen organisiert? Haben Sie Gruppen angeleitet? Welche Sprachen sprechen Sie? Schreiben Sie gern?

Überlegen Sie dann, welche Schnittstellen Sie bereits mit dem Wissenschaftsmanagement haben: Jedes wissenschaftliche Projekt wird in der ein oder anderen Form durch Wissenschaftsmanager*innen begleitet und unterstützt. Welche Kontakte bestehen zu Forschungsreferent*innen, ins International Office, zur Personalentwicklung oder zu anderen Bereichen des Wissenschaftsmanagements in der zentralen Universitätsverwaltung, innerhalb der Fakultät oder des Fachbereichs? Bestehen eventuell Kontakte zu einer Förderinstitution, die das Projekt finanziert?

Schließlich ist es zur Vorbereitung sinnvoll, die Einleitung und das erste Kapitel dieses Buches (nochmal) zu lesen und sich erste Notizen in Ihrem Arbeitsbuch zu machen.

Rucksack: Aktivitäten der ersten Etappe

Dies sind konkrete Aktivitäten, aus denen Sie auswählen können, was für Sie sinnvoll ist. Jede ausgewählte Aktivität sollten Sie mit je 15 Minuten in Ihrem Kalender einplanen.

- □ Arbeitsbuch anlegen (Papierform oder digital)
- □ Bestandsaufnahme
  - □ Welche Fähigkeiten habe ich?
  - □ Über welche Erfahrungen verfüge ich?
  - □ Welche Schnittstellen habe ich mit dem Wissenschaftsmanagement?
- □ »Einführung« und Kapitel 1.1 erneut lesen und Notizen machen

Schritte

Mit den ersten Schritten beginnt Ihre Reise. Es sind kurze Aufgaben, die Sie so oft es Ihnen sinnvoll erscheint wiederholen können. Mit ihnen werden Sie auf dieser und den folgenden Etappen nach und nach Ihr Wissen aufbauen, Kontakte knüpfen, Stellen suchen und vieles mehr. Die Reihenfolge der Schritte können sie selbst bestimmen. Wir empfehlen Ihnen, sich täglich in ein bis zwei der vorgeschlagenen Aktivitäten für 15 bis 30 Minuten mit dem Wissenschaftsmanagement zu befassen. Wenn Sie nur wenig Zeit haben, beschäftigen Sie sich nur an ein oder zwei Tagen in der Woche mit dem Thema. Wichtig sind Regelmäßigkeit und Kontinuität. Am besten tragen Sie die Zeiten in Ihrer Wochenplanung verbindlich in Ihrem Kalender ein.

Newsletter finden, abonnieren und lesen

Zum Einstieg eignen sich allgemeine Newsletter, die Ihnen einen Überblick über das Wissenschaftsmanagement und die Wissenschaftspolitik geben. Später können Sie berufsfeldspezifische Newsletter hinzunehmen. Das kann Ihnen in mehrfacher Hinsicht weiterhelfen. In erster Linie liefern Newsletter aktuelle Informationen. Außerdem sind sie eine regelmäßige Erinnerung, sich mit dem Thema zu beschäftigen.

Darüber hinaus können Sie Newsletter als Indikator verwenden: Haben Sie Lust, das Ganze zu lesen, oder sammeln sich die ungelesenen E-Mails in Ihrem Postfach? Finden Sie die Nachrichten interessant? Freuen Sie sich vielleicht sogar auf den nächsten Newsletter? Achten Sie auf solche Reaktionen. Sie sind der beste Hinweis, ob das Wissenschaftsmanagement der richtige Bereich für Sie ist.

Mindmaps anlegen

Mindmaps sind gute Strukturierungshilfen, vor allem, wenn man ein Wissensgebiet noch nicht gut kennt. Sie können Sie jederzeit ergänzen, sobald Sie auf neue Informationen zu einem Wissensgebiet stoßen. In Ihrem Arbeitsbuch können Sie Mindmaps wie ein Inhaltsverzeichnis verwenden, indem Sie sie einem Kapitel voranstellen und an den Armen der Mindmap auf die Seite verweisen, die weitere Informationen zu diesem Thema enthält. Wenn Sie mit einem Ringordner arbeiten, können so nach und nach ganze Kapitel entstehen. Vielleicht wollen Sie die Struktur des Themas aber auch groß vor Augen haben und Ihre Mindmap auf einem Flipchart oder Whiteboard anlegen. Auf diese Weise ergeben sich ganz von selbst Schwerpunkte, die Sie besonders interessieren. Zu spannenden Themen sammelt sich im Laufe der Zeit mehr und mehr an. In Mindmaps erkennen Sie dies ganz übersichtlich an der Zahl der Unterkategorien eines Themas.

Für den Anfang schlagen wir Ihnen vor, eine Mindmap zum Thema »Bereiche des Wissenschaftsmanagements« und eine weitere zu »Das deutschen Wissenschaftssystem« anzulegen. Machen Sie sich keine Sorgen, ob Ihre Mindmap ausgereift oder fehlerhaft ist. Sie spiegelt einfach Ihren derzeitigen Wissensstand wider. So können Sie beobachten, wie Ihr Wissensstand wächst. Und wenn Ihnen im Laufe der Zeit Fehler auffallen, dann korrigieren Sie diese einfach.

Persönliche Reflexion

Das Nachdenken über Ihre persönlichen Wünsche und Ziele ist das mit Abstand Wichtigste bei der Karriereplanung. Das wirkt kontraintuitiv, denn während Sie mit dieser Aufgabe beschäftigt sind, kommen Sie scheinbar nicht voran. Sie arbeiten an der Formulierung Ihrer Ziele, bewegen sich aber währenddessen nicht auf sie zu. Die meisten Menschen vernachlässigen diese Arbeit und machen sich gleich auf den Weg. Nach vielen Mühen kommen sie dann dort an, wo sie eigentlich gar nicht hinwollten. Planen Sie immer mindestens eine Aktivität zur persönlichen Reflexion in Ihrer Wochenplanung ein! Es lohnt sich.

Mit persönlicher Reflexion meinen wir, für etwa fünf bis fünfzehn Minuten schriftlich über die eigenen Wünsche und Ziele nachzudenken. Sie müssen nicht zu einem Ende kommen. Sammeln Sie Ihre Gedanken in Ihrem Arbeitsbuch und schreiben Sie bei der nächsten Reflexion einfach weiter. Sie können auch Mindmaps nutzen oder jede andere Technik, die Ihnen hilft, Ihre Gedanken zu ordnen. Es gibt keine richtigen oder falschen Lösungen zu Ihren Reflexionen, es gibt nur Ihre ganz persönlichen Antworten. Was immer Sie in diesen Reflexionen über sich herausfinden, kann Ihnen übrigens auch später helfen, ein authentisches und überzeugendes Anschreiben für Bewerbungen zu verfassen.

Wenn Sie schon etwas Erfahrung mit der persönlichen Reflexion gesammelt haben, können Sie beginnen, Ihre persönlichen Ziele möglichst konkret zu formulieren.

Die SMART-Formel

Um klare Ziele zu formulieren, können Sie beispielsweise die SMART-Formel benutzen. SMART steht für »Spezifisch«, »Messbar«, »Attraktiv«, »Realistisch«, »Terminiert«. »Spezifisch« bedeutet dabei, dass Ihr Ziel am besten in einem oder wenigen Sätzen konkret formuliert sein sollte. »Messbar« bedeutet, dass Sie an irgendetwas erkennen müssen, dass Sie Ihr Ziel erreicht haben. Mit »Attraktiv« ist gemeint, dass dieses Ziel für Sie auch wirklich motivierend sein sollte, nicht etwas, was jemand anderes von Ihnen erwartet. »Realistisch« heißt, dass Ihr Ziel grundsätzlich erreichbar sein sollte, dass Sie selbst wesentlichen Einfluss darauf haben sollten und dass es anderen Zielen in Ihrem Leben nicht widersprechen darf. Außerdem fallen unter diesen Punkt Ressourcen wie Zeit, Wissen, Unterstützung etc. »Terminiert« steht dafür, dass Sie entweder einen bestimmten Zeitraum festlegen sollten, in dem Sie das Ziel erreichen, oder einen bestimmten Zeitpunkt, zu dem Sie Ihr Fortkommen und Ihre Motivation überprüfen wollen.

Ein gut formuliertes Ziel lautet beispielsweise: »Ich möchte in spätestens fünf Monaten einen Job in der Forschungsförderung gefunden haben. Ich möchte mindestens nach TV-L 13 bezahlt werden, ideal wäre ein Job in Berlin mit 80 Prozent Arbeitszeit in einer kleinen bis mittelgroßen Institution mit geisteswissenschaftlichem Schwerpunkt. In spätestens zwei Monaten werde ich dazu mindestens drei Bewerbungen verschickt haben.«

Sie sehen, wie aufwändig die Formulierung eines präzisen Ziels sein kann. Bewegen Sie sich in kleinen Schritten darauf zu. Anfangs sind Ihre Formulierungen vielleicht noch ungenau oder Sie konzentrieren sich auf kleine, naheliegende Ziele. Große Ziele sollten Sie in Teilziele runterbrechen, damit Sie auch kleinere Erfolge feiern und gegebenenfalls Kurskorrekturen vornehmen können.

Die persönliche Reflexion wird Sie auch auf den folgenden Etappen begleiten. Sie müssen also nicht schon auf diesem ersten Wegabschnitt zu einem endgültigen Ergebnis kommen.

Schritte: Aktivitäten der ersten Etappe

Newsletter

- ☐ Newsletter finden und abonnieren, zum Beispiel den Newsletter »ZEIT Wissen3« oder den Newsletter des Netzwerks Wissenschaftsmanagement
- ☐ Newsletter lesen

- ☐ Zu Informationen aus den Newslettern recherchieren

Mindmaps

- ☐ Mindmap »Bereiche des Wissenschaftsmanagements« anlegen oder ergänzen
- ☐ Mindmap »Das deutsche Wissenschaftssystem« anlegen oder ergänzen

Reflexion zu Interessen und Motivation (fünf bis zehn Minuten schriftlich)

- ☐ Was will ich genau? (zum Beispiel in Bezug auf Karriere, Familie, Freizeit etc.)
- ☐ Warum will ich das?
- ☐ Was treibt mich an?
- ☐ Regelmäßige Arbeit an meiner Zielformulierung

Der Kompass

Sie werden feststellen, dass es ungemein hilft, regelmäßig auf einer Metaebene darüber nachzudenken, was bei der Arbeit an den Aktivitäten in Ihnen vorgeht. Achten Sie dabei besonders auf Ihre Emotionen. Welche Erkenntnisse in Ihren Reflexionen haben Sie berührt? Was hat beim Lesen Ihr Interesse geweckt? Was bereitet Ihnen vielleicht Sorgen? Was würden Sie gern machen, trauen es sich aber (noch) nicht zu? Halten Sie diese Gedanken unbedingt fest, zum Beispiel als Teil Ihrer wöchentlichen Planung. Wenn Ihnen bewusst wird, welche Dinge Sie besonders spannend finden, was Sie bewegt und was Ihnen wichtig ist, wirkt das wie ein Filter: Plötzlich springt Ihnen das Thema sofort ins Auge, wenn Sie eine Zeitschrift oder einen Bibliothekskatalog durchblättern. So finden Sie nach und nach immer besser heraus, was Sie am meisten interessiert. Das macht auch in Bewerbungsgesprächen Eindruck, weil Sie genau erklären können, warum Sie diese Stelle interessiert und wie Sie darauf gekommen sind. Außerdem wirkt es motivierend, denn Sie beschäftigen sich immer mehr mit genau den Themen, die Ihnen am Herzen liegen.

KOMPASS: AKTIVITÄTEN DER ERSTEN ETAPPE

Reflexion zu Interessen und Motivation (fünf bis zehn Minuten schriftlich)

- ☐ Was genau möchte ich lernen?
- ☐ Warum möchte ich das lernen, was motiviert mich dabei?
- ☐ Wie möchte ich dieses Thema lernen (Gruppe, Unterricht, Buch, Webinar)?
- ☐ Was möchte ich investieren (Zeit, Geld)?
- ☐ Welche (Art von) Menschen möchte ich kennenlernen?

Hannas erste Etappe

Hanna kaut auf ihrem Bleistift herum. Sie hat sich an diesem Sonntag eine Stunde Zeit genommen, um über ihre Zukunft nachzudenken. Durch ihre Kopf schwirren vage Wünsche, gut gemeinte Ratschläge ihrer Eltern und schlecht unterdrückte Versagensängste. »Verdammt!«, denkt sie. »Durch Grübeln komme ich nicht weiter. Ich schreibe jetzt einfach alles auf, was mir in den Sinn kommt. Aussortieren kann ich später noch.« Also setzt sie den Bleistift auf das Papier und schreibt los. »Ich will ... einen Job, der mir Spaß macht, bei dem ich einigermaßen gut verdiene und der mir Zeit für mich lässt«, steht kurz darauf in ihrer neuen Kladde. »Ok«, denkt Hanna. »Was heißt ›der mir Spaß macht‹? – Ich will geistig gefordert werden und mit spannenden Leuten zu tun haben!« Sie schreibt es auf. »Welche Leute finde ich spannend?« Sie denkt nach. »Na, zum Beispiel diese Verhaltensforscherin, die ich letztens auf der Konferenz getroffen habe ...« Plötzlich kommt die Sache ins Rollen. Jede Idee bringt Hanna auf neue Fragen, was wiederum zu neuen Ideen führt. Nach einer halben Stunde raucht ihr der Kopf. Aber sie hat eine ganze Seite voller Ideen. Alles nur erste Ansätze, nichts Konkretes, doch ist sie zufrieden. Sie schnappt sich ihren Kalender. Für Dienstag und Donnerstag blockt sie sich jeweils eine halbe Stunde, um weiterzumachen. Am Mittwoch trägt sie sich ein: Newsletter »ZEIT Wissen[3]« abonnieren«. Vielleicht wird sie dann am Samstag dazu kommen, den ersten Newsletter in Ruhe zu lesen.

Einige Tage zuvor hat Hanna ein Gespräch geführt, das ihr in gewisser Weise einen Schock versetzte. Andererseits war dieses Gespräch wohl der

Grund, dass sie die Motivation aufbrachte, systematisch über ihre Zukunft nachzudenken. Sie war noch einmal zu ihrem Doktorvater gegangen und hatte ihn gefragt, ob er sie mit ihrem bisherigen Lebenslauf und ihrer Publikationsliste unter den Top-Bewerber*innen ihres Faches einordnen würde. Er sah sich ihre Unterlagen gründlich an und antwortete schließlich ausweichend: »Ich denke schon, dass Sie sich gut auf Postdoc-Stellen bewerben können. Schließlich sind auch noch einige Manuskripte in Arbeit.« Hanna ließ nicht locker: »Was müsste ich in den nächsten Jahren erreichen, um eine Chance auf eine Professur zu haben?« Ihr Professor fühlte sich sichtlich unwohl. »Nun, das ist schwer zu sagen. Weitere Publikationen sind natürlich wichtig.« – »Ich habe mir die Bewerbungsvoraussetzungen für drittmittelgeförderte Nachwuchsgruppen angesehen. Das Emmy Noether-Programm, den ERC Starting Grant und andere. Da ist oft von einem Institutionswechsel nach der Promotion und von Auslandsaufenthalten die Rede. Außerdem kann ich mich nur einige Jahre nach der Promotion bewerben. Glauben Sie, ich könnte das schaffen?« Ihr Doktorvater zögert wieder. »Nun, das sind sehr prestigeträchtige Programme, das schaffen nur die Allerbesten. Die Konkurrenz ist da ziemlich stark.« – »Und habe ich ohne so eine Förderung überhaupt eine Chance auf eine Professur?« Es dauerte eine Weile, bis der Professor antwortete: »Vielleicht ist für Sie auch eine andere wissenschaftliche Stelle interessant. Dafür gibt es natürlich viele Interessenten.« – »Kann ich denn auf einer solchen Stelle frei forschen?« – »Nun ja, Sie müssten auch einiges an Lehre machen und Ihre Forschung müsste zur Strategie des Instituts passen.«

Als Hanna nachdenklich nach Hause fuhr, musste sie sich eingestehen, dass ihre Publikationsliste vielleicht gut, aber eben nicht exzellent war. Auch dämmerte ihr, dass sie höchstens ein Jahr als Postdoc in Bielefeld bleiben könnte, falls sie wirklich eine wissenschaftliche Karriere versuchen wollte. In diesem Jahr müsste sie eine Stelle im Ausland finden. Dummerweise hatte sie bisher nicht viele Kontakte. Und wollte sie das alles eigentlich? Und so kam es, dass sie am darauffolgenden Sonntag am Schreibtisch sitzt und auf ihrem Bleistift kaut.

2.3 Die zweite Etappe: Netzwerken und Institutionen kennenlernen

Der Einstieg ist geschafft, nun geht es richtig los. Auf der zweiten Etappe lernen Sie die Vielfältigkeit des Wissenschaftsmanagements kennen und begegnen Personen, die in diesem Berufsfeld arbeiten. Vielleicht stoßen Sie dabei schon Bereiche, die Ihnen so gut gefallen, dass Sie sich intensiver mit den dazugehörigen Themen und Menschen befassen möchten. Außerdem werden Sie viel Zeit zum Nachdenken und Reflektieren haben, um die neuen Eindrücke und Informationen in Ihr »Wissensnetz« einzuordnen.

Auch die zweite Etappe sollten Sie vorbereiten, indem Sie sich eine Stunde Zeit nehmen und sich mit Kalender und Notizheft zurückziehen. Vielleicht werfen Sie einen Blick in Ihre bisherigen Aufzeichnungen: Was ist Ihnen bereits an Interessantem begegnet? Was würden Sie gern genauer erkunden? Dann werfen Sie einen Blick auf die Wegbeschreibung der zweiten Etappe. Was hat sie zu bieten? Welche Herausforderungen stehen an?

Die Wegbeschreibung der zweiten Etappe

Der zweite Wegabschnitt ist vielfältig und schon deutlich länger als die erste, kurze Etappe. Er führt über die Themen »Netzwerken« und »Bewerbung«. Außerdem lernen Sie Institutionen des Wissenschaftsmanagements genauer kennen, Ihre Kenntnisse über die Wissenschaftslandschaft und das Berufsfeld vertiefen sich und Sie werden feststellen, dass sich immer deutlicher Interessensschwerpunkte herausbilden. Jetzt zahlt sich die übersichtliche Darstellung in Mindmaps oder Sketchnotes aus: Sie erkennen diese Schwerpunkte auf einen Blick.

Die zweiten Etappe umfasst vier Teilziele:

1. Sie haben eine klare Vorstellung von dem, was Sie in Bezug auf Ihre Karriere wollen. Das bedeutet, dass Sie am Ende dieser Etappe sicher wissen, ob das Wissenschaftsmanagement das Berufsfeld ist, in dem Sie Ihre Laufbahn starten wollen und in das Sie zumindest die nächsten zwei bis fünf Jahre investieren wollen. Wenn Sie sich am Ende dieses Abschnitts entscheiden, einen anderen beruflichen Weg einzuschlagen, können Sie

trotzdem mit diesem Buch weiterarbeiten. Sie müssen die Aktivitäten lediglich auf das angestrebte Berufsfeld anpassen, das Prinzip funktioniert für alle Branchen.

2. Sie haben drei Institutionen kennengelernt, die Sie interessant finden und in denen Sie sich vorstellen könnten zu arbeiten. Die Institutionen, die Sie auf diesem Weg »besuchen«, listen Sie in Ihrem Arbeitsbuch genau auf. Das gilt auch für Institutionen, in denen Sie letztlich lieber nicht arbeiten möchten. Sie gehören zur Wissenschaftslandschaft und sie zu kennen zahlt sich später aus. Und noch ein Tipp: Beenden Sie Ihre Recherchen nicht, wenn Sie eine spannende Institution gefunden haben. Es ist immer sinnvoll, verschiedene Optionen zu kennen, selbst wenn eine Bewerbung in Ihrer Lieblingsinstitution auf Anhieb klappen sollte.
3. Sie kennen verschiedene Möglichkeiten, Kontakte im Wissenschaftsmanagement zu knüpfen. Erstellen Sie eine Liste von Leuten, die Sie gern kennenlernen würden. Außerdem beschäftigen Sie sich mit den Möglichkeiten, sowohl über die Netzwerkorganisationen als auch über persönliche Kontakte mit Akteur*innen des Wissenschaftsmanagements ins Gespräch zu kommen. Dabei können Sie sich getrost auf die Menschen konzentrieren, mit denen Sie wirklich gern in Kontakt sind. Es geht hier nicht um ein rein strategisches Vernetzen. Mit wem möchten Sie arbeiten? Von wem möchten Sie gern lernen?
4. Die Vorlagen und Entwürfe für Ihre Bewerbungsunterlagen sind vorbereitet. Bei diesem letzten Ziel geht es darum, Ihre Unterlagen so zu ordnen, dass Sie mit relativ wenig Aufwand eine wirkungsvolle Bewerbung zusammenstellen können. Wenn Ihnen eine tolle Stelle begegnet, dürfen Sie sich selbstverständlich auch schon bewerben. Es lohnt sich, in die Vorbereitung von Bewerbungen Arbeit zu investieren. Schon deshalb, weil viele Mitbewerber*innen es nicht tun.

Um diese Ziele zu erreichen, sollten Sie, bei intensivem Zeiteinsatz, etwa einen Monat einplanen. Natürlich können Sie sich auch mehr Zeit lassen. Wichtig ist, wie schon bei der ersten Etappe, die Regelmäßigkeit.

Den Rucksack packen

Für das erste Ziel dieser Etappe sind Sie schon ausgerüstet: Ihr Arbeitsbuch ist angelegt und füllt sich langsam. Für die drei anderen Ziele können Sie weitere Vorbereitungen treffen:

Um das zweite Teilziel, die Recherche von Institutionen, vorzubereiten, können Sie eine Liste in Ihrem Arbeitsbuch anlegen, in der Sie Suchbegriffe sammeln. Je genauer Sie wissen, wonach Sie suchen, desto leichter finden Sie es. Vielleicht bemerken Sie bei der Lektüre eines Newsletters, dass Sie außeruniversitäre Institutionen besonders spannend finden. Oder Sie erfahren in einem Gespräch von einer Wissenschaftsstiftung, mit deren Förderthemen Sie sich stark identifizieren. Wir empfehlen, dass Sie sich am Ende jeder Recherchephase kurz Zeit nehmen, um die Schlüsselbegriffe thematisch zu ordnen. Aus dieser Sammlung können Sie bei der späteren Recherche Schlüsselbegriffe auswählen.

Die Vorbereitung für das dritte Teilziel, das Netzwerken, verläuft ähnlich: Legen Sie eine Liste an, um die Namen von Personen zu sammeln, die Sie interessant finden. Notieren Sie neben dem Namen, warum Sie diese Person interessant finden. Dies in wenigen Sätzen auf den Punkt zu bringen, ist wertvoll, um später mit diesen Menschen in Kontakt zu kommen.

Überlegen Sie auch, wen Sie unter Umständen im Wissenschaftsmanagement bereits kennen. Sind Sie oder waren Sie in einer Graduate School? Wer hat diese koordiniert? Engagieren Sie sich vielleicht in einer Initiative für internationale Studierende? Wer ist Ansprechpartner*in im International Office Ihrer Hochschule? Haben Sie bereits ein Drittmittelprojekt beantragt und dazu mit einem*einer Forschungsreferent*in gesprochen oder haben Sie sich vielleicht beim Career Service zur Promotion informiert? Nutzen Sie auch die Liste von Schnittstellen mit dem Wissenschaftsmanagement, die sie während der Bestandsaufnahme in Etappe 1 angelegt haben. In all diesen Kontexten sind Sie Wissenschaftsmanager*innen begegnet. Wer war Ihnen sympathisch? Mit wem würden Sie gern über seinen*ihren Job sprechen? Hören Sie sich bei Freund*innen und Kolleg*innen nach interessanten Kontakten um, vor allem, wenn Sie sich für ein konkretes Tätigkeitsfeld interessieren, in dem Sie selbst niemanden kennen.

Nutzen Sie auch die beruflichen Netzwerkorganisationen für die Recherche nach spannenden Ansprechpartner*innen: Wissenschaftsmanager*innen aus dem gesamten Berufsfeld haben sich im Netzwerk Wissenschaftsmanagement zusammengeschlossen. Interessant könnten für sie aber auch das Netzwerk für Forschungs- und Transfermanagement, der Bundesverband Hochschulkommunikation, die Bundeskonferenz der Frauen- und Gleichstellungsbeauftragten an Hochschulen oder die Deutsche Gesellschaft für Hochschuldidaktik sein. Recherchieren Sie nach passenden beruflichen Netzwerken. Hinweise finden Sie auch im Anhang.

Entwerfen Sie außerdem eine E-Mail, mit der Sie Leute ansprechen und um ein Gespräch bitten können. So eine Nachricht sollte kurz und klar formuliert sein. Einige Elemente sind immer gleich, unabhängig davon, wen Sie anschreiben. Erklären Sie zum Beispiel in ein oder zwei Sätzen, wer Sie sind. Fassen Sie Ihr Anliegen so präzise wie möglich zusammen und erklären Sie, warum Sie gerade diese Person anschreiben (diesen Teil sollten Sie jedes Mal individuell überarbeiten). Erklären Sie genau, was Sie sich wünschen (ein kurzes Telefonat, eine Antwort per E-Mail, ein Treffen etc.), damit die Person überlegen kann, ob sie dazu bereit ist und weiß, worauf sie sich einlassen würde. Und stellen Sie zwei oder drei konkrete Fragen (auch diese sollten jedes Mal angepasst werden). Beenden Sie die E-Mail mit einem Absatz, der zum Ausdruck bringt, dass eine Antwort sehr hilfreich wäre und dass Sie die angesprochene Person nicht über Gebühr belasten werden. Schließen Sie mit einem impliziten Handlungsimpuls, zum Beispiel »Über Ihre Antwort würde ich mich sehr freuen!«

Lesen Sie Ihre Nachricht noch einmal aus der Perspektive des*der Angesprochenen. Würden Sie auf diese E-Mail antworten? Was denken Sie, wenn Sie eine solche Nachricht bekommen?

Hier ein Beispiel, wie eine solche E-Mail aussehen könnte:

> Sehr geehrte Frau Schmidt,
>
> mein Name ist Peter Meier. Derzeit promoviere ich in Kunstgeschichte an der Universität Hamburg und interessiere mich für eine Karriere in der Forschungsförderung.
>
> Ich wende mich an Sie, da ich das Förderprogramm »Wissenschaft und Kunst im europäischen Raum«, das von Ihnen bei der Schulze-Stiftung betreut wird, spannend finde. Ich würde mich sehr freuen, wenn ich Ihnen in einem kurzen Telefonat einige Fragen stellen dürfte.

Ich würde gern wissen, welche Qualifikationen wichtig sind, um ein solches Förderprogramm zu konzipieren und zu betreuen. Außerdem wäre es für mich interessant zu erfahren, auf welchem Weg Sie persönlich in diese Position gekommen sind. Schließlich würde ich Sie gern fragen, was Sie selbst an Ihrer Aufgabe besonders schätzen und was ich bedenken sollte, wenn ich mich für eine ähnliche Karriere entscheide.

Ihre Einschätzungen zu diesen Fragen wären für meine beruflichen Überlegungen sehr wertvoll.

Für eine kurze Rückmeldung wäre ich Ihnen sehr dankbar. Sie erreichen mich per E-Mail oder unter 0176 443XXX.

Mit freundlichen Grüßen

Peter Meier

Für das vierte Teilziel, die Vorbereitung auf erste Bewerbungen, können Sie recherchieren, wo Sie interessante Stellenausschreibungen finden. In der *Zeit*, auf *academics.de* oder in der Stellenbörse des Netzwerks Wissenschaftsmanagement wird eine breite Palette an Jobs ausgeschrieben. Hier können Sie sich inspirieren lassen. Wenn Sie schon genauer wissen, welcher Tätigkeitsbereich für Sie in Frage kommt, finden Sie häufig spezialisierte Stellenbörsen bei deren Netzwerkorganisationen, wie beispielsweise auf der Webseite des Netzwerks für Personalentwicklung an Universitäten oder auf www.fortrama.net. Einschlägige Stellenbörsen haben wir im Anhang zusammengestellt.

Viele dieser Seiten bieten die Möglichkeit, sich in einen Verteiler für aktuelle Stellenausschreibungen einzutragen. So werden Sie regelmäßig über die neuesten Angebote informiert und daran erinnert, sich um Ihre Bewerbungen zu kümmern.

Rucksack: Aktivitäten der zweiten Etappe

- ☐ Liste für Suchbegriffe zu Institutionen im Arbeitsbuch anlegen
  - ☐ Begriffe aus Gesprächen, Newslettern, Internetrecherchen etc. sammeln
  - ☐ Schlüsselbegriffe auswählen und kennzeichnen
  - ☐ Begriffe in Kategorien ordnen

- ☐ Netzwerken vorbereiten
  - ☐ Liste von interessanten Personen in einem Arbeitsbuch anlegen; Spalte ergänzen »Warum ich diese Person spannend finde«
  - ☐ Liste von Kontakten im Wissenschaftsmanagement anlegen
  - ☐ Netzwerkorganisationen für das Wissenschaftsmanagement recherchieren
  - ☐ Anfrage vorbereiten
- ☐ Webseiten für spannende Stellenanzeigen suchen
  - ☐ Liste von einschlägigen Stellenbörsen für das Wissenschaftsmanagement erstellen
  - ☐ Webseiten in Favoriten speichern oder in entsprechende E-Mail-Verteiler eintragen

Schritte

Arbeiten Sie auf der zweiten Etappe so, wie Sie es sich auf dem ersten Wegabschnitt angewöhnt haben: Wählen Sie einmal in der Woche Aktivitäten aus. Folgen Sie dabei Ihren Interessen und Ihrer Intuition. Nicht alles ergibt in Ihrer persönlichen Situation Sinn, manches ist für Sie besonders wichtig. Sie werden feststellen, dass immer mehr und mehr eigene Ideen auftauchen, je weiter Sie den Weg gehen. Je besser Sie das Wissenschaftsmanagement kennenlernen, desto mehr wird Ihre Neugier wecken. Plötzlich geht es gar nicht mehr so sehr ums Ankommen, sondern ums Entdecken. »Wo führt wohl dieser Seitenweg hin? Was würde passieren, wenn ich einfach …?« Folgen Sie ruhig Ihrem Forscherdrang, Karriereplanung darf auch Spaß machen.

Institutionen kennenlernen

Beginnen Sie mit der Recherche. Wenn Sie sich bereits eine grobe Übersicht über das deutsche Wissenschaftssystem verschafft haben (dazu können Sie auch Kapitel 1.3 nochmal lesen), ist es spannend zu erkunden, wie eine Institution einzuordnen ist. Welche Aufgaben hat sie, welche Werte vertritt sie? Nehmen Sie sich den Internetauftritt einer Institution vor: Wie stellt sich die Institution dar? Wofür tritt sie ein? Sind ihre Ziele klar beschrieben oder bleiben Sie auch nach längerem Lesen ratlos zurück? Werden die

Mitarbeiter*innen auf der Homepage vorgestellt? Wer schafft es auf Ihre Liste der interessanten Personen? Und warum?

Achten Sie auf Ihre Reaktion: Finden Sie es spannend, über diese Institution zu lesen? Welche Fragen kommen Ihnen in den Sinn? Können Sie sich vorstellen wie es wäre, dort zu arbeiten? Nicht vergessen: Notieren Sie sich die wichtigsten Ergebnisse.

Beschäftigen Sie sich zunächst über einige Tage mit derselben Institution, um ein Grundwissen aufzubauen. Wenn Sie zu viele Institutionen nur oberflächlich betrachten, vergessen Sie vermutlich alles schnell wieder. Manchmal braucht es etwas Zeit, bis sich eine Institution erschließt und dann immer spannender wird.

Sie können sich auch einen »Entdeckertag« gönnen und einfach mit Ihren Schlüsselbegriffen aus dem Arbeitsbuch eine Zahl von Institution aufstöbern, die Sie sich in der nächsten Zeit vielleicht genauer ansehen wollen. Zunächst ordnen Sie sie nur mit einem Stichwort in Ihre Mindmap ein.

Netzwerken

Testen Sie Ihre Anfrage! Vielleicht zunächst an Leuten, die Sie kennen oder denen Sie schon einmal begegnet sind. Sie werden überrascht sein, wie viele positive Rückmeldungen Sie erhalten. Die meisten Menschen helfen gern. Und wenn Ihre E-Mail einmal nicht gut ankommt? Das ist nicht so schlimm. Wahrscheinlich bekommen Sie in dem Fall einfach keine Antwort.

Wenn Sie Termine für ein Telefonat oder ein Gespräch bekommen, haben Sie sich mit den Fragen aus Ihrer E-Mail bereits gut vorbereitet. Achten Sie bei dem Gespräch auf die Zeit. Wenn Ihr Gegenüber ins Plaudern kommt und Sie ein spannendes Gespräch führen, darf es auch länger dauern. Versichern Sie sich aber zwischendurch ruhig, dass Ihr*e Gesprächspartner*in noch Zeit hat. Zum Abschluss eines Gesprächs sollten Sie auf jeden Fall fragen, ob Ihr neuer Kontakt Ihnen andere Expert*innen empfehlen kann, mit denen Sie über dieses Thema sprechen könnten. Und ob Sie sich im Nachgang vielleicht per E-Mail melden dürften, falls Sie noch eine Frage haben.

Wenn Sie eher schüchtern sind, können Sie auch mit schriftlichen Kontakten beginnen. Sie werden schnell feststellen, wie positiv die meisten

Menschen darauf reagieren, wenn sich jemand für sie und ihre Arbeit interessiert. Dann kommt der Mut zu Gesprächen von ganz allein.

Bewerbungen vorbereiten

Wenn Sie auf eine spannende Stelle stoßen, kann die Zeit für eine Bewerbung knapp sein. In diesem Abschnitt geht es daher darum, Ihre Unterlagen so weit vorzubereiten, dass Sie sich später auf die jeweiligen Besonderheiten der Ausschreibung konzentrieren können.

Beginnen Sie mit Ihrem Lebenslauf und den Anlagen. Ist Ihr CV aktuell, übersichtlich, schlicht und ansprechend gestaltet? In Kapitel 3 finden Sie viele hilfreiche Informationen zur Erstellung eines nicht wissenschaftlichen CV und des Anschreibens. Zahlreiche Vorlagen, Tipps und Tricks, die allerdings größtenteils nicht spezifisch für das Wissenschaftsmanagement sind, finden Sie im Internet oder in Fachbüchern in der Bibliothek. Meist ist das vor allem Fleißarbeit. Schließlich geht es um die Inhalte; ein schlichtes Design erleichtert es dem*der Leser*in, sich darauf zu konzentrieren, was Sie im Leben bereits gemacht haben. Das Wissenschaftsmanagement ist diesbezüglich an der Wissenschaft orientiert, und dort sind die Lebensläufe sehr sachlich gestaltet. Falls Sie sich unsicher fühlen, lassen Sie sich beraten und gegebenenfalls helfen. An einigen Hochschulen bieten beispielsweise die Career Center eine Durchsicht Ihrer Bewerbungsunterlagen an.

Die Anlagen, also Zeugnisse und Zertifikate, sollten Sie in ausreichender Auflösung und farbig einscannen, um sie als PDF mit aussagekräftiger Benennung in einem Ordner abzuspeichern. Sammeln Sie hier auch weniger wichtige Nachweise, wie zum Beispiel Zertifikate von Fortbildungen, aber wählen Sie bei jeder Bewerbung sorgsam aus, welche in diesem Fall relevant sind. Mit einer ordentlich geführten Dokumentsammlung fällt das leicht, auch wenn die Bewerbungsfrist kurz bevorsteht.

Ist das geschafft, machen Sie sich an die Vorlage Ihrer Anschreiben. Selbstverständlich sollte jedes Anschreiben individuell und passend sein. Aber es ist sehr hilfreich, wenn Sie bei der Erstellung eines Schreibens auf einen fertigen Briefkopf zurückgreifen können. Der Text des Anschreibens sollte allerdings auf die jeweilige Ausschreibung Bezug nehmen. Dazu können Sie also höchstens einige Grundgedanken und Textbausteine für wiederkehrende Elemente vorbereiten.

Schritte: Aktivitäten der zweiten Etappe

- ☐ Kapitel 1.3 »Arbeitgeber*innen« nochmal lesen
- ☐ Internetrecherche zu Institutionen
  - ☐ Nach Schlüsselbegriffen suchen
  - ☐ In die Mindmap eintragen
  - ☐ Homepages erkunden
  - ☐ Fünf bis zehn Minuten Reflexion: Wie reagiere ich auf diese Institution?
- ☐ Anfrage testen
- ☐ Bewerbungsunterlagen vorbereiten
  - ☐ CV überarbeiten
  - ☐ Dokumente einscannen und ordentlich ablegen
  - ☐ Vorlage für Anschreiben erstellen

Der Kompass

Durch die Beschäftigung mit dem Wissenschaftsmanagement und seinen Institutionen begegnen Ihnen wahrscheinlich immer mehr Aufgaben, die Sie spannend finden und Themen, für die Sie sich gern einsetzen würden. Nehmen Sie sich gelegentlich die Zeit, darüber zu reflektieren und Ihre Gedanken aufzuschreiben. Stellen Sie sich immer wieder die Frage: Was will ich genau? Warum will ich das? Wenn Sie zu diesen Punkten klare Antworten haben, erkennen Sie auch Arbeitgeber*innen, die zu Ihnen passen. Und die Arbeitgeber*innen werden im Gespräch erkennen, dass Sie zu ihnen passen. Dabei verhalten Sie sich einfach nur authentisch

Kompass: Aktivitäten der zweiten Etappe

- ☐ Fünf bis zehn Minuten Reflexion
  - ☐ Welche Aufgabe könnte ich spannend finden?
  - ☐ Was hat mich auf meinen bisherigen Recherchen besonders interessiert?

- Passen die Werte und Ziele der Institutionen, die ich kennengelernt habe, zu meinen eigenen Werten und Zielen?
- Was will ich genau? Und warum?

Abkürzungen

Bisher haben Sie ganz allein die Motivation und Disziplin aufgebracht, sich regelmäßig mit Ihrer Zukunft und dem Wissenschaftsmanagement auseinanderzusetzen. Aber würde es nicht viel mehr Spaß machen, diesen Weg gemeinsam mit anderen zu gehen? Eine Gruppe von Interessent*innen zu gründen, kann Ihnen helfen, wesentlich schneller voranzukommen und sich immer wieder von anderen inspirieren zu lassen. Wenn Sie mit anderen zusammenarbeiten, können die Erkenntnisse aus Recherchen zusammentragen, sich gegenseitig auf Stellenanzeigen hinweisen, sich Kontakte vermitteln, sich unterstützen und auf Ideen bringen.

Aber stehen Sie nicht eigentlich in Konkurrenz und sollten versuchen, einen Vorsprung vor den anderen zu bekommen? Wir vertreten die Ansicht, dass ein kooperatives Vorgehen viele Vorteile bietet. Bei der Vielzahl unterschiedlicher Tätigkeitsbereiche ist es sehr unwahrscheinlich, dass Sie sich für genau dieselben Jobs interessieren. Und wenn Sie sich auf dieselbe Stelle wie eine*r Ihrer Gruppenpartner*innen bewerben: Ein*e Bewerber*in mehr oder weniger macht auch keinen Unterschied. Und selbst wenn jemand, mit dem*der Sie zusammengearbeitet haben, ausgerechnet Ihre Wunschstelle bekommt: Dann haben Sie in dieser Institution einen guten Kontakt, der Sie informieren kann, sobald die nächste Stelle frei wird (oder ob Sie sich in dem »Laden« überhaupt bewerben sollten).

Potenzielle Mitstreiter*innen können Ihnen an verschiedenen Orten begegnen. Bei Infoveranstaltungen und Fortbildungen zum Wissenschaftsmanagement treffen Sie sich ganz sicher. Aber natürlich können hier die sozialen Medien hilfreich sein. Vielleicht bitten Sie auch die Mitarbeiter*innen einer Graduiertenakademie oder der Studienberatung um Vermittlung von Gleichgesinnten oder machen einen Aushang in der Mensa. Oft ergeben sich sehr schnell neue Kontakte, wenn Sie einfach mit verschiedenen Menschen in Ihrem Umfeld über Ihr Interesse an Wissenschaftsmanagement sprechen.

Auch für die Vorbereitung Ihrer Bewerbungsunterlagen können Sie nach Abkürzungen Ausschau halten. Vielleicht wird bei Graduiertenakademien, der Personalentwicklung oder der Studienberatung Unterstützung in Form von Bewerbungstrainings oder Coaching für Doktorand*innen und Postdocs angeboten. Solange Sie noch an der Universität sind, sind diese Angebote häufig kostenlos.

Coaching

Bei der Lebensplanung, der Reflexion über Ihre Wünsche und der Entwicklung von Strategien kann ein Coaching wertvolle Hilfe leisten. Wichtig ist, dass der*die Coach über eine zertifizierte Ausbildung verfügt, sich mit Ihrer Fragestellung auskennt und die Chemie zwischen Ihnen stimmt. An Wissenschaftseinrichtungen vermitteln oft Personalentwicklung oder Graduiertenzentrum passende Coaches. Eine Coaching-Sitzung kostet im Wissenschaftsbereich zwischen 100,- und 200,- Euro. Manchmal kann eine finanzielle Förderung, beispielsweise über die Gleichstellung, beantragt werden. In jedem Fall sollten Sie Ihre Ziele und Erwartungen an das Coaching klar formulieren. Das ist eine wichtige Voraussetzung für einen fruchtbaren Prozess.

Eine weitere Abkürzung kann ein Coaching sein. Ein guter Coach kann Ihnen Methoden und Strategien anbieten, die genau auf Ihre Fragestellung passen und Ihre Arbeit daran ungemein erleichtern. Seien Sie sich aber bewusst, dass Sie diese Arbeit letztlich selbst machen müssen – schließlich geht es darum, dass Sie Ihre persönlichen Wünsche und Ziele herausfinden. Eine*n für Sie passende Coach finden Sie zum Beispiel über das Coachingnetz Wissenschaft[32] oder Sie fragen die Personalentwicklung Ihrer Institution nach geeigneten Coaches.

Abkürzungen: Aktivitäten der zweiten Etappe

- ☐ Arbeitsgruppe
  - ☐ Wo finde ich Personen, die dieses Thema auch interessiert (Facebook, Xing, schwarzes Brett, bestehende Gruppen, Institutionen)?

- ☐ Wie regelmäßig möchte ich mich treffen?
- ☐ An welchem Ort können wir gut gemeinsam arbeiten (Bibliothek, Café, zu Hause, Skype)?

☐ Leute ansprechen
- ☐ Themen für ein Treffen festlegen
- ☐ Treffen mit der Gruppe durchführen

☐ Unterstützung bei der Bewerbung
- ☐ Gibt es Unterstützungsangebote an meiner Institution?
- ☐ Welchen Aufwand bedeuten die Angebote?
- ☐ Entscheiden, welche Angebote hilfreich sind
- ☐ Anmelden und Formalitäten erledigen

☐ Coaching
- ☐ Personalentwicklung meiner Institution nach geeigneten Coaches fragen
- ☐ Kann ich (kostenlose) Coachings bekommen?
- ☐ Coach recherchieren, der*die zu mir passen könnte,
- ☐ Internetrecherche, zum Beispiel über das Coachingnetz Wissenschaft
- ☐ Ziele und Erwartungen an ein Coaching formulieren
- ☐ Festlegen, was Sie bereit sind, auszugeben
- ☐ Coaches anrufen oder anschreiben

Hannas zweite Etappe

Hanna ist aufgeregt. Sie tippt die Nummer in ihr Handy: »Dezernat Forschungsförderung und Transfer, Christina Weiss, wie kann ich Ihnen helfen?«, meldete sich eine sympathische Stimme. »Hallo, ich bin Hanna Roth. Wir sind verabredet, ich hatte Ihnen eine E-Mail geschrieben.« – »Ja, genau. Ich erinnere mich auch an Sie. Wir hatten doch vor einem Jahr den DFG-Förderantrag Ihres Chefs durchgesprochen. Ich freue mich, wieder von Ihnen zu hören. Sie hatten mir ja ein paar Fragen geschickt.« – »Stimmt«, sagt Hanna. »Ich würde gern wissen, wie das so ist, als Forschungsreferentin zu arbeiten. Was finden Sie in Ihrem Arbeitsalltag spannend?« – »Tja, also ich persönlich finde es spannend, mit so vielen Menschen zu tun zu haben und mit ihnen daran zu arbeiten, ihre Ideen gut zu vermitteln. Jede Förderinstitution hat da andere Erwartungen, Sie müssen die Programme nicht nur kennen, sondern auch verstehen: Wie das Förderangebot gedacht ist, was in den Antrag reingehört. Manchmal müssen Sie einem Wissenschaftler auch beibringen, dass seine Idee nicht zu einem Förderangebot passt. Sie müssen also gut mit Menschen umgehen können. Am besten ist es natürlich, auch inhaltlich zu verstehen, worum es in den Anträgen geht, aber bei der Menge der Themen ist das schwierig. Ach ja, und die Anträge sind meist auf Englisch … «

Das Telefonat lief sehr gut. Hanna hatte eigentlich nur um fünf Minuten gebeten, aber die Forschungsreferentin erzählte offenbar gern von ihrem Beruf. Auf Hannas Bitte am Ende des Gesprächs nannte sie ihr zwei Kolleginnen in Göttingen und Bonn und bot sogar an, den Kontakt zu vermitteln.

Durch das Telefonat hat Hanna einen Einblick in den Arbeitsalltag gewonnen. Ein Job an ihrer Heimatuni passt vielleicht doch weniger gut zu ihr, als sie zunächst dachte. Ein Vorteil ist sicher die thematische Vielfalt und Nähe zur Wissenschaft. Andererseits scheint der Anteil der Forschungsreferent*innen am Erfolg von Anträgen nicht sonderlich gewürdigt zu werden. Offenbar auch deshalb, weil die Wissenschaftler*innen nicht immer auf die Hinweise der Forschungsreferent*innen hören.

Aber das Thema Forschungsförderung findet Hanna nach wie vor sehr interessant. Unglaublich, wie viele verschiedene Förderinstitutionen es in Deutschland gibt. Das hatte schon eine kurze Recherche im Internet ergeben. Hanna hat ihre Mindmap mehrmals neu zeichnen müssen, weil sie ständig auf weitere Förderinstitutionen stößt. So langsam beginnt sie zu verstehen, wo die Unterschiede zwischen den Förderern liegen, auch wenn deren Programme auf den ersten Blick oft ähnlich erscheinen. Manche Institutionen sind mehr an der konkreten Umsetzbarkeit der Forschung interessiert, während andere vor allem Grundlagenforschung fördern. Während viele kleine Förderer sehr spezielle Programme anbieten, die manchmal nur in einem einzelnen Bundesland beantragt werden können, bietet vor allem die DFG ein Förderangebot, das alle Bereiche abdecken soll. Je mehr sich Hanna mit dem Thema beschäftigt, desto spannender findet sie es.

Einige Tage später lernt Hanna auf einer Infoveranstaltung Julia und Lars kennen. Die Graduiertenakademie hat einen Mitarbeiter der Unibibliothek, eine Frau aus der universitären Personalentwicklung und einen Referenten einer Stiftung zu einer Podiumsdiskussion eingeladen. Alle drei erzählen in einem Impulsvortrag aus ihren Berufen und beantworten die Fragen des Publikums. Was sie berichten, ist interessant, aber auch so individuell, dass Hanna nicht weiß, wie sie das Gehörte auf ihr Leben übertragen könnte.

So kommt auch das Gespräch mit Julia und Lars zustande, denn den beiden geht es wie Hanna. Als sie schließlich gehen, schlägt Hanna vor, sich auf Facebook zu vernetzen und sich bei Gelegenheit zu treffen, um Erfahrungen aus der Jobsuche auszutauschen.

2.4 Die dritte Etappe: Bewerben und weitere Vernetzung

Die dritte Etappe ist das Kernstück Ihres Weges. Sie wird ausgesprochen vielfältig und in mancher Hinsicht auch anspruchsvoll. Sie werden sich immer öfter aus Ihrer Komfortzone bewegen und Wagnisse eingehen. Nach den ersten beiden Etappen bemerken Sie vielleicht schon, dass Sie immer selbstbewusster und kreativer mit unseren Vorschlägen umgehen. Sie wissen, was für Sie persönlich passt, was Ihnen weiterhilft und wie Sie Ihre Prioritäten setzen wollen. Vielleicht finden Sie bereits eine Stelle.

Die Wegbeschreibung der dritten Etappe

Auf der dritten Etappe kommen Sie immer mehr mit Wissenschaftsmanager*innen ins Gespräch. Sie entdecken, welche Institutionen zu Ihnen und Ihren Werten passen. Je mehr Sie kennenlernen, desto mehr verändert sich auch Ihr Blick auf Ihre gegenwärtige Situation. Ihnen wird immer bewusster, dass sich in Ihrem Umfeld bereits viele Menschen befinden, die im Wissenschaftsmanagement arbeiten und die Sie um Tipps und Hilfestellungen bitten können.

Ziel dieser Etappe ist es, die Themen Bewerbung, Lebensplanung, Netzwerken und Recherche weiter zu verfolgen. Neu kommt hinzu, dass Sie beginnen, die Institution, in der Sie jetzt arbeiten (oder diejenige, wo Sie zuletzt wissenschaftlich gearbeitet haben) in Hinblick auf Ihre berufliche Zukunft zu nutzen.

Die konkreten Ziele sind:

1. Mindestens drei Bewerbungen abgeschickt zu haben.
2. Mindestens fünf Kontakte ins Wissenschaftsmanagement aufgebaut zu haben. Diese Kontakte können an Ihrer jetzigen Institution oder bei einem*einer potenziellen Arbeitgeber*in beschäftigt sein, oder zu einer der Netzwerkorganisationen im Wissenschaftsmanagement gehören.

Um diese Ziele zu erreichen, sollten Sie mindestens ein bis zwei Monate einplanen.

Den Rucksack packen

Auf dieser Etappe können Sie Ihre Ausrüstung perfektionieren: Um Ihr Wissen zu erweitern, erschließen Sie sich zwei neue Quellen zum Wissenschaftsmanagement: Zeitschriften und Blogs. Sie finden heraus, welche Informationsquellen es gibt, wie Sie darauf zugreifen können und ob sie für Sie interessant sind.

Zahlreiche Zeitschriften informieren über das Wissenschaftsmanagement. Zum einen gibt es Fachzeitschriften, in denen sich Praktiker*innen und Forscher*innen übergreifend oder zu einzelnen Tätigkeitsbereichen austauschen, wie zum Beispiel *Wissenschaftsmanagement*, *Hochschulmanagement* oder *Personal in Hochschule und Wissenschaft entwickeln*. Zum anderen sind zwei Zeitschriften auf dem deutschen Markt, die sich an ein breiteres Publikum im Wissenschaftssystem richten, die *Deutsche Universitätszeitung (DUZ)* und die Zeitschrift des Deutschen Hochschulverbands, *Forschung&Lehre*. Einen ersten Überblick können Sie sich im Internet verschaffen, Hinweise auf einschlägige Zeitschriften haben wir im Anhang zusammengestellt. Vor allem bei den beiden letztgenannten Zeitschriften sind viele Artikel online frei verfügbar. Im Archiv können Sie in älteren Ausgaben blättern. Schauen Sie auch, ob Ihre Wissenschaftseinrichtung über einen Online-Zugang für die Zeitschriften verfügt.

Falls Sie Artikel lesen möchten, die nicht online verfügbar sind, können Sie recherchieren, ob Ihre wissenschaftliche Bibliothek die Zeitschrift abonniert hat. Sollten Sie dort nicht fündig werden, machen Sie ein Brainstorming oder eine Online-Recherche, um andere Institutionen zu finden, die vielleicht über diese Zeitschrift verfügen. Dies können Wissenschaftsstiftungen, Bildungseinrichtungen, Ministerien und andere wissenschaftspolitischen Einrichtungen sein. Sie können die Institutionen kontaktieren und fragen, ob Sie dort, vielleicht zu einer vereinbarten Zeit, die Zeitschriften lesen dürfen. Zugegeben, eine solche Anfrage ist ungewöhnlich. Gleichzeitig ist es aber auch eine Gelegenheit, mit einem klaren Anliegen mit interessanten Institutionen in Kontakt zu treten.

Blogs zum Wissenschaftsmanagement bieten Ihnen in Ergänzung zu den Zeitschriften aktuellere Informationen und Meinungen von einzelnen Personen, aus Institutionen und Regionen. Sie finden sie problemlos über Suchmaschinen, die Herausforderung besteht hier in der Auswahl. Spannend ist auf jeden Fall der Blog von Jan-Martin Wiarda, einem ehemaligen Wissenschaftsredakteur der *Zeit*, der sich in den vergangenen Jahren als feste Größe in der wissenschaftspolitischen Landschaft etabliert hat.[33] Übrigens hat Wiarda auf seiner Seite auch seinen eigenen Werdegang ausführlich beschrieben – ein gutes Beispiel, wie Selbstreflexion, Strategie und Zufall zusammenspielen und eine ganz individuelle Karriere formen.

Das Thema Bewerbung haben wir schon auf der vorangegangenen Etappe vorbereitet. Jetzt soll es konkreter werden. Suchen Sie sich Stellenanzeigen aus, die Sie, zumindest in einigen Aspekten, interessant finden. Legen Sie eine kleine Sammlung an. Dabei müssen die Stellen nicht perfekt passen und es dürfen auch Ausschreibungen dabei sein, die Sie zwar interessant finden, für die Sie sich aber noch nicht ausreichend qualifiziert fühlen. Stellenanzeigen können Ihnen nämlich nicht nur dazu dienen, sich auf die entsprechende Stelle zu bewerben. Sie sind außerdem hilfreich für die Reflexion der eigenen Interessen und Fähigkeiten. Zusätzlich geben Ihnen die Anforderungsprofile Hinweise, wo Sie eventuell noch Entwicklungsbedarf haben. Und natürlich dienen sie als Informationsquelle, welche Jobs und Institutionen es gibt. Falls noch nicht auf der vorigen Etappe geschehen, tragen Sie sich in einen Newsletter ein. Manchmal können Sie Filter einstellen, sodass regelmäßig die neuesten Anzeigen in Ihr Postfach flattern, die genau zu Ihrem Suchprofil passen. Diese Möglichkeit besteht beispielsweise bei *academics.de*.

Außerdem sollten Sie Ihre eigene Institution unter die Lupe nehmen: Welche Kolleginnen und Kollegen beschäftigen sich mit Wissenschaftsmanagement? Ein erstes Brainstorming über Ihre Schnittstellen und Ihnen bekannte Personen haben Sie schon auf den ersten beiden Etappen gemacht.

Recherchieren Sie nun thematisch weiter und durchforsten Sie die Webseite Ihrer Universität oder außeruniversitären Institution. Nutzen Sie dabei die Liste von Schlüsselbegriffen, die Sie angelegt haben. Da Forschung und Lehre heute in starkem Maße durch Wissenschaftsmanagement unterstützt werden, werden Sie auf jeden Fall fündig. So eröffnen Sie sich schnell und einfach Zugang zu Kontakten im Wissenschaftsmanagement. Weil Sie an derselben Institution arbeiten, ist die Schwelle für eine Kontaktaufnahme sehr niedrig. Gleichzeitig ist dieses einfache Übungsfeld so reich an unterschiedlichem Wissen und Können, dass es Ihnen große Möglichkeiten zur Weiterentwicklung Ihres Wissensnetzes bietet.

Rucksack: Aktivitäten der dritten Etappe

- ☐ Zeitschriften und Blogs
  - ☐ Online-Recherche: Zeitschriften für das Wissenschaftsmanagement finden
  - ☐ Gibt es eine Online-Version?
  - ☐ Verfügt meine wissenschaftliche Bibliothek über ein Abonnement?
  - ☐ Gibt es eine Institution in der Nähe, die über die Zeitschrift verfügt?
  - ☐ Bei Institution nachfragen, ob ich die Zeitschrift dort lesen darf
  - ☐ Online-Recherche: Blogs für das Wissenschaftsmanagement finden
- ☐ Netzwerke in der eigenen Institution
  - ☐ Brainstorming: Welche*r meiner Kolleg*innen beschäftigen sich mit Wissenschaftsmanagement?

Schritte

Nachdem Sie Zeitschriften, Blogs und Newsletter gefunden haben, gibt es reichlich Material, das Sie regelmäßig lesen können. Wahrscheinlich haben Sie in kurzer Zeit eine solche Menge an Publikationen aufgetrieben, dass Sie nicht alles lesen können. Das ist in Ordnung: Lassen Sie alles weg, was Sie nicht interessiert. Schauen Sie Artikel kurz an und lesen Sie nur weiter, wenn Sie das Thema wirklich packt. Machen Sie sich dabei Notizen, sammeln Sie weiter Schlüsselbegriffe, Personen, die Sie spannend finden, und Institutionen, über die sie gern mehr erfahren möchten. Mit Ihren Mindmaps können Sie diese Sammlung einfach ordnen und gleichzeitig buchstäblich beobachten, wie Ihr Wissensnetz wächst.

Auch Ihr Netzwerk können Sie weiter ausbauen. Zum einen an der eigenen Institution, wo Sie die Personen im Kontakt mit dem Wissenschaftsmanagement jederzeit ansprechen können: persönlich, mit einer kurzen E-Mail oder einem Telefonat. Falls es Ihnen schwerfällt, fremde Menschen anzusprechen, ist Ihre Institution ein ideales Trainingsgebiet, um das zu üben. Sie können mit Menschen beginnen, die Sie bereits kennen und sie um die Vermittlung weiterer Kontakte bitten. Auf diese Weise werden Sie viele positive Erfahrungen machen, und damit wächst Ihr Selbstvertrauen wahrscheinlich automatisch. Je nachdem wie gut Sie die Personen bereits kennen, können Sie mit ihnen einen Kaffee trinken, sich zum Mittagessen verabreden oder sie an ihrem Arbeitsplatz besuchen. Möglicherweise bietet sich sogar die Gelegenheit, an kleineren Projekten mitzuarbeiten.

Zum anderen brauchen Sie sich nicht auf Ihre Institution zu beschränken, sondern können jede Person kontaktieren, die Sie interessant finden, wie Sie es vielleicht schon auf der letzten Etappe begonnen haben. Um Ihr Netzwerk systematisch auszubauen, können Sie Online-Netzwerke wie LinkedIn und Xing nutzen. Oder darüber auf unverbindliche Weise mit Menschen in Kontakt bleiben, mit denen Sie gesprochen haben. Viele Ihrer Kontaktpersonen werden dazu bereit sein. Das kann es für Sie leichter machen, sie wegen weiterer Fragen oder im Vorfeld einer Bewerbung erneut zu kontaktieren. Allerdings sollten Sie diese Netzwerke nicht zum »Sammeln« missbrauchen: Es geht nicht um die Menge Ihrer Kontakte, sondern um die Qualität. Online-Netzwerke sind nicht mehr als ein Hilfsmittel; wenn Ihnen solche sozialen Netzwerke unsympathisch sind, genügt auch ein klassisches Adressbuch.

Obwohl es bei Gesprächen und Kontakten zunächst nur darum gehen sollte, berufsbezogene Informationen zu sammeln, bergen sie dennoch das Potenzial, dass Sie auf eine zu besetzende Stelle aufmerksam gemacht werden, die unter Umständen (noch) gar nicht ausgeschrieben ist. Ein großer Teil offener Stellen wird über Kontakte besetzt, selbst wenn sie in manchen Bereichen aus rechtlichen Gründen dennoch ausgeschrieben werden müssen. Das hat nur selten den Grund, dass hier Seilschaften wirken. Vielmehr ist es für Arbeitgeber*innen wesentlich einfacher, kostengünstiger und vielversprechender, eine Stelle mit jemandem zu besetzten, der ihm*ihr bereits bekannt ist. Auch wenn keine persönliche Bekanntschaft besteht, aber ein*e Mitarbeiter*in für eine*n potenzielle*n Bewerber*in eine Empfehlung aussprechen kann, ist die Wahrscheinlichkeit hoch, dass die Stelle passend und ohne den Aufwand und die Kosten einer Stellenausschreibung besetzt werden kann.

Selbstverständlich sollten Sie sich dennoch nicht allein auf diese Möglichkeit verlassen und zusätzlich den klassischen Weg der Bewerbung auf eine Ausschreibung verfolgen. Auch hier geht Qualität vor Quantität. Es ist sinnlos, dutzende unspezifische Bewerbungen im Copy-Paste-Verfahren in die Welt zu schicken. Wählen Sie bewusst aus und stecken Sie Arbeit in jede Bewerbung. Das ist nicht nur wichtig, um überhaupt eine realistische Chance auf den Job zu haben. Auch wenn die Bewerbung nicht erfolgreich ist, lernen Sie mit jedem Anschreiben dazu und können immer besser auf den Punkt bringen, wer Sie sind, was Sie können und wollen und wie die Institution, bei der Sie sich bewerben, von Ihren Fähigkeiten profitieren kann.

Arbeiten Sie eine Stellenausschreibung zunächst gründlich durch, indem Sie Schlüsselbegriffe anstreichen. Warum genau interessiert Sie diese Ausschreibung? Welche Begriffe haben Ihr Interesse geweckt? Untersuchen Sie die geforderten Qualifikationen: Was können Sie wirklich und woran machen Sie fest, dass Sie diese Fähigkeit haben? Dabei handelt es oftmals nicht um Zertifikate oder Zeugnisse. Vielleicht haben Sie nie einen offiziellen Sprachtest absolviert, aber auf Englisch publiziert. Sie haben wahrscheinlich keine Ausbildung zum*zur Projektmanager*in, jedoch eine Konferenz oder ein Symposium organisiert. Auch Ihre privaten oder ehrenamtlichen Tätigkeiten können Ihre Fähigkeiten belegen.

Auf dieser Basis erarbeiten Sie einen ersten Entwurf Ihres Anschreibens. Beziehen Sie sich dabei spezifisch auf die Institution, bei der Sie sich bewerben wollen. Überarbeiten Sie Ihr Anschreiben, kürzen Sie es, wo immer möglich. Stehen die wirklich wichtigen Informationen am Anfang? Enthält es noch Floskeln oder ist Ihre Individualität erkennbar? Macht das Schreiben neugierig? Passen Sie auch Ihren Lebenslauf der Bewerbung an und wählen Sie die Dokumente aus, die Sie beilegen wollen. Welche Zertifikate sind für diese Stelle wirklich relevant? Weitere Hinweise zu diesem Thema finden Sie in Kapitel 3.

Klingt nach viel Arbeit? Ist es auch. Bedenken Sie aber: Ihre Konkurrent-

*innen um die Stelle machen sich diese Arbeit in der Mehrzahl nicht. Sie erhöhen Ihre Chancen deutlich, wenn Sie eine spezifische Bewerbung schreiben. Um die Zeit dafür zu haben, müssen Sie auswählen. Sie werden weniger Bewerbungen schaffen als andere. Aber Sie suchen auch nur eine einzige Stelle.

Schritte: Aktivitäten der dritten Etappe

- □ Zeitschriften, Newsletter, Blogs regelmäßig lesen
  - □ Notizen zu Schlüsselbegriffen, Personen und Institutionen
- □ Treffen und Gespräche mit Kolleg*innen mit Bezug zum Wissenschaftsmanagement vereinbaren
  - □ Gespräche vorbereiten: Worüber will ich mit dieser Person sprechen?
- □ Weitere Personen kontaktieren, um mein Netzwerk zu erweitern
  - □ Vernetzung auf Xing/LinkedIn oder Adressbuch führen
- □ Stellenanzeigen auswerten
  - □ Schlüsselbegriffe herausarbeiten
  - □ Was spricht mich an? Warum?
  - □ Über welche der geforderten Fähigkeiten verfüge ich?
- □ Entwurf Anschreiben
  - □ Struktur skizzieren
  - □ Ausformulieren
  - □ Überarbeiten
- □ Lebenslauf auf individuelle Bewerbung anpassen

Der Kompass

Egal welche Route Sie auf dieser Etappe verfolgen, es lohnt sich, immer wieder inne zu halten und zu reflektieren, wo Sie sich gerade befinden und wie sich der Weg für Sie anfühlt.

Wenn Sie einen Artikel zum Wissenschaftsmanagement gelesen haben, sollten Sie darüber nachdenken, was Ihnen daran gefallen hat: Welche Inhalte und Person finde ich interessant und warum? Welche Beziehung hat das Gelesene zu meinen Wünschen und Zielen, über die ich mir schon klar bin?

Zeigt sich vielleicht ein Interesse, das mir bisher noch nicht bewusst war? Machen Sie sich Notizen!

Ebenso sollten Sie die Gespräche auswerten, die Sie mit neuen Kontakten aus dem Wissenschaftsmanagement geführt haben. Was war daran spannend? Wie hat mein*e Gesprächspartner*in auf mich gewirkt? Ist er*sie begeistert, von dem was er*sie tut? Was habe ich von der Tätigkeit verstanden, welche neuen Fragen hat das Gespräch aufgeworfen? Möchte ich diesen Fragen nachgehen? Welche Ideen sind mir durch das Gespräch gekommen? Ordnen Sie die neuen Informationen Ihren Notizen und Mindmaps zu. Welche Institutionen, Personen oder Netzwerke haben Sie kennengelernt?

Falls Sie Kontakte außerhalb Ihrer Institution aufgenommen haben, fragen Sie sich, was Sie über die Institution gelernt haben. Möchte ich dort arbeiten? Was hat dort hohe Priorität, welche Fähigkeiten werden gebraucht und was konnte ich über die Kultur in dieser Institution lernen? Solche Fragen können Sie sich übrigens auch stellen, wenn Sie eine Ablehnung oder gar keine Antwort auf Ihre Anfrage erhalten haben. Was sagt das über die Institution aus? Passt diese Reaktion zur Selbstdarstellung auf der Homepage?

Auch auf Ihre Arbeit an Bewerbungen können Sie reflektierend zurückblicken. Welches Anschreiben ist mir leichtgefallen? Hat mich die Stellenanzeige ein bisschen interessiert oder richtig begeistert? Warum? Was macht den Unterschied aus? Die Antworten auf diese Fragen sind nicht nur für Sie interessant, sondern auch für Ihre*n zukünftige*n Arbeitgeber*in. Je genauer Sie beschreiben können, wofür Sie sich begeistern können und warum das so ist, desto besser können Ihnen Aufgaben übertragen werden, für die Sie motiviert sind.

Es gibt natürlich auch Arbeitgeber*innen, die das noch nicht als ihr Eigeninteresse entdeckt haben. Und bei einer Bewerbung stellen nicht nur Sie sich dem*der Arbeitgeber*in vor, sondern der*die Arbeitgeber*in hinterlässt auch bei Ihnen einen Eindruck. Dieser Eindruck wird für Sie umso mehr Informationen enthalten, je genauer Sie wissen, wonach Sie Ausschau halten. Wollen Sie eine Arbeit, die Sie begeistert? Dann müssen Sie wissen, was Sie begeistert. Nur so können Sie dazu passende Arbeitgeber*innen finden. Das heißt nicht, dass Sie sich gleich beim Jobeinstieg selbst verwirklichen können oder müssen. Doch es macht einen Unterschied, welches Potenzial ein Job in Hinsicht auf Ihre Interessen bietet und wieviel Unterstützung Sie in Ihrer Entwicklung von Ihrem*Ihrer Arbeitgeber*in bekommen.

Und schließlich: Vernachlässigen Sie auch auf dieser Etappe nicht Ihre persönliche Lebensplanung. Mit jedem Schritt sammeln Sie formale Informationen, aber auch Einsichten über Ihre emotionale und rationale Wahrnehmung dessen, was Sie gerade erkunden. Was bedeuten diese neuen Informationen für Ihre bisherigen Reflexionen? Was haben Sie darüber hinaus von sich entdeckt? Was bedeutet das für Ihre Pläne und Ihr weiteres Vorgehen?

Gönnen Sie sich in diesem Prozess regelmäßig Pausen und seien Sie nachsichtig mit sich. Es ist vollkommen normal, einen Durchhänger zu haben, zwischendurch frustriert zu sein oder Zweifel zu haben. In solchen Fällen helfen meist ein paar Tage Ruhe, ein Szenenwechsel oder aufmunternde Worte von Ihren Mitstreiter*innen. Danach sieht alles schon wieder ganz anders aus.

Kompass: Aktivitäten der dritten Etappe

- ◻ Artikel in Zeitschriften, Newslettern und Blogs auswerten
  - ◻ Was und wer interessiert mich? Warum?
  - ◻ Was und wer interessiert mich nicht? Warum?
  - ◻ In welchem Verhältnis stehen diese Informationen zu meinen Wünschen und Zielen?
- ◻ Gespräche auswerten
  - ◻ Was war für mich spannend?
  - ◻ Welche Informationen habe ich erhalten?
  - ◻ Was habe ich bei dem Gespräch über mich gelernt?
  - ◻ Welche Kontaktmöglichkeiten haben sich aus dem Gespräch ergeben?
  - ◻ Auf welche neuen Ideen hat mich das Gespräch gebracht?
  - ◻ Was habe ich über die Institution gelernt?
- ◻ Arbeit an Bewerbungen reflektieren
  - ◻ Welche Anschreiben sind mir leichtgefallen?
  - ◻ Was hat mich begeistert?
- ◻ Weitere Reflexion zur Lebensplanung
  - ◻ Welche Ziele, Wünsche und Pläne möchte ich revidieren?
  - ◻ Was habe ich über mich gelernt?
- ◻ Pause machen

Abkürzungen

Zu Bewerbungen gibt es vielfältige Hilfestellungen. Die Möglichkeiten an der Universität haben wir bereits auf der letzten Etappe erkundet. Darüber hinaus können Sie Freunde und Bekannte oder sogar Ihre neuen Kontakte um ein Feedback zu Ihren Bewerbungsanschreiben bitten. Diese Unterstützung kann für Sie sehr wertvoll sein, aber achten Sie darauf, niemanden über Gebühr zu beanspruchen. Mit einem*einer Coach oder im Rahmen eines Bewerbungstrainings können Sie die Situation eines Vorstellungsgesprächs üben. Das kann sehr hilfreich sein, um sich optimal mit Ressourcen für eine solche Situation zu versorgen und um vorhersehbare Fragen und Statements zu trainieren. Ganz allgemein ist es hilfreich, sich im Vorfeld gedanklich in eine derart aufregende Situation hineinzuversetzen, um dann bei dem tatsächlichen Termin einen kühlen Kopf zu bewahren. Dann ist alles nicht mehr so neu, und in der »Trockenübung« haben Sie die Herausforderung schon einmal bewältigt.

Nahezu jede Stellenanzeige nennt eine*n Ansprechpartner*in. Die Möglichkeit, mit einer solchen Person zu sprechen, sollten Sie auf jeden Fall im Vorfeld einer Bewerbung nutzen. Die Nennung einer Ansprechperson ist nicht nur eine Formalität, sondern tatsächlich als Einladung zu verstehen, denn es ergibt auch für den*die Arbeitgeber*in Sinn. In einem kurzen telefonischen Vorgespräch lassen sich informell wichtige Fragen und Erwartungen klären. Beide Seiten haben Gelegenheit, einen ersten Eindruck voneinander zu gewinnen. Für den*die Arbeitgeber*in ist es tatsächlich eine wichtige Information, wer genug Interesse an der Stelle hat, um sich zu einem Telefonat zu überwinden. Das liegt nämlich auch für eine große Zahl Ihrer Mitbewerber*innen außerhalb der Komfortzone, sodass sie sich gern darum drücken.

Sie brauchen keine Angst zu haben, den oder die Ansprechpartner*in zu nerven; vorausgesetzt, Sie bereiten sich etwas auf das Gespräch vor. Wenn Sie eine Bewerbung in der Weise vorbereiten, wie wir es hier vorschlagen, werden sich ganz automatisch Fragen ergeben, die aus der Ausschreibung nicht zu beantworten sind. Die wichtigsten und interessantesten dieser Fragen sind die Vorbereitung für Ihr Gespräch mit einem*einer Ansprechpartner*in. Nervig sind nur diejenigen Anrufer*innen, die Fragen stellen, die man aus der Lektüre der Anzeige oder nach einem oberflächlichen Blick auf die Webseite leicht beantworten kann. Ein spannendes Gespräch mit einem*einer gut vorbereiteten Bewerber*in ist immer willkommen.

Ein solches Gespräch bietet auch die Gelegenheit, eine Priorisierung der geforderten Kompetenzen zu erfragen. Was ist wirklich wichtig, was ist *nice-to-have*? Viele Stellenausschreibungen sind lange Wunschlisten, die eine*n ideale*n Bewerber*in beschreiben. Am Telefon kann Ihr*e Ansprechpartner*in Ihnen eine Einschätzung geben, ob Sie sich mit Ihrem Profil bewerben sollten. Eine solche Einschätzung ist immer unverbindlich, das heißt, wenn Sie wollen, können Sie sich auch bei einer negativen Einschätzung bewerben. Sie haben in diesem Fall aber die Möglichkeit, Ihre Kompetenzen in der passenden Priorisierung darzustellen. Sollten Sie tatsächlich (noch) nicht ausreichend qualifiziert sein, können Sie die Frage stellen, wie und wo Sie diese Qualifikationen effizient erwerben könnten. Schließlich wird das nicht die letzte Ausschreibung bei dieser Institution sein.

Und sollte keine Ansprechperson genannt sein: Erkundigen Sie sich bei der Institution, wem Sie Fragen stellen können. Eine info@-Adresse finden Sie immer. Sollten Sie keine Antwort bekommen, ist auch das eine Information.

Abkürzungen: Aktivitäten der dritten Etappe

- □ Coach oder Bewerbungstraining suchen
- □ Feedback zu meinem Anschreiben einholen
  - □ Von Freunden, Bekannten oder neuen Kontakten
- □ Kontaktperson zur Ausschreibung anrufen
  - □ Gespräch gut vorbereiten
  - □ Meine drei wichtigsten Fragen notieren

Hannas dritte Etappe

Hanna, Julia und Lars sitzen in einer Bar. Es ist bereits ihr viertes Treffen und alle drei haben einiges zu erzählen. Am spannendsten ist der Bericht von Lars. Er konnte bei der WisBI[34], einer Institution zur wissenschaftlichen Zusammenarbeit in der Europäischen Union, ein Shadowing machen, das heißt, er durfte einer der Referent*innen einen Tag lang über die Schulter schauen. Dabei konnte er natürlich auch einige ihrer Kolleg*innen kennengelernt und sich in der Geschäftsstelle umschauen. Der Kontakt war auf einer Veranstaltung an der Uni zustande gekommen. Die WisBI hatte dort einen Infostand, Lars stellte ein paar Fragen zur Arbeit der Koordinationsstelle und zur EU-Förderung, es entwickelte sich ein interessantes Gespräch und Lars fragte schließlich spontan, ob eine Mini-Hospitation bei der WisBI möglich wäre. Die Referentin versprach, das abzuklären, und wenige Tage später folgte der Anruf mit einigen Terminvorschlägen.

»Schon mit den Leuten direkt sprechen zu können, in ihrem Arbeitsalltag, war ganz anders als am Telefon. Ich glaube, es hat ihnen sogar ein bisschen Spaß gemacht. Auf jeden Fall war die Atmosphäre echt locker und alle haben gesagt, ich könnte sie bei Fragen gern jederzeit wieder anrufen«, erzählt Lars. »Ich finde diese Kooperationsaufgaben total spannend. Ich merke, dass mich vor allem der internationale Aspekt reizt. In einem Newsletter habe ich gelesen, dass es spezielle Info- und Förderangebote für deutsche Wissenschaftlerinnen und Wissenschaftler gibt, die jetzt in den USA sind und nach Deutschland zurückgelockt werden sollen.«

Hanna hört neugierig zu. Sie hat sich in letzter Zeit vor allem mit Stellenausschreibungen beschäftigt. Vielversprechende neue Kontakte sind bei ihr leider nicht zustande gekommen. Zwar hat sie einige Leute angeschrieben, aber keine Antwort erhalten. Daher hat sie ihr Anschreiben für eine Stelle mitgebracht, die ihr sehr gut gefällt. Ein Job als Projektmanager*in in einer Abteilung zur Forschungsförderung an der Uni Köln. Das Thema Forschungsförderung taucht bei ihr in sämtlichen Reflexionen immer wieder auf und Köln gefällt ihr gut.

»Was ist denn das für eine Stelle?«, will Julia wissen. Hanna liest den Text aus der Anzeige vor. »Scheint ein richtiges Team zu sein, und sie suchen jemanden für den Bereich Biologie. Was hier unter ›Ihre Aufgaben‹ steht, sind genau die Sachen, die ich auch schon in anderen Ausschreibungen spannend fand. Aber hier sind wirklich alle Sachen interessant.« – »Und was ist mit den Qualifikationen? Kannst du dich bewerben?«, fragt Lars. »Die wollen Erfahrung in SAP. Die habe ich nicht, aber sonst passt die Stelle super.« – »Und was meinst Du, wie wichtig ist SAP?«, hakt Julia nach. »Ich habe mit der Frau telefoniert, die sie hier unten in der Anzeige nennen. Die meinte, ich soll es trotzdem versuchen, das wäre kein Ausschlusskriterium. Sie war nett, aber zu meinen Fragen zum Team hat sie mir nicht viel sagen können. Scheint eher eine zentrale Ansprechpartnerin für verschiedene Bereiche gewesen zu sein.« – »Warum hast du sie nicht nach einer weiteren Person gefragt, mit der du sprechen könntest?« – »Ich hab mich ehrlich gesagt nicht getraut. Wenn die schon jemanden nennen, dann wollen die doch sicher nicht, dass man die ganze Uni durchtelefoniert.« – »Ich hätte es riskiert«, meinte Julia. »Lies mal dein Anschreiben vor.«

Hanna ist genervt. Klar, im Nachhinein ist man immer schlauer … und mutiger, wenn man nicht wirklich fragen muss. Trotzdem liest sie ihren Entwurf vor. »Also, ich würde weglassen, dass du Köln so toll findest. Die interessiert doch erstmal, was du an dem Job gut findest.« Lars' Anmerkung trägt nicht dazu bei, Hannas Stimmung zu heben. Aber er hat Recht. »Also ich finde es super«, kommentiert Julia. »Vor allem die Stelle, wo du deine Serviceorientierung anhand deiner ehrenamtlichen Tätigkeit untermauerst. Das ist irgendwie unerwartet, aber nicht unprofessionell. Also ich würde dich zu einem Gespräch einladen!« Nun ist Hanna wieder versöhnt.

Julia berichtet von ihrem Mittagessen mit einem Kollegen aus dem Institut. Er ist Postdoc und baut gerade seine Nachwuchsgruppe auf. Der Clou war, dass er eine Kollegin aus der Personalentwicklung mitgebracht hatte, die ihm beim Aufbau seiner Gruppe hilft. Bei diesem Mittagessen hat Julia spannende Einblicke gewonnen. Außerdem hat sie von einer ganzen Reihe von Einrichtungen und Abteilungen erfahren, von denen sie zuvor noch nie gehört hatte.

2.5 Die vierte Etappe: Einstieg ins Wissenschaftsmanagement

Auf der vierten Etappe erreichen Sie Ihr großes Ziel: Ihren ersten Job im Wissenschaftsmanagement.

Die Wegbeschreibung der vierten Etappe

Auf dieser Etappe bewegen Sie sich weiter zwischen den Themen Bewerbung, Netzwerken und dem Kennenlernen neuer Institutionen. Wenn Sie Lust haben und ehrgeizig sind, können Sie sich zudem mit dem Thema Mentoring beschäftigen.

Das wichtigste Ziel dieses Wegabschnitts ist ein erstes Jobangebot, das zu Ihnen passt und das Sie annehmen möchten: Ihr Einstieg ins Wissenschaftsmanagement. Als Nebenziel werden Sie Ihr Netzwerk systematisch ausbauen und Sie mindestens drei Institutionen genauer kennenlernen. Als »Bonusziel« können Sie eine*n Mentor*in suchen, der*die Sie auf Ihrem weiteren Weg berät und begleitet.

Für diese Etappe sollten Sie, bei regelmäßigem Einsatz, ein bis zwei Monate einrechnen.

Den Rucksack packen

Bevor Sie tatsächlich ins Wissenschaftsmanagement einsteigen, empfehlen wir Ihnen einige grundsätzliche und langfristigere Reflexionen. Sie haben bisher so viel über das Wissenschaftsmanagement gelernt, dass Sie über den Jobeinstieg hinausblicken und sich eine Vorstellung von Ihrem zukünftigen Leben als Wissenschaftsmanager*in machen können. Fragen Sie sich bei jeder Bewerbung, die Sie in Betracht ziehen: Wie sähe mein Leben aus, wenn ich diese Stelle bekommen würde? Ist die Stelle für mich ein Sprungbrett oder eine langfristige Perspektive? Passt die Arbeit zu meinen sonstigen Zielen im Leben? Wo könnte es vielleicht schwierig werden? Notieren Sie sich auch unbedingt die Fragen, die Sie nicht beantworten können. Vielleicht ergibt sich eine Gelegenheit, mit neuen Kontakten über diese Themen zu sprechen und mehr Klarheit zu gewinnen.

Und auch falls das schwerfallen sollte: Denken Sie über Ihre langfristigen Ziele nach. Was möchten Sie in Ihrer Karriere erreichen, was in Ihrem Privatleben? Es geht dabei nicht darum, sich für die nächsten fünfzig Jahre festzulegen und einen starren Plan auszuarbeiten. Ein Leben wird nicht am Reißbrett geplant. Sie können die Ziele selbstverständlich jederzeit revidieren oder verändern und sollten dies in regelmäßigen Abständen auch tun. Zum gegenwärtigen Zeitpunkt genügt es, mit einigen Stichworten und Notizen zu beginnen: Was ist aus jetziger Sicht für Sie wichtig? Worauf haben Sie Lust? Wie bei einer Wanderung legen Sie für den Augenblick einen Kurs fest, den Sie verfolgen. Wenn sich etwas verändert, ändern Sie den Kurs. Ohne Ziel laufen Sie Gefahr, sich alle Wege offen halten zu wollen. Letztlich können Sie jedoch zum Beispiel immer nur einen von vielen möglichen Jobs machen. Treffen Sie also eine Entscheidung. Das ist vielleicht nicht einfach, aber unerlässlich, um weiterzukommen. Wenn Sie Ihr Ziel nicht bestimmen, wird es jemand anderes für Sie tun und Sie verlieren Gestaltungsspielraum für Ihr Leben.

Als weitere Vorbereitung auf diese Etappe können Sie entscheiden, mit welchen Institutionen Sie sich intensiver befassen möchten. Hier sollte im Mittelpunkt stehen, eine Institution wirklich in der Tiefe zu erkunden und ihre Logik zu verstehen. Damit gehen wir über die Informationssammlung zu Institutionen auf Etappe 2 hinaus, denn jetzt bereiten Sie die Entscheidung vor, wo Sie in den nächsten Jahren arbeiten wollen. Wählen Sie zunächst nicht mehr als drei Institutionen aus. Keine Angst: Falls Sie sich später mit weiteren Institutionen beschäftigen möchten, wird es Ihnen helfen, wenn Sie sich zunächst mit einigen wenigen Einrichtungen gründlich auseinandergesetzt haben. Sie bauen dadurch Ihr Wissensnetz aus, das dann auch allgemeine Informationen über den Aufbau von Institutionen und ihre inhärente Logik enthält. Sie werden dann weitere Institutionen damit vergleichen können und auf diese Weise viel schneller deren Besonderheiten begreifen und erinnern können.

Rucksack: Aktivitäten der vierten Etappe

- ☐ Bewerbungen reflektieren
  - ☐ Wie sähe mein Leben bei erfolgreicher Bewerbung aus?
  - ☐ Wo würde ich leben?
  - ☐ Wie würde ich leben?
  - ☐ Passt das zu meinen weiteren Zielen?
  - ☐ Ist die Stelle ein Sprungbrett oder eine langfristige Perspektive?
- ☐ Was ist (derzeit) mein langfristiges Ziel für meine Karriere/mein Privatleben?
- ☐ Entscheidung: Welche ein bis drei Institutionen möchte ich genauer kennenlernen?

Schritte

In Bezug auf die Themen Bewerbung und Netzwerken machen Sie auf dieser Etappe mit den Aktivitäten weiter, die Sie von der dritten Etappe bereits kennen. Wählen Sie bewusst aus, auf welche Ausschreibungen Sie sich bewerben und mit wem Sie Kontakt aufnehmen wollen. Sie sollten hier immer gezielter vorgehen und großen Wert auf eine (kurze) Auswertung Ihrer Erfahrungen legen. Betrachten Sie jede Aktivität auch als Möglichkeit, zu lernen und sich über Ihre Ziele klar zu werden.

Gehen Sie mit Neugier an die genauere Auseinandersetzung heran. Betrachten Sie die Recherche weniger als Lernaufgabe denn als spielerische Ermittlung. Was interessiert Sie an der Institution wirklich? Entwickeln Sie möglichst offene Fragen, die Sie nicht mit »ja« oder »nein« oder einer Zahl beantworten können. Welche Geschichten hat die Institution zu erzählen? Welche Menschen arbeiten dort und was tun sie? Welchen Job hätten Sie auch gern? Wie ist die Institution aufgebaut und wie finanziert sie sich? Funktioniert sie in enger Abhängigkeit von anderen Institutionen oder ist sie relativ autark? Wer sind die »Kund*innen« dieser Institution und wie ist sie vernetzt? Welche Vision verfolgt sie, welchen Werten dient sie? Ist das auf der Webseite klar formuliert oder bleiben Fragen offen?

Hier ist auch die Schnittstelle zum Thema Vernetzen. Aus Ihrer fokussierten Auseinandersetzung mit der Institution entwickeln Sie Fragen, die als »Opener« und roter Faden eines spannenden Gesprächs dienen können. Was passiert, wenn Sie Mitarbeiter*innen der Institution mit Ihren Fragen kontaktieren? Zeigen sie sich interessiert, können (und wollen) sie die Fragen klar beantworten? Sie erfahren viel Interessantes über eine Institution, selbst wenn Sie keine Antwort auf die gestellten Fragen bekommen: Wie selbstreflektiert, transparent und kontaktfreudig ist diese Institution? Entspricht das Ihren Erwartungen? Passt das zu Ihnen?

Schritte: Aktivitäten der vierten Etappe

- ☐ Weiter bewerben! (siehe Etappe 3)
- ☐ Vernetzen! (siehe Etappe 3)
- ☐ Institutionen erkunden
- ☐ Offene Fragen entwickeln:
  - ☐ Wer arbeitet da, wer führt?
  - ☐ Was wird gemacht, würde ich das auch machen wollen?
  - ☐ Wie ist die Institution organisiert und finanziert?
  - ☐ Was sind Vision, Ziel und Werte der Institution?
  - ☐ Wer sind die »Kund*innen«?
  - ☐ Wie reagieren die Mitarbeiter*innen auf Fragen von außen?

Der Kompass

Vielleicht ist Ihnen auf den vergangenen Etappen bereits bewusst geworden, wie wertvoll eine regelmäßige Reflexion ist. Sie können so fokussierter agieren und Ihre Zeit und Energie auf Aktivitäten konzentrieren, die Sie wirklich voranbringen. Beobachten Sie die Entwicklung Ihrer Reflexionen. Je besser die Fragen, die Sie sich stellen, desto hilfreicher die Erkenntnisse. Woran erkennen Sie eine gute Frage? Auch auf dieser Etappe machen wir Ihnen einige Vorschläge, mit welchen Fragen Sie sich beschäftigen können. Fühlen Sie sich jedoch frei, von unseren Vorschlägen abzuweichen und sich mit denjenigen Fragen zu beschäftigen, die für Sie wirklich spannend und interessant sind.

Wenn Sie unseren Vorschlägen gefolgt sind, haben Sie auf den vergangenen Etappen verschiedene Kontakte ins Wissenschaftsmanagement geknüpft. Idealerweise haben Sie sich dazu in Ihrem Arbeitsbuch Notizen gemacht. Beginnen Sie nun, Ihre Kontakte zu ordnen. Mit wem hatten Sie wirklich gute Gespräche, haben Sie über spannende Themen gesprochen? Möchten Sie diesen Kontakt aktiv pflegen, also von Zeit zu Zeit von sich hören lassen, vielleicht sogar gemeinsame Projekte vorschlagen? Beachten Sie, dass Sie einen so intensiven Kontakt immer nur mit einer Handvoll Menschen pflegen können. Beginnen Sie also auszuwählen.

Sie werden feststellen, dass andere Menschen das in Bezug auf den Kontakt mit Ihnen genauso tun, was manchmal durchaus berechnend wirken kann. Nehmen Sie sich daher ruhig ein wenig Zeit, um darüber nachzudenken, wie Sie mit Kontakten umgehen möchten. Es ist vollkommen in Ordnung, jemanden ohne Gegenleistung um Hilfe oder Informationen zu bitten. Nur sollten Sie es damit nicht übertreiben. Die beste Orientierung ist, wie viel Sie selbst mit gutem Gefühl bereit sind, ohne Gegenleistung für andere zu geben. Sie werden feststellen, dass es Spaß machen kann, etwas für andere zu tun. Wenn Sie das Gleichgewicht von Geben und Nehmen im Auge behalten, werden aus Kontakten möglicherweise mit der Zeit Kooperationspartner*innen und ein lebendiges Netzwerk entsteht. Dann werden Sie nicht mehr darüber nachdenken müssen, mit wem Sie den Kontakt aktiv halten und vertiefen wollen, das ergibt sich dann ganz automatisch. Auch nach Ihrem Einstieg ins Wissenschaftsmanagement wird Ihnen dieses Netzwerk wertvolle Kontakte bieten. Jetzt, zu Beginn, kann ein bisschen Planung und Reflexion aber nützlich sein, damit Sie sich nicht verzetteln.

In Bezug auf die Institutionen, die Sie kennenlernen, sind eine bewusste Reflexion und ein Auswählen ebenfalls sehr hilfreich. Versuchen Sie dazu vor allem, die Ziele und Werte einer Institution auf den Punkt zu bringen. Wenn eine Einrichtung auf Ihrer Webseite Ziele und Werte klar benannt hat, versuchen Sie herauszubekommen, ob diese Ziele und Werte auch wirklich gelebt werden. Manchmal weicht die Selbstdarstellung von der Realität ab. Wie schon erwähnt, erfahren Sie sogar dann viel über eine Institution, wenn Sie mit ihr nicht in Kontakt kommen können.

Wenn Sie in Ihrem Beruf mehr als die Notwendigkeit sehen, den Lebensunterhalt zu verdienen, möchten Sie mit Ihrem Einsatz und Ihrer Arbeit sicher einer bestimmten Sache dienen. In einer Institution zu arbeiten, bedeutet in diesem Kontext, sich einer Gruppe von Menschen anzuschließen, die für dieselben Ziele und Werte eintreten. In Ihrer Reflexion sollten Sie daher die Zielsetzungen der Institution mit Ihren persönlichen Zielen, Werten und Interessen vergleichen.

Möglicherweise stellen Sie fest, dass Ihnen diese Überlegungen zu idealistisch vorkommen und sich Ihre Ziele eher auf Ihren eigenen Nutzen beziehen. In diesem Fall ist das Wissenschaftsmanagement vielleicht nicht der richtige Bereich für Sie. Wie wir bereits dargestellt haben, ist eine gewisse Serviceorientierung eine wichtige Fähigkeit für eine*n Wissenschaftsmanager*in. Ohne das Gefühl, an einem gemeinsamen höheren Ziel zu arbeiten, werden Sie vermutlich wenig Spaß an dieser Arbeit haben. Vielleicht wird es sich dann für Sie so anfühlen, als müssten Sie hinter den Wissenschaftler*innen zurückstehen.

Die Kongruenz Ihrer eigenen Ziele und Werte mit denen der Institution ist auch deshalb wichtig, weil Ihr*e Arbeitgeber*in möglicherweise zu Beginn Ihrer Karriere wenig Interesse an Ihren persönlichen Zielen zeigt. Mit der Zeit kann sich das in Richtung eines Gebens und Nehmens entwickeln: Eine Institution, bei der Sie seit einigen Jahren engagiert arbeiten, wird Ihre persönliche Entwicklung mit Weiterbildungsangeboten und andere Privilegien unterstützen. Sollten Sie bis in die Chefetage aufsteigen, bieten sich zusätzliche Möglichkeiten, Ihre persönlichen Ziele mit jenen der Institution zu verbinden: In dieser Position gestalten Sie die Ziele der Institution mit. Umso wichtiger ist es dann, dass Ihre persönlichen Ziele einem höheren Zweck dienen, damit Sie Institution und Mitarbeiter*innen nicht missbrauchen.

Daher: Notieren Sie zu jeder Institution, mit der Sie sich intensiver beschäftigen, wie gut Sie zu dieser Einrichtung passen würden. Wären Sie dort am richtigen Platz? Falls ja, stehen die Chancen gut, dass Sie dort einen Job bekommen und auch langfristig gute und erfolgreiche Arbeit leisten.

Schließlich noch ein wichtiger Tipp zum Thema Bewerbungen, der vielleicht selbstverständlich ist, aber nach unserer Erfahrung viel zu oft vernachlässigt wird: Bitten Sie bei nicht erfolgreichen Bewerbungen um Feedback! Dazu können Sie sich an die Kontaktperson wenden, mit der Sie bereits zur Vorbereitung der Bewerbung gesprochen haben. Vielleicht erinnert sie sich noch an Sie. Schreiben Sie zunächst eine E-Mail, in der Sie um ein Gespräch bitten, damit Ihr Gegenüber sich vorbereiten kann. So bekommen Sie mehr Informationen als bei einem spontanen Anruf. Es ist völlig legitim, um ein Feedback-Gespräch zu bitten. Verzichten Sie allerdings darauf, nach einer Antwort erneut nachzuhaken. Wenn man Ihnen nur ausweichend und wenig detailliert Rückmeldung gibt, liegt das wahrscheinlich daran, dass Sie nicht annähernd in die engere Wahl gekommen sind. Irgendetwas hat also überhaupt nicht gepasst und das sollten Sie akzeptieren.

Sofern Sie ein aussagekräftiges Feedback bekommen, können Sie daraus drei wertvolle Informationen gewinnen:

1. Sie erhalten Hinweise, wie Ihre Bewerbungsunterlagen oder Sie persönlich in einem Gespräch wahrgenommen werden und woran Sie noch arbeiten können.
2. Sie finden heraus, was Ihnen an Können oder Wissen für Ihre Traumstelle fehlt. Vielleicht bekommen Sie Hinweise, wie Sie sich diese Qualifikationen aneignen könnten. Außerdem können Sie abschätzen, ob eine erneute Bewerbung auf eine zukünftige Ausschreibung der Institution Sinn ergeben würde.
3. Sie gewinnen Klarheit über Ihre Stärken. Wenn Sie nicht nach Feedback fragen, werden Sie Vermutungen zu den Gründen anstellen, warum es nicht geklappt hat. Damit können Sie aber vollkommen falsch liegen. Es ist gut möglich, dass Sie ohne Feedback-Gespräch ausgerechnet diejenigen Dinge für Ablehnungsgründe halten, die eigentlich als Ihre Stärken angesehen wurden.

Kompass: Aktivitäten der vierten Etappe

- ☐ Kontakte ordnen und priorisieren
  - ☐ Mit wem möchte ich weiterhin Austausch pflegen?
  - ☐ Mit wem kann ich mir gemeinsame Projekte vorstellen?
- ☐ Vertiefte Reflexion zu Institutionen
  - ☐ Welche Ziele, Werte und Interessen verfolgt die Institution?
  - ☐ Passt das zu meinen Zielen, Werten und Interessen?
- ☐ Feedback zu Ablehnungen bei Bewerbungen erfragen
  - ☐ Welche Qualifikationen fehlen mir (noch)?
  - ☐ Wie kann ich diese Qualifikationen erwerben?
  - ☐ Ist eine nochmalige Bewerbung aussichtsreich?

Abkürzungen

Wenn Sie sehr ambitioniert sind und eine höhere Leitungsposition im Wissenschaftsmanagement anstreben, sollten Sie sich eine*n Mentor*in suchen. Das gilt nicht nur für das Wissenschaftsmanagement, aber es gilt hier nicht weniger als in der Wissenschaft oder anderen Bereichen. Ein*e Mentor*in kann Ihnen einen Einblick in die Arbeitszusammenhänge in einem Berufsfeld oder einer Institution geben, Entscheidungsstrukturen erklären und Karrierewege aufzeigen. In erster Linie ist er*sie eine Informationsquelle, genauso wichtig können aber auch seine*ihre Ratschläge sein. Mentoring hat also einen grundsätzlich anderen Ansatz als Coaching. Wenn Sie über ein Mentoring nachdenken, sollten Sie sicher sein, dass dies zum jetzigen Zeitpunkt das richtige Mittel ist. Oder wäre zunächst ein Coaching sinnvoll, um Klarheit in persönlichen Fragen zu gewinnen?

Eine*n Mentor*in zu finden ist leichter, als Sie denken. Es funktioniert im Prinzip ähnlich, wie das Networking oder die Ansprache von Personen in der eigenen Institution. Jemanden für ein Mentoring zu gewinnen erfordert allerdings deutlich mehr Vorbereitung, vor allem im Bereich der (Selbst-)Reflexion. Wir haben in unserer eigenen Karriere zwei Erfahrungen gemacht: Die richtig guten Leute in einem Wissensgebiet sind in der Regel gern bereit, etwas zurückzugeben und engagierte junge Menschen zu unterstützen. Schließlich haben sie selbst in früheren Phasen Unterstützung erfahren, sonst wären sie nicht da, wo sie sind. Oft finden sie ein Mentoring ebenfalls spannend, weil sie auf diese Weise erfahren, was eine jüngere Generation bewegt. Selbstverständlich wählen sie sehr genau aus, wen sie unterstützen und für was sie ihre Zeit investieren. Das sollte Sie aber nicht entmutigen, denn unsere zweite Erfahrung ist, dass sich kaum jemand traut, um ein Mentoring zu bitten. Dabei sind die Erfolgschancen recht hoch, wenn Sie Vorarbeit investieren.

Bevor Sie eine Person ansprechen und um ein Mentoring bitten, sollten Sie Ihr berufliches Ziel klar herausarbeiten. Versuchen Sie es in einem »Elevator Pitch«, also in wenigen Zeilen, auf den Punkt zu bringen. Überlegen Sie auch, was Sie bereit sind, für dieses Ziel zu leisten. Welche Fähigkeiten, welches Wissen und welche Talente bringen Sie mit? Wie viel Zeit und Energie sind Sie bereit zu investieren? Besonders wichtig ist eine Antwort auf die Frage, warum Sie dieses Ziel unbedingt erreichen wollen. Das ist der erste Schritt der Vorbereitung.

Elevator Pitch

Ein Elevator Pitch ist eine sehr kurze und gut verständliche Zusammenfassung Ihres Ziels und Ihres Anliegens an eine Person, die Ihnen helfen soll. Stellen Sie sich vor, dieser Person zufällig im Aufzug zu begegnen. Für kurze Zeit kann Ihnen die Person nicht entkommen. Sie haben also die Chance, Ihr Anliegen vorzubringen, aber nur wenige Sekunden Zeit, die Person zu überzeugen. Dazu müssen Sie Ihr Anliegen auf den Punkt bringen.

Im zweiten Schritt stellen Sie Ihr Ziel in einen größeren Kontext. Welche Werte vertreten Sie und wie hängen diese mit Ihrem beruflichen Ziel zusammen? Was können Sie für den Bereich leisten und beitragen? Wofür stehen Sie und wofür sind Sie bereit zu kämpfen?

Wenn Sie jemanden um Unterstützung bitten, erwartet die Person möglicherweise keine Gegenleistung. Aber sie möchte wissen, inwieweit Sie bereit sind, sich für eine Sache ernsthaft einzusetzen. Und statt zu beteuern, dass Sie dazu bereit wären, ist es überzeugender, wenn Sie über eine intensive Vorbereitung demonstrieren, dass Ihnen die Sache wirklich wichtig ist und Sie über Ihre persönlichen Karriereziele hinausdenken. Wenn Sie deutlich machen, dass Sie sich für eine (gemeinsame) Sache einsetzen, werden Sie eher Unterstützung finden, als wenn es allein um Ihr persönliches Vorankommen geht.

Im dritten Schritt überlegen Sie, wen Sie als Mentor*in gewinnen möchten und warum Sie genau diese Person ansprechen. Welche Schnittmenge mit Ihren Werten können Sie erkennen? Welches Wissen und Können erhoffen Sie zu lernen? Was könnten Sie für Ihre*n Mentor*in leisten und warum könnte es für diese Person interessant sein, Sie zu unterstützen? Welche Fragen würden Sie der Person gern stellen? Kennen Sie eine Person, die zwischen Ihnen und dem*der gewünschten Mentor*in vermitteln könnte?

Klären Sie für sich zuletzt einige praktische Aspekte: Wollen Sie direkt nach einem Mentoring fragen oder zunächst nach einem Einzelgespräch, aus dem womöglich ein Mentoring hervorgeht? Möchten Sie eher um monatliche oder jährliche Treffen bitten? Wie lang soll das Mentoring zunächst dauern? Geht es um persönliche Treffen oder Telefonate? Was kann der*die Mentor*in von Ihnen erwarten, was erwarten Sie von ihm*ihr? Auch wenn es in der Regel nicht um Geld geht, ist es wichtig, solche Fragen zu klären. Schließlich möchte sich Ihr Gegenüber ein Bild davon machen, worauf es sich einlässt.

Wenn Sie sich die Arbeit machen, diese Fragen gründlich zu reflektieren, wird Ihnen die Formulierung einer Anfrage leichtfallen. Orientieren Sie sich an dem Beispiel in Etappe 2. Schreiben Sie kurz und bündig. Erfolgreiche Menschen wissen, wieviel Arbeit in einem kurzen Text steckt, wenn er klar formuliert, leicht verständlich und interessant zu lesen ist. Das ist keine Garantie für eine Zusage, aber Ihr Gegenüber wird Ihre Initiative bestimmt mit einer Antwort honorieren und versuchen, Ihnen in der ein oder anderen Weise weiterzuhelfen.

Abkürzungen: Aktivitäten der vierten Etappe

- ☐ Reflexion
  - ☐ Was will ich genau und was motiviert mich?
  - ☐ Für welche Werte stehe ich, wofür setze ich mich ein?
  - ☐ Wen möchte ich als Mentor*in gewinnen und was wünsche ich mir von einem Mentoring?
  - ☐ Praktische Aspekte: Aufwand des Mentorings und gegenseitige Erwartungen
- ☐ Anfrage formulieren (und versenden)
  - ☐ Gemeinsame Bekannte um Vermittlung bitten

Hannas vierte Etappe

Aus Hannas Bewerbung in Köln ist nichts geworden. Zwar war sie zum Gespräch eingeladen und hatte das Gefühl, dass es gut lief, dennoch bekam sie einige Wochen später ein Ablehnungsschreiben. Das war erstmal eine herbe Enttäuschung, denn sie hatte viel Zeit investiert, um sich vorzubereiten. Bei einer so großen und komplexen Organisation wie der Uni Köln war das nicht einfach, aber Hanna hatte nicht locker gelassen und es geschafft, im Vorfeld einige Leute ans Telefon zu bekommen, die ihr etwas zur Forschungsförderung sagen konnten.

Nachdem Hanna das Absageschreiben erhalten hat, lässt sie das Ganze erstmal einige Tage sacken. Schließlich rafft sie sich auf und ruft bei der Ansprechpartnerin an, mit der sie schon vor der Bewerbung gesprochen hat. Und tatsächlich, die Frau meldet sich, und nicht nur das: Sie erklärt Hanna sehr freundlich, dass sie durchaus in der engeren Wahl gewesen sei. Aber es habe einen internen Bewerber gegeben, der schon mit vielen Arbeitsabläufen in der Abteilung vertraut sei. Die Frau nimmt sich eine Viertelstunde Zeit, um Hannas Fragen zu beantworten. Dabei fragt sie auch nach, wofür sich Hanna genau interessiert und wonach sie sich umschaut. Vieles davon weiß sie noch aus dem Bewerbungsgespräch, und jetzt, wo die Entscheidung gefallen ist, verläuft das Gespräch viel lockerer. Am Ende des Telefonats gibt sie Hanna noch einen Tipp: »Ich weiß von einer Kollegin in Bonn, dass ein Referent aus dem Forschungsdezernat der dortigen Universität in Elternzeit geht. Die Stelle wird demnächst ausgeschrieben und ist natürlich befristet, aber vielleicht ist das für Sie interessant.«

Hanna schwankt zwischen Freude und Ärger. Die Sache mit dem internen Bewerber frustriert sie. Berufserfahrung kann man nun einmal nicht aus Büchern lernen. Aber der Hinweis auf die Möglichkeit in Bonn ist natürlich hilfreich.

Am nächsten Tag schaut sich Hanna die Webseite des Bonner Forschungsdezernats an. Die Vorbereitungsarbeit beginnt von vorn. Erstmal kann sie sich nur informieren, denn die Ausschreibung der Stelle lässt noch zwei Wochen auf sich warten. Dann heißt es, ein neues Bewerbungsschreiben zu formulieren. Hanna widersteht der Versuchung, das Schreiben für Köln einfach nur anzupassen. Allerdings merkt sie, dass die Erfahrung mit der ersten Bewerbung und das Feedback ihr helfen, jetzt deutlich schneller voranzukommen.

Dann heißt es wieder warten. Schließlich bekommt sie tatsächlich eine Einladung zum Bewerbungsgespräch. Und plötzlich geht alles ganz schnell: Einen Tag nach ihrem Gespräch hat sie eine Nachricht auf dem Anrufbeantworter, dass man ihr den Job anbieten möchte. Hanna ist sehr aufgeregt und geht erstmal eine Runde spazieren, um in Ruhe nachzudenken. Die Aufgabe in Bonn gefällt ihr gut, aber eigentlich würde sie, was die Stadt betrifft, viel lieber nach Köln gehen. Außerdem handelt es sich um eine befristete Elternzeitvertretung, also ist recht wahrscheinlich, dass sie nicht übernommen wird. Andererseits … vielleicht ergibt sich in der Zwischenzeit eine andere Möglichkeit. Außerdem fällt Hanna ein, dass die Uni in der Nähe des Bonner Hauptbahnhofs liegt. Vielleicht kann sie einen Tag Homeoffice bekommen, sich eine Wohnung in Köln suchen und pendeln. Tausend Gedanken schwirren ihr durch den Kopf. Sie schläft eine Nacht über die Sache. Am nächsten Tag trifft sie ihre Entscheidung und nimmt die Stelle an.

2.6 Die fünfte Etappe: Den eigenen Weg gestalten

Sie haben es geschafft. Sie haben Ihre erste Stelle im Wissenschaftsmanagement. Wenn Sie zurückblicken, erinnern Sie sich an die Schlüsselmomente Ihres bisherigen Weges. Wie unsicher Sie zu Beginn waren! Sie atmen tief durch und richten den Blick in die Zukunft. Aus der neuen Perspektive entdecken Sie viele neue Herausforderungen. Einige wirken einschüchternd, andere interessant. Mit der Erfahrung aus den letzten Monaten trauen Sie sich zu, diese Herausforderungen in Angriff zu nehmen. Der Weg ist also noch nicht zu Ende.

Die fünfte Etappe führt Sie in die Eigenständigkeit. Sie ist nicht die letzte Etappe, sondern stellt den Übergang vom Einstieg in das Wissenschaftsmanagement zur Profil- und Karriereentwicklung dar. Das Schöne und zugleich Schwierige daran ist, dass Ihre weitere Entwicklung völlig individuell ist. Je einzigartiger Ihr Profil, desto eher werden Sie (wieder-)erkannt, desto klarer ist anderen Menschen, wofür Sie stehen. Wagen Sie daher ruhig, einen ungewöhnlichen Weg zu verfolgen. Sie müssen lediglich erklären können, warum dieser Weg für Sie Sinn ergeben hat, wie Sie Ihr Wissen und Ihre Fähigkeiten dabei einbringen konnten und was Sie gelernt haben.

Das bedeutet: Sie müssen und sollten in Bezug auf Ihre Karriereentwicklung nur das machen, was für Sie persönlich sinnvoll und wichtig ist. Gutes Zeitmanagement lässt sich in zwei Worten auf den Punkt bringen: Prioritäten setzten! Wenn Sie »das Richtige« tun, dann brauchen Sie nicht viel zu tun, um erfolgreich zu sein. Und um Prioritäten zu setzen, müssen Sie Ihre Maßstäbe kennen.

Prioritäten und Maßstäbe

Prioritäten setzen heißt, das Wichtigste zuerst zu tun. Wahrscheinlich gibt es in Ihrem Leben verschiedene Dinge, die Ihnen sehr wichtig sind. Aus unserer Erfahrung gibt es zwei Konstellationen, in denen Sie klare Prioritäten brauchen: In Momenten, in denen Sie sich zwischen Dingen, die für Sie sehr wichtigen sind, entscheiden müssen, haben Sie oftmals wenig Zeit, Sie geraten in Stress und entscheiden möglicherweise unüberlegt. Vielleicht geben Sie in solchen Situationen auch den Interessen Anderer Vorrang, da Sie sich über Ihre eigenen nicht wirklich im Klaren sind. Wichtig ist daher, sich schon im Vorfeld Gedanken über die eigenen Prioritäten zu machen.

Je mehr Dinge in Ihrem Leben wichtig sind, desto größer ist die Versuchung, verschiedene Ziele gleichzeitig zu verfolgen. Das kann leicht dazu führen, dass immer mehr Ziele hinzukommen, Sie Ihre Zeit und Energie weiter aufteilen müssen und sich verzetteln. Sie geraten in Zeitnot, verausgaben sich über die Maßen und erreichen dennoch keines der Ziele. Auch hier hilft die frühzeitige und bewusste Entscheidung für Prioritäten.

Aber was bedeutet es, Prioritäten zu definieren? Da es an dieser Stelle darum geht, die Verantwortung für die eigene berufliche Laufbahn zu übernehmen, können wir die Frage deutlich enger fassen: »Was ist das Wichtigste für mich? Was ist das Richtige für mich?« Wenn Sie die Verantwortung für Ihr Leben übernehmen, können nur Sie selbst diese Frage beantworten. Warum ist es so wichtig, eine (vorläufige) Antwort zu finden?

Sie müssen aus drei Gründen wissen, was für Sie ganz persönlich wichtig ist:

1. Um einen Fixstern zu haben, mit dessen Hilfe Sie über einen gewissen Zeitraum eine Richtung beibehalten können. Wenn Sie kurzfristig immer wieder einen neuen Kurs anlegen, je nach Tagesstimmung die Richtung wechseln, werden Sie vielleicht eine Menge interessanter Erfahrungen machen, laufen aber wahrscheinlich im Kreis. Auf diese Weise werden Ihre Erfahrungen wenig Zusammenhang ergeben und Sie können schlecht darauf aufbauen. Wenn Sie nicht wissen, wohin Sie wollen, wird Ihnen auch niemand den Weg weisen können. Wahrscheinlich werden aber andere Menschen versuchen, nach ihren eigenen Interessen eine Richtung vorzuschlagen. So werden Sie Ihren Wünschen und Zielen allerdings nicht näherkommen.
2. Um auch in schwierigen oder anstrengenden Situationen Motivation aufzubringen. Sie müssen Energie aufwenden und gelegentlich auch Schwieriges und Unangenehmes aushalten oder bewältigen, wenn Sie etwas von Wert schaffen oder erreichen wollen. »Wichtig« bedeutet also auch »emotional wichtig«. Es geht um Dinge, die Sie wirklich wollen. Wenn Sie das für sich nicht herausgefunden haben, werden Sie bei jedem Hindernis und jeder Steigung umkehren.
3. Um Entscheidungen treffen zu können. Sie leben in einem der reichsten Länder der Erde und gehören mit einem Studienabschluss oder einer Promotion zu einer kleinen Gruppe der bestausgebildeten Leute. Es mangelt Ihnen nicht an Möglichkeiten. Das einzige, was in dieser Situation schwieriger wird: Entscheidungen zu treffen. Wenn Sie wissen, was für Sie persönlich das Wichtigste ist, haben Sie ein klares Kriterium für Ihre Entscheidungen.

Natürlich ist die Frage »Was ist das Wichtigste für mich?« schwierig zu beantworten. Daher hilft es, sich klar zu machen, dass die Antwort immer ein Entwurf sein wird und auch sein darf. Wichtig ist, dass Sie eine erste Antwort für sich finden. Dafür müssen Sie die Entscheidung treffen, welche Ihrer Vorlieben Sie zu Ihrer Priorität machen. Wie können Sie das angehen? Sie brauchen einen persönlichen Maßstab, an dem Sie die jeweilige Bedeutung einer Vorliebe für Ihr Leben ablesen können. Im beruflichen Kontext stehen drei Fragen im Mittelpunkt, um Ihre Maßstäbe zu definieren:

1. **Wozu möchten Sie beitragen?** Sie stehen jeden Morgen auf und gehen zur Arbeit. Vermutlich nicht zuletzt, um Ihren Lebensunterhalt zu verdienen. Aber ist das der einzige Grund? Was möchten Sie mit Ihrer Arbeit bewirken? Sie haben sich auf den vergangenen vier Etappen viel damit beschäftigt, ob Sie wirklich im Wissenschaftsmanagement arbeiten möchten. Aus welchem Grund haben Sie sich dazu entschieden? Um mitzuhelfen, bestimmte wissenschaftliche Inhalte zu bearbeiten? Für eine bessere Lehre? Finden Sie wichtig, dass besonders begabte Studierende gefördert werden? Oder dass Wissenschaft in interessanten Veranstaltungen verständlich vermittelt wird? Was wäre diesbezüglich Ihr Ideal, Ihre Vision, auch wenn sie vielleicht unrealistisch ist? In welche Richtung sollte es Ihrer Meinung nach gehen?
2. **Wie möchten Sie Beziehungen gestalten?** Wie sollten Menschen miteinander umgehen? Wie viel Struktur wünschen Sie sich, wie könnte gute Kommunikation aussehen und was ist aus Ihrer Sicht gute Führung? Was denken Sie über Hierarchien und was bedeutet guter Service für Sie? Wie sehr möchten Sie im Berufsleben eine Rolle einnehmen, beziehungsweise: Wie authentisch möchten Sie sein? Was verstehen Sie unter einem guten Betriebsklima, was können Sie selbst dazu beitragen? Möchten Sie eher in einem Team oder als Einzelkämpfer*in arbeiten?
3. **Was möchten Sie lernen?** Berufliche Entwicklung bedeutet nicht nur, in einer Hierarchie aufzusteigen. Selbst wenn Sie Ihr gesamtes Arbeitsleben in ein und demselben Job verbringen, kann sowohl inhaltlich als auch persönlich eine große Entwicklung stattfinden. Überlegen Sie, wie stark sich ein typischer Bürojob in den letzten dreißig Jahren verändert hat. Das betrifft nicht nur die technologische Entwicklung, sondern auch Bereiche wie Managementtheorien, Kommunikation, Didaktik und Projektmanagement. Die Welt wird auch während Ihres Arbeitslebens nicht stehen bleiben. Welches Wissen würden Sie sich gern aneignen? Was möchten Sie können? Welche neuen Trends interessieren Sie? Gibt es einen Bereich, in dem Sie sich spezialisieren möchten?

Wenn Sie auf den vorherigen Etappen unseren Vorschlägen gefolgt sind, können Sie jetzt wahrscheinlich ziemlich klar ausdrücken, was Ihnen in Bezug auf den Beruf Spaß macht, was Ihnen schwerfällt und was für ein Typ Sie sind. Zumindest einen groben Entwurf Ihrer Maßstäbe zu erarbeiten, dürfte Ihnen darauf aufbauend leichtfallen. Die Maßstäbe versetzen Sie in die Lage, Prioritäten für Ihre Karriere zu setzen, und die werden Sie brauchen, um klare Ziele zu formulieren und auszuwählen, was Ihr nächstes wichtiges Ziel sein soll.

Prinzipien der Etappengestaltung

Wie zu Beginn dieser Etappe bereits erwähnt, gestalten Sie Ihren Weg ab hier unabhängig. Um Sie dennoch bei den ersten Schritten zu unterstützen, möchten wir Ihnen Hinweise geben, wie Sie Ihre Wegstrecke relativ leicht in Etappen gliedern können. Der Vorteil einer solchen Unterteilung in Abschnitte (»Milestones«) ist, dass Sie Ihren Fortschritt leichter erkennen können und mehr Anlässe finden, Ihre Erfolge zu feiern. Die Gestaltung einer Etappe hat vier Elemente, die Sie auf ein oder zwei Seiten Ihres Arbeitsbuches festhalten können:

1. Das Ziel klar formulieren
2. Ihre Motivation klar formulieren
3. Einen Weg entwerfen
4. Hilfreiche Ressourcen erschließen

Das Ziel definieren

Ihr Ziel sollten Sie in ein oder zwei Sätzen auf den Punkt bringen können. Beachten Sie dabei, dass Sie positiv und einfach formulieren. Außerdem sollten Sie selbst möglichst großen Einfluss auf die Erreichung Ihres Ziels haben. Fragen Sie sich auch, woran Sie erkennen können, dass Sie das Ziel erreicht haben und bis wann Sie es erreichen wollen. Ideal sind überschaubare Zeiten von wenigen Monaten, damit Sie ein Vorankommen wahrnehmen und immer »Land in Sicht« ist. In Etappe 1 haben wir bereits auf die nützliche SMART-Formel hingewiesen. Falls Ihr Ziel größer ist, teilen Sie es auf mehrere Etappen auf.

Die Motivation klar formulieren

Ebenso spezifisch sollten Sie in ein oder zwei Sätzen aufschreiben, warum Sie dieses Ziel erreichen wollen. Lesen Sie den Satz dann noch einmal: Motiviert Sie das wirklich? Fühlen Sie etwas bei dem Satz? »Wollen« Sie das schaffen oder »sollen« Sie das erreichen? Hat das Ziel etwas mit Ihren Prioritäten zu tun? Falls nicht, streichen Sie das Ziel lieber gleich, denn dann ist es wahrscheinlich eher das Ziel von jemand anderem. Wenn Sie sich auf ein oder maximal zwei Ziele für einen bestimmten Zeitraum konzentrieren, müssen Sie sehr bewusst auswählen. Ohne Prioritäten häufen sie die Ziele einfach aufeinander, verzetteln sich, kommen nicht voran oder verfolgen die Ziele anderer. Dies mit Zeitmanagement-Methoden noch schneller und effizienter zu tun, macht es nicht besser. Wenn Sie klar priorisieren, geraten Sie nie in Stress und brauchen nicht schnell zu arbeiten.

Den Weg entwerfen

Den Weg zu entwerfen, bedeutet zu klären, was zur Erreichung des Ziels sinnvoll beiträgt. Anregungen haben Sie auf den letzten Etappen gesammelt oder finden Sie im Index. Um die einzelnen Aktivitäten übersichtlich aufzuschreiben, eignet sich eine Mindmap oder einfache Checkliste (für chronologische Aktivitäten). Wichtig ist, dass Sie die Dinge dann auch wirklich tun. Die Liste kann im Laufe der Zeit ergänzt werden. Genießen Sie den Dopamin-Kick beim Abhaken oder setzen Sie kleine Belohnungen ein. Noch ein Tipp: Beginnen Sie Ihre Checkliste mit ein oder zwei einfachen Dingen, die Sie schon in den nächsten 24 Stunden erledigen können. Wenn Sie spätestens am nächsten Tag den leichtverdienten Haken an die Sache machen, signalisieren Sie Ihrem Gehirn: Ich bin schon auf dem Weg!

Sich Ressourcen erschließen

Schreiben Sie zuletzt auf, welche möglichen Hilfen Ihnen einfallen. Wer oder was könnte Ihnen bei der Verfolgung Ihres Ziels weiterhelfen? Hier geht es um eine Ideensammlung, die im Laufe der Zeit noch ergänzt werden kann. Machen Sie es sich nicht unnötig schwer, machen Sie es bloß nicht perfekt, machen Sie es!

Wir wünschen Ihnen viel Erfolg und Spaß bei der Gestaltung Ihrer beruflichen Laufbahn. Machen Sie es auf Ihre Art, gehen Sie Ihren eigenen Weg, haben Sie Spaß dabei und vergessen Sie nicht, jedes Etappenziel gebührend zu feiern!

Hannas fünfte Etappe

Im Dezember treffen Hanna und Lars sich zum ersten Mal wieder, seit Hanna aus Bielefeld weggegangen ist. Sie sitzen in einer Kneipe in Köln Süd, wo Hanna mittlerweile auch wohnt. Lars ist auf der Durchreise. Eigentlich wäre er lieber in Brüssel geblieben, wo er ein Praktikum bei der Geschäftsstelle der WisBI ergattert hat. Insgesamt ist er nur vier Monate in Brüssel und will jede freie Minute nutzen.

»Weißt du, wie es Julia geht?«, fragt Hanna. »Sie ist immer noch in Bielefeld, hat die Koordination des Graduiertenkollegs in der Geschichte übernommen, das, in dem sie selbst promoviert hat. Und wie läuft's bei dir?« – »Ach, die Pendelei nach Bonn ist mühsam. Die Züge sind so überfüllt, das ist Wahnsinn. Aber der Job macht Spaß. Die ersten Monate waren irre anstrengend, aber jetzt komme ich ganz gut klar und jeden Tag geschieht etwas Neues. Aber jetzt, wo die heiße Phase langsam vorbei ist, merke ich, dass ich schon wieder am Planen bin. Seit ich mir das einmal angewöhnt habe, kann ich es irgendwie nicht mehr lassen.« Lars stellt lachend sein Kölsch ab. »Du warst auch immer die Eifrigste von uns Dreien. Den Praktikumsplatz hätte ich sicher nicht bekommen, wenn ich nicht oft gedacht hätte: ›Hanna würde jetzt da anrufen‹. Streberin!« – »Wenn du jeden Morgen eingequetscht in der Bahn hocken würdest, würdest du auch planen! Ich habe noch für anderthalb Jahre einen Vertrag. Mit Ende der Probezeit haben sie mir angeboten, ein Jahr länger zu bleiben. Der Kollege kommt zwar aus der Elternzeit zurück, aber inzwischen hat jemand anders gekündigt. Kann sein, dass mein Vertrag dann nochmal verlängert wird. Aber erzähl doch mal, was hast du denn so erlebt?«

– fünf Jahre später –

Beim Umsteigen in Brüssel muss Hanna an Lars und ihr Gespräch vor fünf Jahren denken. Damals hätte sie nicht für möglich gehalten, dass sie einmal in London arbeiten wird. Damals hat eine Verkettung von Zufällen ihren Anfang genommen: Bei ihrem Treffen hatte Lars sie auf eine Konferenz in der Schweiz hingewiesen, zu der sie auch tatsächlich fuhr. Dort hat sie Anne, die Frau ihres Lebens, getroffen. Anne träumte schon damals davon, nach London zu gehen. Und kurz bevor Hannas Vertrag in Bonn auslief, ergab sich für Anne tatsächlich eine Möglichkeit auf der Insel. In den Wirren des Brexits schossen Kooperationen zwischen den britischen und deutschen Universitäten aus dem Boden, und kaum jemand traute sich, in dieser Zeit nach Großbritannien zu gehen.

Hanna fand London auch spannend, aber vor allem merkte sie, wie sehr sie die Herausforderungen von Kooperationen zwischen den zwei doch recht unterschiedlichen Wissenschaftssystemen reizten. In ihren Notizen schälte sich dieses Thema immer klarer heraus. Ein erster Kontakt zum University College London entstand über ihre Tätigkeit in Bonn. Hanna blieb am Ball und nach einer kurzen Hospitation bekam sie das Angebot, eine kleine Einheit am UCL mit aufzubauen, die sich um den Auf- und Ausbau von Kooperationen mit Universitäten auf dem Kontinent, vor allem in Deutschland und Frankreich, kümmert. Der Job ist super und auch mit ihren Kolleg*innen kommt sie sehr gut klar. Hanna hat unglaublich viel gelernt und sich mittlerweile auch die Anerkennung ihrer Vorgesetzten erarbeitet. Sie lassen ihr große Freiräume und vertrauten auf ihr Urteil. Und diese Eigenständigkeit ist genau das, was sie will.

3. Bewerbung für das Wissenschaftsmanagement

Wir hoffen, dass der Arbeitsteil Sie für Ihren individuellen Weg ins Wissenschaftsmanagement motiviert und inspiriert hat. Für diejenigen, die sich vertiefter mit dem Thema Bewerbung auseinandersetzen wollen, haben wir in Kapitel 3 wichtige Erfolgsfaktoren für das Wissenschaftsmanagement zusammengestellt. Worum geht es bei einem Bewerbungsverfahren? Ihr*e zukünftige*r Arbeitgeber*in möchte sich sicher sein, dass er*sie Ihnen einen bestimmten Job anvertrauen kann. Dabei muss er*sie vor allem in zwei Bereichen überzeugt sein, die richtige Wahl zu treffen:

Erstens hinsichtlich Ihrer Qualifikation und Arbeitsweise: Für Ihre*n Arbeitgeber*in ist es wichtig, dass er*sie Ihnen ohne großen Aufwand Aufgaben übertragen kann, die Sie verlässlich, in guter Qualität und kurzer Zeit erledigen. Dazu ist es hilfreich, wenn Sie einschlägig qualifiziert sind oder schon Erfahrung in dem entsprechenden Bereich gesammelt haben und verstehen, worauf es ankommt. Da jede Institution eigene Vorgehensweisen und Arbeitsmittel hat (Datenbanken, Entscheidungsverfahren etc.), müssen Sie gerade zu Beginn Ihrer Tätigkeit viel dazulernen. Hierfür sollten Sie sich schnell einarbeiten können und grundsätzlich interessiert, offen und klug sein.

Zweitens hinsichtlich Ihrer sozialen Kompetenz: In der Zusammenarbeit zwischen Menschen spielen Kommunikation und Emotionen eine zentrale Rolle. Ihr*e Arbeitgeber*in möchte sicher sein, dass Sie mit den Menschen, die bereits in der Institution arbeiten, sowie gegebenenfalls mit Kund*innen und Kooperationspartner*innen gut auskommen und reibungslos zusammenarbeiten. Gesucht wird ein*e sympathische*r Kollege*in, mit dem*der man gern zusammenarbeitet und der*die sich auch in schwierigen Situationen souverän und konstruktiv verhält.

Beides in einem oder zwei Bewerbungsgesprächen verlässlich herauszufinden ist eine herausfordernde Aufgabe. Erfahrene oder geschulte Personalauswähler*innen werden daher auf strukturierte Interviews setzen, in denen die für die Stelle zentralen Kompetenzen geprüft und nach Beispielen aus der bisherigen Erfahrung gefragt wird, oder eine Praxisübung einbauen (je nach Stellenprofil kann das zum Beispiel eine Kurzpräsentation, eine stellentypische Analyseaufgabe oder ein Rollenspiel sein). Ersteres ist im Wissenschaftsmanagement weitaus häufiger verbreitet als Letzteres. Als Realitätscheck beliebt ist auch, wenn der*die Arbeitgeber*in Bewerber*innen bereits bei der Arbeit beobachten konnte (etwa in Rahmen einer Hospitation oder einer Veranstaltung) oder wenn eine Vertrauensperson Positives berichtet (etwa Empfehlungen von Mitarbeiter*innen der eigenen Institution oder früheren Chef*innen). Das erhöht oft die Chancen.

Natürlich werden Sie sich als Bewerber*in von Ihrer besten Seite zeigen und herauszustellen versuchen, dass Sie ideal für die Aufgabe qualifiziert und hochmotiviert sind. In Ihrem eigenen Interesse liegt aber auch herauszufinden, ob Sie und die Institution, bei der Sie sich bewerben, gut zusammenpassen. Jede Bewerbung ist ein Spiel der geschickten Selbstdarstellung; auch das ist in gewissem Sinne eine Qualifikation. Sollte es Ihnen jedoch gelingen, einem*einer Arbeitgeber*in Qualifikationen vorzutäuschen, die Sie nicht haben, sollten Sie erfolgreich Motivation für einen Job demonstrieren, der Sie nicht interessiert, oder eine Persönlichkeit darstellen, die Ihnen nicht annähernd entspricht – dann werden Sie in der »gewonnenen« Stelle aller Wahrscheinlichkeit nach unglücklich werden. Ein gerüttelt Maß an Ehrlichkeit und Aufrichtigkeit ist also für einen langfristigen Erfolg nur zu empfehlen und macht den Bewerbungsprozess auch wesentlich entspannter.

3.1 Spezifika von Bewerbungen für das Wissenschaftsmanagement

Eine Bewerbung, die nicht gezielt auf Besonderheiten der Ausschreibung und der Institution eingeht, ist in aller Regel nicht erfolgsversprechend. Das gilt sowohl für Bewerbungsunterlagen, die inhaltlich nicht angemessen auf die ausgeschriebene Stelle eingehen, als auch für solche, die die Gepflogenheiten des Berufsfelds nicht ausreichend berücksichtigen. Was ist bei Bewerbungen für den Bereich Wissenschaftsmanagement zu beachten?

»Haben Sie sich bewusst für das Wissenschaftsmanagement entschieden?«

Mit dieser Frage sollten Sie als Einsteiger*in rechnen und überzeugend darlegen können, dass Sie wirklich im Wissenschaftsmanagement arbeiten wollen. In diesem Berufsfeld sind Sie ständig in Kontakt mit Wissenschaftler*innen und bekommen für Ihre Unterstützung des wissenschaftlichen Erfolges meist wenig Wertschätzung. Arbeitgeber*innen möchten vermeiden, dass Sie sich innerhalb des ersten Jahres, in dem während der Einarbeitung am meisten in Sie investiert wird, umentscheiden und in eine wissenschaftliche Tätigkeit zurückkehren. Außerdem befürchten Vorgesetzte zu Recht, dass Arbeitsleistung und -klima beeinträchtigt werden, wenn ein*e Mitarbeiter*in den Rest des Arbeitslebens unzufrieden ist, weil er*sie »es nicht geschafft hat«, oder sich den Kolleg*innen für überlegen hält, weil er*sie »eigentlich Wissenschaftler*in« ist.

Beantworten Sie die Frage nach Ihrer Entscheidung für das Wissenschaftsmanagement daher nicht einfach mit »Ja«, sondern führen Sie Ihre Überlegungen aus. Gehen Sie am besten schon in den schriftlichen Unterlagen darauf ein. Eine große Zahl von Bewerber*innen betrachtet das Wissenschaftsmanagement als »Plan B« zu einer wissenschaftlichen Karriere und kann daher keine guten Gründe formulieren, warum das Wissenschaftsmanagement der richtige nächste berufliche Schritt ist. Es kann Ihnen begegnen, dass sich selbst manche Ihrer zukünftigen Kolleg*innen mit der Entscheidung, die Wissenschaft zu verlassen, nie bewusst auseinandergesetzt haben und eine uneingestandene Unzufriedenheit mit sich herumtragen. In einem solchen Fall ist es umso wichtiger, dass Sie dieses Thema für sich reflektiert, Ihre Entscheidung bewusst getroffen und Klarheit über Ihre Rolle im Wissenschaftsmanagement gewonnen haben. Nur so können Sie die vielen spannenden Aspekte dieses Berufsfelds und die Vorteile, die es gegenüber einer wissenschaftlichen Tätigkeit bietet, entdecken. Wenn Sie für sich Klarheit gefunden haben, werden Sie in Bewerbungsgesprächen wie im späteren Berufsleben mit diesem sensiblen Punkt, ob offen oder unausgesprochen, immer angemessen umzugehen wissen.

Kriterien in Wissenschaft und Wissenschaftsmanagement

Für eine Personalauswahl im Wissenschaftsmanagement stehen in der Regel andere Kriterien im Vordergrund als in der Wissenschaft. Dennoch sind den Personen, die Sie auswählen (seien es Wissenschaftler*innen oder Wissenschaftsmanager*innen), die Erfolgsfaktoren einer wissenschaftlichen Karriere meist gut bekannt. Sie können einschätzen, wie Ihr Lebenslauf im akademischen Kontext bewertet wird. Aus der Liste Ihrer Publikationen oder eingeworbenen Drittmittel lesen sie, wie erfolgreich Sie wissenschaftlich gearbeitet haben. Sie können abschätzen, wie hoch Ihre Chancen auf eine Karriere in der Wissenschaft sind. Die an der Auswahl Beteiligten machen sich außerdem ein Bild davon, wie vielfältig die Themen sind, mit denen Sie sich in den vergangenen Jahren beschäftigt haben. Ob Sie eigenständig arbeiten (Erst- oder Letztautorenschaften) oder eher zuarbeiten (Autorenschaften in mittleren Positionen). Ob Sie eher auf Masse oder Qualität setzen. Diese Art von »Informationen« sind natürlich nur Mutmaßungen, Sie können aber vor allem in Bereichen, die etwa mit Förderanträgen oder Berufungsverfahren zu tun haben, davon ausgehen, dass solche Annahmen beim Blick auf den Lebenslauf in Sekundenschnelle getroffen werden und Auswahlentscheidungen – und sei es unbewusst – beeinflussen.

Je nach Stelle, für die Sie sich im Wissenschaftsmanagement bewerben, sollten Sie also prüfen, welche Informationen über Ihre Wissenschaftskarriere Sie in Ihrer Bewerbung abbilden wollen. Nehmen wir als Beispiel Ihre Publikationsliste. Sie hat in den wissenschaftlichen Auswahlverfahren, denen Sie sich gestellt haben, etwa einem Förderantrag oder einer Bewerbung, immer eine zentrale Rolle eingenommen. Wo nicht explizit gefordert wurde, die Darstellung auf wenige zentrale Publikationen zu beschränken, haben Sie vermutlich jede Publikation aufgeführt, auf der Ihr Name steht. Damit haben Sie im wissenschaftlichen Kontext Ihren »Wert« als Wissenschaftler*in zum Ausdruck gebracht.

Im Wissenschaftsmanagement spielt die Zahl und Qualität Ihrer Publikationen jedoch (wenn überhaupt) nur eine sehr untergeordnete Rolle. So könnten Sie beispielsweise auf Ihre englischsprachigen Publikationen verweisen, um zu belegen, dass Sie über gute Englischkenntnisse verfügen. Wenn spezielles Fachwissen oder Erfahrung mit einer bestimmten *scientific community* für die neue Tätigkeit relevant ist, können Sie Ihre Kenntnisse unter anderem ebenfalls anhand Ihrer Publikationen demonstrieren. Mehr »Wert« besitzen Ihre Publikationen im Wissenschaftsmanagement jedoch nicht. Außer bei sehr fachnahen Stellen (wie zum Beispiel Managementpositionen von Forschungsprojekten oder Fachreferent*innen von Fördereinrichtungen) sollten Sie bei einer Bewerbung im Wissenschaftsmanagement auf Ihre (vollständige) Publikationsliste verzichten. Wir gehen auf diesen Punkt noch genauer ein, wenn wir die Unterschiede in der Gestaltung eines wissenschaftlichen Lebenslaufs zu einem CV im Wissenschaftsmanagement besprechen.

Kurz: Für eine erfolgreiche Bewerbung im Wissenschaftsmanagement kann es hilfreich sein, dass Sie sich Ihr Wissen über akademische Auswahlverfahren bewusst machen und ebenso bewusst diejenigen Informationen auswählen, die für eine Bewerbung im Wissenschaftsmanagement relevant sind.

3.2 Die schriftliche Bewerbung

Eine passgenaue und sorgfältige Bewerbung kostet Zeit und Energie. Dieser Aufwand lohnt sich, denn mit einer unspezifischen Bewerbung können Sie sich nicht von Konkurrent*innen abheben. Sie sagen im Prinzip nicht mehr als: »Ich brauche irgendeinen Job.« Den Gefallen, es mit Ihnen einfach auszuprobieren, wird Ihnen jedoch niemand tun. Wie Sie eine Bewerbung individuell vorbereiten, zeigen wir Ihnen in diesem Kapitel.

Wo finde ich Stellenausschreibungen?

Wenn Sie sich einen Überblick über verschiedene Tätigkeitsbereiche oder Arbeitgeber*innen verschaffen oder in einer bestimmten Stadt suchen wollen, bieten sich die übergreifenden Jobbörsen an, in denen auch andere akademische Stellen ausgeschrieben werden, zum Beispiel in der Wochenzeitung *Die Zeit*, in den Zeitschriften *Arbeitsmarkt* des Wissenschaftsladens Bonn, auf *wissenschaftskarriere.duz.de* oder in der Stellenbörse von *Wissenschaftsmanagement Online*. Eine Übersicht mit den entsprechenden Internetadressen finden Sie im Anhang.

Falls Sie sich für einen speziellen Bereich innerhalb des Wissenschaftsmanagements interessieren, sind dessen professionelle Netzwerke und Dachorganisationen hilfreiche Multiplikator*innen, wie zum Beispiel das Netzwerk für Personalentwicklung an Universitäten oder der Bundesverband Deutscher Stiftungen, die spezifische Jobbörsen anbieten. Auch hierfür finden Sie Links im Anhang.

Wenn Sie eine spezielle Institution ins Auge gefasst haben: Setzen Sie sich ein Lesezeichen auf deren Seite für Stellenausschreibungen und informieren Sie sich dort regelmäßig. Oder rufen Sie die Personalabteilung der Institution an und erkundigen Sie sich, wann voraussichtlich die nächste für Sie passende Stelle ausgeschrieben wird.

Der Schlüssel für Ihre Bewerbung

Die Vorbereitung einer spezifischen Bewerbung beginnt bereits bei der Auswahl der Stellenausschreibungen, denn diese sind eine Ihrer wichtigsten Informationsquellen. Arbeiten Sie sie daher sorgfältig unter den folgenden Gesichtspunkten durch:

Schlüsselwörter: Warum spricht mich diese Ausschreibung an?

Gehen Sie den gesamten Text durch und markieren Sie Schlüsselwörter, auf die Sie »anspringen«, die Sie interessieren, die Ihnen besonders wichtig erscheinen. So können Sie in kürzester Zeit das Wesentlichste herausfiltern und Material sammeln, um auf die Frage antworten zu können, warum Sie sich gerade auf diese Ausschreibung bewerben. Diese Frage müssen Sie glasklar beantworten können, denn potenzielle Arbeitgeber*innen wollen nicht nur erkennen, ob Sie den Job können, sondern auch wissen, wie stark Sie motiviert sind. Was bringt ihnen ein*e Profi, der*die keine Lust auf den Job hat? Im Wissenschaftsmanagement ist die Frage nach der Motivation besonders wichtig (siehe Abschnitt »Haben Sie sich bewusst für das Wissenschaftsmanagement entschieden?«).

Die Frage »Warum genau diese Stelle?« sollten Sie gleich zu Anfang beantworten. Wenn Sie die Frage nicht beantworten können, also kein echtes Interesse an der Stelle haben: Bewerben Sie sich nicht! Konzentrieren Sie sich auf Stellen, die Sie wirklich haben wollen. Auf diese Weise gewinnen Sie Zeit, um richtig gute Bewerbungen zu schreiben. 30 hervorragende Bewerbungen pro Monat zu schreiben, schafft kein Mensch.

Habe ich verstanden, wer und was mit welcher Priorität für welche Aufgabe gesucht wird?

Versuchen Sie, einem Freund oder einer Freundin in wenigen Sätzen zu erklären, was das genau für eine Stelle ist, auf die Sie sich da bewerben wollen. Können Sie es auf den Punkt bringen? Welche Fragen hat Ihr*e Sparringspartner*in zu der Stelle? Können Sie die Fragen beantworten? Enthält die Stellenanzeige die Antworten darauf? Notieren Sie all diese Fragen, sie sind wertvolles Material für a) Ihre weitere Recherche, b) ein telefonisches Vorgespräch und c) das Bewerbungsgespräch. Für eine erfolgreiche Bewerbung müssen Sie in der Regel eine gute Vorstellung davon haben, was die Aufgaben der ausgeschriebenen Stelle sind und in welchem Kontext sie agiert.

Was kann ich, was kann ich (noch) nicht?

Üblicherweise enthält eine Stellenanzeige eine Auflistung der erwarteten Fähigkeiten und Qualifikationen. Einige davon sind ziemlich formal und damit klar und gesetzt. Wenn eine Promotion vorausgesetzt wird, können Sie sich ohne Promotion nicht bewerben. Punkt. Wenn eine Promotion von Vorteil ist, sieht es schon anders aus. Es gibt aber meist auch eine Reihe von Qualifikationen, die weniger eindeutig sind. Oft wird eine Art »Wunschliste« aufgeführt, wobei die Liste meist, aber nicht immer nach Prioritäten geordnet ist. Im Wissenschaftsmanagement sind häufig verschiedene Funktionseinheiten und Hierarchiestufen an einer Ausschreibung beteiligt. So kann es passieren, dass die Personalabteilung eine Ausschreibung entwirft und verschiedene Fachkolleg*innen und Vorgesetzte ihre Wünsche hinzufügen, sodass recht lange Listen an »erwarteten Qualifikationen« entstehen.

Markieren Sie alle gewünschten Qualifikationen, die Sie eindeutig vorweisen können, zum Beispiel in Grün. Überlegen Sie bei jeder dieser Qualifikationen, woran ein*e Arbeitgeber*in erkennen kann, dass Sie über diese Qualifikation verfügen. Das kann ein Zeugnis sein, aber auch eine Publikation, eine Tätigkeit oder ein Projekt aus Ihrer Vergangenheit. Übersehen

Sie dabei nicht Ihr privates Engagement, zum Beispiel als Vereinstrainer*in, Blogger*in, Musiker*in oder ähnliches.

Markieren Sie dann alle Fähigkeiten, für die Sie interessante Ansätze und erste Erfahrungen mitbringen, etwa in Gelb. Fehlt Ihnen beispielsweise die gewünschte Fortbildung zum*zur Projektmanager*in, Sie haben aber bereits ein Symposium oder eine Konferenz organisiert, können Sie das als Grundwissen oder erste Praxiserfahrung bezeichnen.

Markieren Sie schließlich alle Qualifikationen, über die Sie eindeutig nicht verfügen, zum Beispiel in Rot. Hier empfiehlt es sich, eine*n Ansprechpartner*in zu befragen, ob diese Anforderungen wirklich unverzichtbar sind oder im Beruf noch erlernt werden können. Sollte es sich tatsächlich um zentrale Qualifikationen handeln, versuchen Sie herauszufinden, wie Sie sich diese Fähigkeiten aneignen können. In aller Regel ist dies nicht an einem einzelnen Wochenende und damit rechtzeitig für die konkrete Ausschreibung möglich. Dann gilt es zu entscheiden, ob diese Art von Tätigkeit für Sie wirklich attraktiv ist. Wenn ja, kann es sich lohnen, die Qualifikation für spätere Bewerbungen auszubilden. Wenn Sie mehrere zentrale Qualifikationen nicht besitzen, sollten Sie überlegen, ob Sie Zeit in diese voraussichtlich erfolglose Bewerbung investieren wollen.

Das Anschreiben

Wie Sie eine Bewerbung schreiben, ist bereits eine Visitenkarte: Die mit der Auswahl Befassten sehen einer Bewerbung an, ob Arbeit hineingesteckt wurde. Sie können daraus Rückschlüsse auf Ihre Fähigkeiten zu formulieren, zu strukturieren, zu kommunizieren und zu überzeugen ziehen. Und auf Ihr Interesse an der Stelle. Copy/Paste kann jede*r. Mit einer spezifischen Bewerbung lassen Sie gut 80 Prozent der Konkurrenz bereits hinter sich.

Eine spannend und leicht zu lesende Bewerbung ist für eine*n Leser*in, der*die 200 Bewerbungen durcharbeiten muss, eine Wohltat. So gewinnen Sie das Wohlwollen der Leser*innen und vielleicht gelingt es Ihnen sogar, ihn*sie zu begeistern. Ein Anschreiben bietet nie genug Platz für Details, und das ist gut so! Ihr*e Leser*in soll erstes Interesse entwickeln. Wenn Ihr*e Leser*in mehr erfahren will, muss er*sie Sie zum Gespräch einladen. Und das ist das Ziel eines Bewerbungsschreibens.

Sofern Sie die Stellenausschreibung wie vorgeschlagen durchgearbeitet haben, müssen Sie das gesammelte Material im Anschreiben nur noch ausformulieren. Die übliche Grundstruktur entspricht den Anschreiben in anderen Berufsfeldern: eine kurze Einleitung mit Ihrem Anliegen, ein oder zwei Absätze zu Ihren Qualifikationen und Ihrer Motivation und ein kurzer Abschluss. Weniger ist dabei mehr: Sie müssen nicht Ihren vollständigen Werdegang oder all Ihre Kompetenzen beschreiben, sondern dürfen und sollen sich auf diejenigen Aspekte konzentrieren, die für die neue Stelle relevant sind. Und das sind genau diejenigen Fähigkeiten und Erfahrungen, die in der Stellenausschreibung stehen. Für die allermeisten Stellen ist eine ausführliche Beschreibung Ihrer wissenschaftlichen Stationen und Meriten, wie oben bereits beschrieben, nicht zielführend, sondern kann im Gegenteil den Eindruck erwecken, dass Sie mehr an der Wissenschaft als am Wissenschaftsmanagement interessiert sind.

Schreiben Sie in gut verständlichen, nicht zu komplexen Sätzen und achten Sie auch in Bezug auf die Strukturierung Ihres Schreibens darauf, dass Ihre Aussagen leicht zu erfassen sind. Ihr*e vielbeschäftigte*r Leser*in wird es Ihnen danken. Mit einem formal korrekten Briefkopf, der bereits fast ein Viertel der ersten Seite einnimmt, und einem nicht ausladenden, aber angenehm lesbaren Schriftsatz wird eine Seite in der Regel zu knapp sein, um sich aussagekräftig vorzustellen. Inhaltlich prägnant formuliert sollte das Anschreiben jedoch nicht mehr als anderthalb Seiten einnehmen.

Halten Sie sich Ihr Ziel vor Augen: Sie wollen zu einem Bewerbungsgespräch eingeladen werden! Das bedeutet, dass Sie Ihre*n Leser*in neugierig machen müssen. Daher ist es einerseits wichtig, dass Ihr Anschreiben gut verständlich ist und begründet, warum Sie für die Stelle geeignet sind, andererseits aber auch Aspekte anreißt, über die man bei einem Bewerbungsgespräch gern mehr erfahren möchte. Mit einem wohlüberlegten Anschreiben können Sie so bereits Themen für ein mögliches Bewerbungsgespräch platzieren.

Der Lebenslauf

Wahrscheinlich haben Sie Ihren Lebenslauf bisher für Bewerbungen in der Wissenschaft oder für Anträge auf Drittmittel gestaltet. Für eine Bewerbung im Wissenschaftsmanagement empfehlen wir, dass Sie eine Version Ihres

Lebenslaufs erstellen, die grundsätzlich nach der Logik des Wissenschaftsmanagements umgestaltet ist, und diese für jede Ausschreibung spezifisch anpassen.

Bei der äußeren Gestaltung eines Lebenslaufs orientiert sich das Wissenschaftsmanagement an der Wissenschaft, der Stil ist schlicht und sachlich. Außergewöhnliche Gestaltungsideen erwecken Aufmerksamkeit, kommen aber in den meisten Fällen nicht gut an, außer vielleicht in Bereichen wie dem Veranstaltungsmanagement oder der Wissenschaftskommunikation. Lassen Sie die Fakten sprechen. Halten Sie den Lebenslauf kurz – etwa drei Seiten sollten ausreichen – und beschränken Sie sich auf das Wesentliche.

In einem wissenschaftlichen Lebenslauf heben Sie die Institutionen hervor, an denen Sie studiert und geforscht haben, sowie Ihre Publikationen, Drittmittel und Vorträge. Ihre wissenschaftliche Qualifikation spielt im Wissenschaftsmanagement jedoch nur in den Fällen eine Rolle, in denen Sie Ihr Thema in die praktische Tätigkeit umsetzen können. In der Regel ist nur Ihre Feldkompetenz von Relevanz sowie die für das Wissenschaftsmanagement übertragbaren Kompetenzen und Erfahrungen. Qualifizierungszeiträume oder Stationen an ein und derselben Institution können Sie bei der Darstellung ihres beruflichen Werdegangs daher zusammenfassen. Fügen Sie unter den Stationen Ihres Werdegangs Spiegelstriche mit den wichtigsten oder für die jeweilige Ausschreibung relevantesten Aufgaben ein. So können Sie Ihre einschlägige Praxiserfahrung sichtbar machen.

Wissenschaftsmanager*innen sind in der Regel in der Lage, den »Wert« Ihrer wissenschaftlichen Leistungen und Wirkstätten sehr differenziert einzuschätzen. Sie brauchen diesbezüglich also nichts zu erklären oder sich Sorgen zu machen, dass eine wissenschaftliche Qualifikation übersehen wird. Daher genügt eine Auswahl Ihrer drei bis fünf besten Publikationen, mit denen Sie unter Umständen auch Ihre Englischkenntnisse belegen können. Die Nennung einiger interessanter Vorträge, die Sie gehalten haben, kann demonstrieren, dass Sie gut präsentieren können. Verzichten Sie auf vollständige Listen von Publikationen und Vorträgen. Nicht unterschlagen sollten Sie aber Auszeichnungen, wie Prädikatsnoten, Stipendien der Begabtenförderung oder Preise, da diese berufsübergreifend als Indiz Ihrer Leistungsfähigkeit gelesen werden.

Anders als in einem wissenschaftlichen Lebenslauf sind auch Leistungen, Erfahrungen und Engagement außerhalb der Wissenschaft von Interesse.

Beschränken Sie sich aber auch hier auf das, was Sie wirklich ausmacht und relevant für die geforderten Qualifikationen ist. Kurze Fortbildungen und Kurse, wie sie zum Beispiel in großer Fülle für Doktorand*innen angeboten werden (wissenschaftliches Schreiben, Rhetorik, Kommunikation etc.), sind kritisch darauf zu überprüfen, ob sie für die Bewerbung wirklich einschlägig sind. »Harte« Qualifikationen wie Projektmanagement oder Führungskompetenz sind hier darstellungswerter. Ein eintägiger Kurs zum Zeitmanagement hingegen sagt nichts darüber aus, ob Sie gut organisiert sind. Mehrjähriges ehrenamtliches Engagement oder eine Vereinstätigkeit neben der Promotion dagegen schon eher.

Übrigens wird erwartet, dass Sie Ihre Aussagen angemessen belegen: Fügen Sie bei einer Bewerbung im Wissenschaftsmanagement daher alle Arbeitszeugnisse, die sie von beruflichen Stationen haben, an. Wenn Sie sich von Ihrem*Ihrer wissenschaftlichen Vorgesetzten noch ein Zeugnis schreiben lassen, achten Sie darauf, dass dort auch die für das Wissenschaftsmanagement relevanten Tätigkeiten erwähnt werden. Auch die Zertifikate einschlägiger Weiterbildungen sollten Sie anhängen.

Ihre Adressat*innen

Grundsätzlich lohnt es sich bei jeder Bewerbung, über die Situation der Adressat*innen nachzudenken. Machen Sie sich bewusst, wer Ihre Bewerbung liest. In einer großen Organisation, beispielsweise einer großen Fördereinrichtung, ist dies als erstes die Personalabteilung, die meist sehr professionell mit Bewerbungen umgeht, von der Fachabteilung jedoch oft weit entfernt ist. Außerdem ist bei großen Institutionen auch mit zahlreichen konkurrierenden Bewerber*innen zu rechnen. Legen Sie daher besonderen Wert darauf, dass Ihre Bewerbung formal korrekt aufgebaut und gestaltet ist, denn hier wird in aller Regel im ersten Schritt formal »gesiebt«. Orientieren Sie sich bei der Strukturierung Ihres Anschreibens daran, in welcher Reihenfolge die gewünschten Qualifikationen in der Stellenausschreibung aufgeführt sind. Achten Sie auf eine gut lesbare Schriftgröße, eine spezifische Anpassung Ihres Lebenslaufs auf die geforderten Qualifikationen und auf die übersichtliche Gestaltung und Sortierung Ihrer Unterlagen. Machen Sie sich bewusst: Jeder Bewerbung werden im ersten Schritt nur wenige Minuten, manchmal Sekunden, Aufmerksamkeit zuteil. Ihr*e Adressat*in hat im Zweifel noch zahlreiche andere Bewerbungen auf dem Tisch und wird keine Zeit investieren, um sich in eine unübersichtliche Bewerbung einzuarbeiten.

In kleinen oder dezentral organisierten Institutionen, und das gilt auch für die meisten Hochschulen, übernimmt oft die Leitung einer Abteilung oder eines Teams, teilweise sogar die Mitarbeiter*innen, den gesamten Auswahlprozess. Sie müssen sich neben dem Tagesgeschäft mit den Bewerbungen befassen. Auch deshalb sollten Sie es Ihrem*Ihrer Leser*in so leicht und angenehm wie möglich machen. Kleine Institutionen haben den Vorteil, dass in den Stellenausschreibungen zukünftige Vorgesetzte und Kolleg*innen als Kontakt angegeben sind und Sie diese ansprechen können. Es ist daher besonders hilfreich, im Vorfeld einer Bewerbung telefonisch Kontakt aufzunehmen. Mit Ihrer Bewerbung erreichen Sie direkt jene Menschen, die eine*n neue*n Kollegen*in suchen. Vielleicht schauen diese über eine formale Schwäche der Bewerbung großzügig hinweg, wenn Sie dahinter eine nette, neugierige und kompetente Person erkennen. Achten Sie bitte trotzdem darauf, dass keine Kaffeeflecken auf Ihrem Anschreiben sind. Im Ernst: Eine lieblose, zusammenkopierte Bewerbung macht nirgendwo Eindruck.

3.3 Das Vorstellungsgespräch

Sie haben es geschafft: Sie sind zum Bewerbungsgespräch eingeladen worden. Ein Vorstellungsgespräch kann im Wissenschaftsmanagement sehr unterschiedlich ablaufen. Neben dem Abgleich Ihrer Erfahrungen und Kompetenzen mit den konkreten Erfordernissen der Stelle versuchen beide Seiten im persönlichen Gespräch zu erfahren, ob die Chemie stimmt, ob der*die Bewerber*in zum Team passt und ob sich der positive Eindruck, der aus den schriftlichen Unterlagen entstanden ist, bestätigt. Neben messbaren Kompetenzen geht es dabei auch um Interaktion und Emotionen, daher ist bei jedem Bewerbungsgespräch immer ein Quäntchen Glück im Spiel. Es muss einfach passen, und jenseits der fachlichen und persönlichen Eignung kann man das nur bedingt beeinflussen. Dennoch ist es wichtig, sich in angemessener Form auf das Gespräch vorzubereiten, nicht zuletzt um Einsatzbereitschaft und ein ehrliches Interesse an der Stelle zu zeigen.

Wie bereite ich mich vor?

Wenn Sie zu einem Bewerbungsgespräch eingeladen werden, ist es Zeit, sich noch einmal besonders gründlich auf der Homepage der Institution umzusehen. Grundsätzlich informiert haben Sie sich vermutlich bereits für die schriftliche Bewerbung, vielleicht haben Sie auch schon einen öffentlich zugänglichen Newsletter der Institution abonniert. Im Vorfeld des Gesprächs sollten Sie einen gründlichen Blick in Selbstdarstellung, Tätigkeitsberichte, Organigramme oder Broschüren werfen. In der Regel finden Sie passende Informationen und Material zum Download auf der Homepage. Vielleicht erscheint Ihnen diese Vorbereitung naheliegend. Leider ist diese grundlegende Beschäftigung mit potenzieller Tätigkeit und Arbeitgeber*in für einen großen Teil der Bewerber*innen nicht selbstverständlich, was im Vorstellungsgespräch in der Regel negativ auffällt und zu unnötigen Enttäuschungen bei Arbeitgeber*innen wie Bewerber*innen führt. Hier lohnt es sich also Zeit zu investieren, um gegenüber der Konkurrenz die Nase vorn zu haben.

Wir schlagen vor, Homepage und Texte anhand einiger Leitfragen durchzuarbeiten: Recherchieren Sie zunächst zum konkreten Arbeitsbereich, für den Sie sich bewerben: Was sind die Aufgaben? Was davon übernimmt die ausgeschriebene Stelle, was andere Personen? Wie ist der Bereich in die Organisationsstruktur eingebunden? Wer sind die Führungskräfte? Prägen Sie sich ihre Namen ein, es ist sehr wahrscheinlich, dass Sie das Vorstellungsgespräch mit genau diesen Leuten führen werden. Wer könnte zu Ihrem zukünftigen Team gehören? Weiten Sie Ihre Recherche dann aus: Was sind aktuelle Herausforderungen und Themen, mit denen sich die Institution beschäftigt? Welche Auswirkungen und Aufgaben ergeben sich dadurch für den Arbeitsbereich? Mit welchen anderen Bereichen innerhalb und außerhalb werden Sie möglicherweise zusammenarbeiten? Sie können auch die in der Stellenausschreibung oder in der Einladung genannte Ansprechperson kontaktieren und zu Ihrer Vorbereitung inhaltliche Fragen zur Stelle klären. Ausführlicher haben wir dies in Kapitel 2.4 beschrieben.

Um sich über Ihre eigenen Vorstellungen klar zu werden, empfehlen wir Ihnen, eine kurze Liste der zentralen Qualifikationen, um die es schon im Bewerbungsschreiben ging, zu erstellen. Sammeln Sie für jeden Punkt gute Argumente: Welche passenden Erfahrungen, Eigenschaften und Qualifikationen haben Sie? Überlegen Sie sich Beispiele, die Ihre Kompetenzen knapp belegen. Wie haben Sie gelernt, (sich) zu organisieren? Wie haben Sie Ihr Durchhaltevermögen entwickelt? Was war eine besonders knifflige Situation, die Sie bewältigen konnten? Wie sind Sie mit einem Misserfolg klargekommen? Seien Sie authentisch und aufrichtig. Menschen lieben Geschichten, und eine gute Geschichte kann auch ein Scheitern enthalten oder eine*n Held*in, der*die nicht perfekt ist. Dasselbe Prinzip können Sie auf Ihre Motivation für das Wissenschaftsmanagement anwenden: Was hat Ihr Interesse geweckt? An welcher Begebenheit haben Sie erkannt, dass Sie für eine solche Tätigkeit prädestiniert sind?

Bereiten Sie eine kurze Selbstvorstellung vor. In vielen Bewerbungsgesprächen wird diese klassischerweise zum »Aufwärmen« genutzt. Hier sollten Sie zwei bis drei Minuten über Ihren Werdegang und Ihre Passung zur Stelle sprechen. Wie schon im Abschnitt zum Anschreiben ausgeführt, geht es dabei nicht um eine lückenlose Aufzählung aller Stationen und Tätigkeiten. Stattdessen sollten Sie hier neben den groben Eckdaten zu Ihrer Ausbildung und Berufserfahrung die für die Stelle einschlägigen Kenntnisse und Fähigkeiten zusammenfassen. Gehen Sie nicht davon aus, dass Ihrem Gegenüber alle Qualifikationen aus Anschreiben und Lebenslauf bekannt sind. Gerade an Tagen mit einer Reihe von Vorstellungsgesprächen können Ihre Auswähler*innen sich nicht an alle Details erinnern. Umso entscheidender ist daher alles, was im Gespräch mitgeteilt wird. Falls Sie dem*der Arbeitgeber*in schon bekannt sind, kann es sein, dass auf diese Selbstvorstellung verzichtet wird. Dann sollten Sie Ihre Vorqualifikation an passenden Stellen im weiteren Gespräch einflechten.

Ein weiterer Klassiker ist, wie bereits erwähnt, die Frage nach Ihrer Motivation, sich im Wissenschaftsmanagement zu bewerben. Gefragt werden kann auch nach Ihrem Verständnis von Ihrer zukünftigen Rolle. Die meisten Institutionen möchten sichergehen, dass Sie sich diesen Schritt gut überlegt haben und nicht nach einem halben Jahr zurück in die Wissenschaft wechseln oder frustriert sind, weil es mit der wissenschaftlichen Karriere nicht geklappt hat. Wichtig ist dabei zum einen, dass Sie sich nicht als Wissenschaftler*in präsentieren. Zum anderen sollten Sie nicht schlecht über ehemalige Vorgesetzte, das Wissenschaftssystem oder unfaire Förderbedingungen sprechen. Negative Botschaften über andere werfen in einem Vorstellungsgespräch immer einen schlechten Eindruck auf Sie selbst.

Wenn das Einladungsschreiben keine genauen Informationen zum Ablauf des Bewerbungsverfahrens enthält, können Sie zu Ihrer Sicherheit bei der angegebenen Ansprechperson nachfragen, welche Art von Verfahren und welche Gesprächspartner*innen Sie erwarten. In der Regel werden klassische Vorstellungsgespräche angesetzt. Assessment-Center sind die Ausnahme, mehrstufige Verfahren, bei denen unter Umständen eine Praxissaufgabe gelöst werden muss, kommen häufiger vor. Typische Beispiele für eine Praxisaufgabe sind die Erstellung eines Konzepts für ein Förderprogramm oder für eine Veranstaltung, ein Rollenspiel für eine Beratungssituation oder eine Kurzpräsentation zur Weiterentwicklung des Aufgabenbereichs. Machen Sie als Vorbereitung für eine mögliche Praxisaufgabe ein kurzes Brainstorming, denn im Bewerbungsverfahren werden Sie nur wenig Zeit dafür haben. Wenn keine Aufgabe gestellt wird, können ähnliche Fragen im Gespräch thematisiert werden.

Auch mit Fragen zu Ihrer Teamfähigkeit sollten Sie rechnen. In der Wissenschaft arbeitet man häufig als Einzelkämpfer*in, im Wissenschaftsmanagement in der Regel im Team (siehe Kapitel 4 »Die ersten hundert Tage«). Bei diesem Thema können auch Beispiele aus dem privaten Kontext, vom Sportverein bis zum Laienorchester, als Beleg dienen. Da Sie in praktisch allen Bereichen des Wissenschaftsmanagements mit internationalen Wissenschaftler*innen oder Studierenden zu tun haben, sollten Sie darauf vorbereitet sein, dass Ihnen Fragen auf Englisch gestellt werden, um Ihre Sprachkenntnisse zu prüfen.

Vergessen Sie beim Nachdenken über gute Antworten nicht, eigene Fragen an Ihre Gesprächspartner*innen zu formulieren. Spätestens am Ende des Gesprächs wird Ihnen üblicherweise die Gelegenheit gegeben, Ihrerseits Fragen zu stellen. Dann sollten Sie vorbereitet sein und Ihre wichtigsten und interessantesten Punkte gut formuliert vorbereitet haben. Beschränken Sie sich auf ein oder zwei Fragen, es warten noch andere Bewerber*innen und die Gespräche sind in der Regel eng getaktet. Weitere Details können Sie erfragen, wenn Sie die Stelle angeboten bekommen.

Möglicherweise haben Sie ein Anliegen, das Sie mit dem*der Arbeitgeber*in verhandeln möchten. Das kann der Fall sein, wenn Sie Teilzeit in Anspruch nehmen wollen oder gern die Möglichkeit hätten, teilweise im Homeoffice zu arbeiten. Hier empfehlen wir, dass Sie sich im Vorfeld des Vorstellungsgesprächs klar werden, wie wichtig dieses Anliegen für Sie ist. Ist es eine zwingende Bedingung, ohne die Sie die Stelle nicht antreten können?

Oder wäre es nur ein Pluspunkt, der für Sie die Stelle attraktiver machen würde? Oder geht es eher um eine Perspektive, die zu einem späteren Zeitpunkt realisiert werden soll? Möglicherweise können Sie bei Ihrer Recherche im Vorfeld herausfinden, ob es an der Institution entsprechende Rahmenvereinbarungen gibt. Sprechen Sie das Thema grundsätzlich erst zum Ende des Gesprächs an, wenn Sie Ihre*n potenzielle*n Arbeitgeber*in von Ihren Kompetenzen überzeugt haben und er*sie Interesse entwickeln konnte, Sie zu gewinnen. Ein strategisch günstigerer Zeitpunkt für eine solche Nachfrage ist, wenn Sie das Stellenangebot bekommen. Hier ist Ihr Verhandlungspotenzial am größten. Wenn man Sie gern einstellen möchte, wird man nach Möglichkeiten suchen, Ihnen entgegenzukommen. Oder Ihnen erklären, warum das nicht möglich ist.

Zuletzt machen Sie sich wahrscheinlich auch darüber Gedanken, was Sie zum Gespräch anziehen werden und wie Sie sich ganz allgemein präsentieren. Das Wissenschaftsmanagement ist kein Start-up-Unternehmen, setzten Sie also eher auf formelle Kleidung und ein verbindliches Auftreten. Es macht überhaupt nichts, wenn Ihre Gesprächspartner*innen weniger formell gekleidet sind. Freuen Sie sich, wenn die Gesprächsatmosphäre locker ist. Bleiben Sie trotzdem verbindlich und werden Sie nicht familiär. Ein Bewerbungsgespräch ist eben ein formeller Anlass: Sie zeigen hier, dass Sie in der Lage sind, die Institution auch nach außen zu repräsentieren, etwa im Kontakt mit Gutachter*innen, Politiker*innen, Journalist*innen etc. Dass Sie ein lockerer Typ sind, mit dem man bei der Arbeit auch Spaß haben kann, können Sie beweisen, wenn Sie den Job haben.

Gesprächssituationen üben

Falls Sie eher schüchtern sind, beim Gedanken an ein Bewerbungsgespräch außergewöhnlich nervös werden oder sich aus anderen Gründen besonders gut vorbereiten wollen, empfehlen wir, die Gesprächssituation im Vorfeld durchzuspielen. Vielleicht ist es auch hilfreich, ein Bewerbungstraining des Career Service oder der Personalentwicklung in Anspruch zu nehmen oder sich durch eine*n Coach bei der Vorbereitung unterstützen zu lassen.

Natürlich können Sie nicht vorhersehen, wie die Situation genau sein wird und welche Fragen konkret gestellt werden. Aber Sie können einige

Annahmen darüber treffen und sich die Situation so gut wie möglich vergegenwärtigen. Wie wird es sein, in den Raum gerufen zu werden? Was fühlen Sie dabei? Vielleicht beruhigt es Sie, einen kleinen Talisman in der Tasche zu tragen. Oder sich mit einem anderen Symbol daran zu erinnern, dass dieses Gespräch eine Chance ist und Sie neugierig sein dürfen, wen Sie gleich kennenlernen.

Stellen Sie die Gesprächssituation so gut wie möglich nach. Hier ist es von Vorteil, dass solche Situationen sehr formalisiert sind. Jemand wird Ihnen die Hand geben, man bietet Ihnen einen Platz und vielleicht etwas zu trinken an, stellt sich vor, freut sich, dass Sie kommen konnten, erkundigt sich, ob Sie »es gut gefunden haben«... Wenn Sie sich diese ersten fünf Minuten und das »Warm up« bewusst gemacht und spielerisch durchlaufen haben, gibt Ihnen das für das gesamte Gespräch Sicherheit. Legen Sie für das Rollenspiel die Sitzplätze fest: Bewerber*in am Kopf des Tisches, Gesprächspartner*in eins links, Gesprächspartner*in zwei rechts... und dann nehmen Sie ganz bewusst die Rolle Ihres Gegenübers auf dessen*deren Sitzplatz ein. Wie fühlt sich das an? In welcher Situation ist Ihr Gegenüber? Wie wirken Sie als Bewerber*in auf ihn*sie? Erkunden Sie, seien Sie neugierig, spielen Sie. Je mehr Spaß Sie in einem solchen Rollenspiel haben, desto entspannter bleiben Sie in dem tatsächlichen Gespräch. Vielleicht müssen Sie sogar mitten im Bewerbungsgespräch lächeln, weil Ihnen Szenen aus den Übungssituationen einfallen.

Werden Sie sich bewusst: Ihnen sitzen Menschen gegenüber. Menschen, die einen anstrengenden Tag vollgepackt mit Gesprächen erleben. Menschen, die Lust haben, interessante Personen wie Sie kennenzulernen. Menschen, die eine*n nette*n, motivierte*n, qualifizierte*n neue*n Kollegen*in finden möchten. Und bei jeder Person, die den Raum betritt, hoffen: »Vielleicht ist er*sie es?«. Das bedeutet, dass auch Ihr Gegenüber sich wünscht, dass sie ein inspirierendes, lockeres, erkenntnisreiches Gespräch haben.

3.4 Strategien für Ihre Bewerbung

Auch im Vorfeld gibt es einiges, was Sie für eine erfolgreiche Bewerbung für das Wissenschaftsmanagement tun können. Je besser Sie dafür wissen, welche Tätigkeitsbereiche Sie anstreben, umso strategischer können Sie vorgehen. Zur Anpassung Ihrer Strategie empfehlen wir, bei erfolglosen Bewerbungen den Grund für die Ablehnung zu erfragen. Das ist in Kapitel 2.5 beschrieben.

Fortbildungen und Zertifikate

Viele Interessent*innen für das Wissenschaftsmanagement fragen sich, ob sie ihre Bewerbungschancen durch eine Aus- oder Weiterbildung erhöhen können. In der Tat gibt es immer mehr Studiengänge und Weiterbildungen für das Wissenschaftsmanagement (siehe Anhang). Sie werden jedoch feststellen, dass die meisten Studiengänge und Weiterbildungen ausschließlich berufsbegleitend angeboten werden, in der Regel für Personen, die bereits in diesem Bereich arbeiten. Sie können sich also nicht vorbereitend für »das Wissenschaftsmanagement« qualifizieren. Eine Ausnahme stellen die Programme zum Einstieg ins Wissenschaftsmanagement dar, die verschiedene Universitäten für ihren wissenschaftlichen Nachwuchs anbieten. Diese können ein idealer Reflexionsraum für Ihre Karrierepläne sein und Ihnen die Grundlagen des Wissenschaftsmanagements nahebringen. Erkundigen Sie sich bei Ihrer Personalentwicklung oder dem Graduiertenzentrum, ob ein solches Angebot an Ihrer Forschungseinrichtung besteht.

Eine spezifische Weiterbildung für den Tätigkeitsbereich, der Sie interessiert, kann jedoch hilfreich sein. Finden Sie dafür unbedingt heraus, was als Voraussetzung für den Einstieg in diesen Bereich des Wissenschaftsmanagements erwartet wird. Vielleicht genügen einige wenige, gut ausgewählte Ausbildungsmodule. Perfektionieren können Sie Ihr Wissen im Job, denn dann werden Ihre Weiterbildungsbestrebungen von guten Arbeitgeber*innen finanziell und mit Anrechnung auf die Arbeitszeit unterstützt. Vielleicht ist der Job, auf den Sie sich bewerben wollen, aber auch noch zu hoch gegriffen und Sie sollten zunächst Berufserfahrung an anderer Stelle sammeln.

Einige Weiterbildungen, die in bestimmten Tätigkeitsbereichen erwartet werden oder jedenfalls eine wertvolle Vorqualifikation sind, haben wir Ihnen in Kapitel 1.2 genannt. Um konkrete Erwartungen und Einstellungsbedingungen zu identifizieren, sind eine gute Recherche, die Analyse einschlägiger Stellenausschreibungen und idealerweise Informationsgespräche mit

Arbeitgeber*innen hilfreich. Allerdings können Ihnen dabei auch Arbeitgeber*innen begegnen, die gar nicht so genau wissen, was sie eigentlich erwarten. Genau das wollen Sie aber möglichst präzise herausfinden, um nicht Zeit und Geld dafür aufzuwenden, sich für alle Eventualitäten abzusichern. Bleiben Sie also an dieser Frage dran und nutzen Sie beispielsweise die Netzwerkstrategien, die wir Ihnen in Kapitel 2 vorgestellt haben.

Vorerfahrung sammeln

Je früher Sie die Entscheidung über Ihre berufliche Zukunft treffen, desto einfacher ist der Einstieg. Durch seine Nähe zu Lehre und Forschung bietet das Wissenschaftsmanagement in besonderer Weise Möglichkeiten, bereits während Studium oder Promotion einschlägige Berufserfahrung zu sammeln.

Ein möglicher Zugang ist das Engagement in universitären Initiativen. Die Mitarbeit in Gruppen, die internationale Studierende unterstützen, kann Sie beispielsweise mit dem International Office, dem Sprachenzentrum, dem DAAD oder etwa der Alexander von Humboldt-Stiftung in Kontakt bringen. Vielleicht hatten Sie im Studium Lust, Mensapartys zu organisieren, und landen später im Veranstaltungsmanagement. Vielleicht unterstützen Sie Ihre*n Professor*in bei der Abrechnung von Drittmittelprojekten und dem Dialog mit der Verwaltung. Oder Sie beteiligen sich an Nutzergruppen oder Expert*innengremien innerhalb Ihrer Forschungseinrichtung, in denen Nachwuchswissenschaftler*innen ihre Erfahrungen und Wünsche zu den Angeboten und Strukturen der Nachwuchsförderung einbringen (zum Beispiel im Rahmen des Qualitätsmanagements, der Gleichstellung oder Personalentwicklung).

Denkbar ist auch ein Engagement in der universitären Selbstverwaltung. Hier können Sie einen Eindruck davon gewinnen, wie Forschungseinrichtungen in Deutschland funktionieren, welchen ungeschriebenen Gesetzen sie folgen und wie Entscheidungen zustande kommen. Ein solches Engagement ist aufwendig, deshalb sind nur wenige Studierende und Promovierende dazu bereit. Ein echtes Alleinstellungsmerkmal also, das eindrucksvoll Ihre Einsatzbereitschaft und Ihr Interesse an Wissenschaftspolitik und Wissenschaftsmanagement demonstriert.

Die meisten entdecken das Wissenschaftsmanagement erst im Verlauf ihrer Promotion. Hier können »Hybrid-Jobs«, die zur Hälfte eine Qualifikationsstelle, zur anderen Hälfte das Studiengangsmanagement oder die Geschäftsführung eines Graduiertenkollegs umfassen, eine für das Wissenschaftsmanagement relevante Berufserfahrung sein. Forschungsverbünde und Graduiertenschulen brauchen eine*n Organisator*in im Hintergrund, daher steht bei der Beantragung solcher Strukturen typischerweise auch eine Koordinationsstelle im Budget. Wenn die Drittmittel bewilligt werden, müssen solche Stellen zügig besetzt werden, daher lohnt es sich, bereits im Vorfeld vorzufühlen, wenn ein Antrag geplant ist oder der Bewilligungsprozess läuft.

Für den Eintritt ins Wissenschaftsmanagement ist eine solche Stelle ideal, da Sie schon vor Ihrem Abschluss zahlreiche Erfahrungen sammeln können. Achten Sie jedoch darauf, dass sich der Abschluss Ihrer eigenen Promotion dadurch nicht zu lange hinauszögert. Die Koordination eines solchen Projekts kann ein Sprungbrett sein, ist aber nichts für die Ewigkeit. Für die wissenschaftliche Karriere ist eine solche Zusatzbelastung eher hinderlich. Eine weitere Möglichkeit besteht darin, an einem Drittmittelantrag mitzuarbeiten oder selbst einen Antrag zu schreiben. Damit halten Sie sich noch alles offen, denn selbstverständlich ist eine solche Erfahrung sowohl für eine wissenschaftliche Karriere wie auch für das Wissenschaftsmanagement von großem Wert.

Einstiegspositionen

Die eben erwähnten Koordinationsstellen sind eine klassische Einstiegsposition für das Wissenschaftsmanagement. Auch weitere fachnahe Stellen werden häufig an Berufsumsteiger*innen aus der Wissenschaft vergeben, zum Beispiel die Stellen von Studienmanager*innen und Koordinationsstellen von Forschungsprojekten und Fachbereichen. Stellen als Persönliche*r Referent*in werden oft mit frisch promovierten Bewerber*innen besetzt. Hinzu kommen die Referent*innenstellen in Begabten- und Forschungsförderinstitutionen.

Um innovative Maßnahmen in das Hochschulmanagement einzuführen, werden meist auf ein bis zwei Jahre befristete Projekte eingeworben. Wegen ihrer kurzen zeitlichen Perspektive sind diese Stellen in der Regel nicht für erfahrene Wissenschaftsmanager*innen attraktiv, die eine Dauerstelle suchen oder bereits innehaben. Daher bieten Projektstellen eine reelle Chance für den Quereinstieg und zugleich inhaltlich spannende Themen, die nicht selten Zukunftspotenzial haben.

Typisch für einen Einstieg ins Wissenschaftsmanagement sind auch Elternzeitvertretungen. Hier werden anspruchsvollere Stellen oft kurzfristig und für einen überschaubaren Zeitraum vergeben, sodass nur institutionsweit ausgeschrieben wird und der Bewerber*innenkreis deutlich kleiner ausfällt. Für Sie kann das eine Chance sein: Zwar bietet eine Elternzeitvertretung nur eine kurze zeitliche Perspektive, oft aber genau die Arbeitserfahrung, die Ihnen im Anschluss den dauerhaften Einstieg ins Wissenschaftsmanagement ebnet.

Wenn Sie nach mehr als einem »Brotjob« suchen und Ihnen eine inspirierende Tätigkeit wichtig ist, die Ihren Interessen entspricht, sollten Sie strategisch denken. Das Wissenschaftsmanagement bietet einerseits ungewöhnlich gute Möglichkeiten, auch langfristig immer wieder neue Schwerpunkte zu setzen oder eine »Expert*innen-Karriere« zu verfolgen, sich also inhaltlich auf einem Gebiet einen Namen zu machen. Falls Sie hingegen Ambitionen hegen, in eine Führungsposition aufzusteigen, sollten Sie von Beginn an strategisch vorgehen. Wie in der Wissenschaft auch spielt das Renommee der Institutionen, an denen Sie arbeiten, eine Rolle. Wenn Sie hoch hinaus wollen, sollten Sie gleich zu Beginn ein Umfeld suchen, in dem Sie eine Chance haben, den Entscheider*innen im Wissenschaftsmanagement zu begegnen. Zum Beispiel bieten sich dafür als Einstieg eine Stelle als persönliche*r Referent*in oder eine Tätigkeit in der Zentrale von außeruniversitären Forschungseinrichtungen an. Hier können Sie lernen, wie das Topmanagement im Wissenschaftssystem in der Realität funktioniert.

Auch auf allen anderen Ebenen des Wissenschaftsmanagements gibt es ungeschriebene Regeln, implizite Verhaltenskodizes und spezifische Kommunikationsstrategien. Einige stellen wir Ihnen im folgenden Kapitel für Ihre ersten hundert Tage im Wissenschaftsmanagement vor.

4. Die ersten hundert Tage

Es ist soweit, Sie haben es geschafft: Sie beginnen Ihren ersten Job im Wissenschaftsmanagement! Wir möchten Ihnen anbieten, Sie noch ein Stück zu begleiten, um Ihnen den Einstieg zu erleichtern.

4.1 Den Überblick behalten

In den ersten Tagen im Wissenschaftsmanagement ist für Sie wahrscheinlich alles genauso aufregend wie unübersichtlich. Sie begegnen vielen Menschen und abends schwirrt Ihnen von den neuen Eindrücken der Kopf. Genießen Sie es, das ist völlig normal und muss so sein. Selbst wenn Sie an derselben Universität im Wissenschaftsmanagement anfangen, an der Sie zuvor Wissenschaftler*in waren, erleben Sie eine ganz andere Berufswelt. Werfen Sie sich in den Strom der Ereignisse und bleiben Sie so entspannt wie möglich. Es ist am Anfang vollkommen in Ordnung, dass Sie keinen Durchblick haben. Es ist sogar ein klassisches Fettnäpfchen beweisen zu wollen, dass man den Durchblick hat. Lassen Sie stattdessen Ihren neuen Kolleg*innen den Raum zu zeigen, was sie machen und können: Erst verstehen, dann verstanden werden. Hören Sie zu, beobachten Sie und versuchen Sie keine Vorschläge einzubringen, wie man alles besser machen könnte.

Je weiter Sie in Ihrer wissenschaftlichen Tätigkeit gekommen sind, desto schwerer fällt es Ihnen möglicherweise, sich erstmal wieder als Anfänger*in zu fühlen. Versuchen Sie das trotzdem zu akzeptieren. Das Wissenschaftsmanagement funktioniert anders als die Wissenschaft, nutzt andere Werkzeuge und man geht anders miteinander um. Schauen Sie sich erst einmal alles in Ruhe an. Mit ein paar allgemeinen Tugenden wie Pünktlichkeit, guter Selbstorganisation und der Einhaltung von Fristen bei Ihren ersten Aufgaben erwerben Sie sich gleich Anerkennung.

Tragen Sie auf jeden Fall ein Notizbuch mit sich herum oder machen Sie sich elektronische Notizen. Wahrscheinlich werden die Kolleg*innen Ihnen weit mehr Informationen anbieten, als Sie aufnehmen können: Funktionsweisen von Computerprogrammen, interne Abläufe und Strukturen, Namen, Ansprechpartner*innen, Wege nach hierhin und dorthin. Notieren Sie einfach so viel wie möglich und schreiben Sie sich vor allem auf, wen Sie später (wenn Sie diese Information tatsächlich brauchen) noch einmal danach fragen können. Selbst wenn Sie das Gefühl haben, sich alles merken zu können, schreiben Sie es trotzdem auf. Es sind einfach zu viele Informationen. Die Kolleg*innen werden Ihnen nachsehen, dass Sie sich nicht alles gleich merken können und in aller Regel sind Nachfragen willkommen. Trauen Sie sich zu fragen, wenn Sie etwas nicht wissen. Bitten Sie frühzeitig um Hilfe, wenn Sie etwas nicht schaffen. Sie bringen sonst eventuell Kolleg*innen mit einem vermeidbaren Fehler in Schwierigkeiten, und das sollte Ihnen möglichst nicht passieren.

Ein neuer Job ist eine hervorragende Gelegenheit, das Namensgedächtnis zu trainieren. Sollten Sie der Überzeugung sein, ein schlechtes Namensgedächtnis zu besitzen: Diese Fähigkeit kann man trainieren, und es kann sogar Spaß machen. Es gibt dafür wunderbare Methoden, die Sie sehr schnell erlernen können, und diese Mühe lohnt sich.[35] Erstens werden Sie rasch Fortschritte machen, zweitens freuen sich Menschen darüber, wenn man sich an ihren Namen erinnert, drittens wird man Sie für diese Fähigkeit bewundern, da sie kaum jemand gut beherrscht, und viertens ist ein gutes Namensgedächtnis eine unschätzbare Ressource für Ihre weitere Karriere im Wissenschaftsmanagement, die Ihnen immer wieder nützliche Dienste leisten wird.

4.2 Loyalität

Während die Identifikation in der Wissenschaft oft über das Fach oder den Lehrstuhl funktioniert, identifizieren sich Mitarbeiter*innen in Wissenschaftsmanagement und Verwaltung mit ihrer Institution. Ein weiterer Punkt, den Sie daher von Beginn an beherzigen sollten, ist Loyalität zu Ihrem*Ihrer Arbeitgeber*in. Das bedeutet nicht, dass Sie mit allem einverstanden sein müssen, was Ihnen an Ihrem neuen Arbeitsplatz begegnet. Loyal zu sein heißt, sich darüber klar zu werden, dass man mit der Arbeitsstelle eine professionelle Rolle einnimmt, die es von der privaten Rolle zu unterscheiden gilt. In Ihrer beruflichen Rolle sind Sie auch Repräsentant*in Ihrer Institution. Am Telefon oder im sonstigen Kontakt mit Außenstehenden vertreten Sie Ihre*n Arbeitgeber*in. Wo es Ihnen notwendig erscheint, können Sie das explizit machen, also ausdrücklich anmerken, dass Sie in dieser Situation in Ihrer Rolle als Mitarbeiter*in sprechen (und damit andeuten, dass Ihre private Meinung möglicherweise eine andere ist).

Wenn Sie etwas kritisieren möchten (oder müssen), tun Sie das innerhalb der Institution und finden Sie den*die richtige*n Adressaten*in. Sprechen Sie die Person an, die Verantwortung für die Umstände trägt, die Ihnen kritikwürdig erscheinen. Gerade am Anfang empfiehlt es sich, nicht mit der Tür ins Haus zu fallen, sondern erst einmal zu fragen: »Ich habe folgendes beobachtet. Was ist der Hintergrund? Warum wird das so gemacht?« Vielleicht ermutigt man Sie, Probleme zu benennen, die Ihnen mit Ihrem frischen Blick auf die Institution auffallen. Finden Sie vorsichtig heraus, ob diese Aufforderung aufrichtig gemeint ist. Bieten Sie Ihre Beobachtungen bei geeigneten Gelegenheiten an, also beispielsweise bei Gesprächen unter vier Augen mit in der Sache betroffenen Kolleg*innen oder Führungskräften. Reden Sie dabei nicht schlecht über Abwesende, bleiben Sie integer. Und behalten Sie im Hinterkopf, dass Sie sich möglicherweise irren oder Kritik aus verschiedenen Gründen momentan nicht gefragt ist. Wir hoffen natürlich, dass dieser Punkt für Sie irrelevant ist, weil Sie sich auf Ihrer neuen Stelle rundum wohl fühlen und begeistert von den neuen Kolleg*innen und der Institution, in der Sie arbeiten, sind.

4.3 Kolleg*innen

Die Wissenschaft ist in weiten Teilen durch einen Wettstreit um die beste Idee, Drittmittel und Karrierechancen geprägt. Teamarbeit spielt zwar insbesondere in den Laborwissenschaften eine wichtige Rolle, noch häufiger fördert das Wissenschaftssystem jedoch das Einzelkämpfertum. Das Wissenschaftsmanagement versteht sich hingegen als eine gemeinsame Unternehmung vieler verschiedener Menschen, die alle über unterschiedliche Fähigkeiten und Wissen verfügen und (mehr oder weniger) kooperativ zusammenarbeiten, um ein gemeinsames Ziel für ihre Institution zu verwirklichen. Dies stellt erhöhte Anforderungen an die Zusammenarbeit mit Kolleg*innen, zum Beispiel an die Weitergabe von Informationen und die Dokumentation von Arbeitsergebnissen, bietet aber auch viele Gelegenheiten für Co-Kreativität.

Das große Potenzial der Kolleg*innen an Wissen, Fähigkeiten und Perspektiven zum gemeinsamen Thema ist für Sie als der*die Neue unschätzbar wertvoll. Nutzen Sie es! Sie haben überall einen plausiblen Anlass, sich vorzustellen, ins Gespräch zu gehen und Fragen zu den Aufgaben Ihres Gegenübers zu stellen. Sie werden merken, dass die meisten Menschen sich sehr darüber freuen, wenn man Interesse für ihren Arbeitsbereich zeigt. Bei aufrichtigem Interesse ist das ein wunderbarer Weg, Vertrauen aufzubauen und für die Zukunft eine reibungslose Zusammenarbeit zu ermöglichen.

Für die Einarbeitung sollten Sie sich auch mit Verwaltungsabläufen vertraut machen. Nur wenn Sie die Rationalitäten der Verwaltung kennen, können Sie Prozesse regelkonform gestalten, aber auch kreative und innovative Vorgehensweisen sinnvoll implementieren (siehe Kapitel 4.5 »Abläufe beachten«). Kolleg*innen in der Verwaltung reagieren in der Regel sehr positiv darauf, wenn Sie erkennen lassen, dass Sie dazulernen wollen und gut kooperieren möchten. Finden Sie dabei auch heraus, mit welchen der Expert*innen aus der Verwaltung Sie am besten für einschlägige Detailkompetenz oder für kreative Lösungen zusammenarbeiten.

> *»Bei meiner Arbeit begeistern mich immer wieder die Menschen. Es sind in der Regel kluge, hoch motivierte und leistungsbereite Kolleginnen und Kollegen, die großes Interesse daran haben, Neues zu lernen und von denen ich ebenfalls immer wieder Neues lerne.«*
>
> *Petra, 49, Referentin Personalentwicklung*

Aufrichtiges Interesse für die Arbeit anderer, die Zeit, die Sie in aufmerksames Zuhören investieren, ist eine größere Anerkennung als jedes Lob. Menschen möchten wahrgenommen werden – das gilt auch für Ihre direkten Kolleg*innen und Vorgesetzten. Wir möchten Sie also ermutigen, mit offenen, neugierigen Augen durch Ihre Institution zu gehen und mit Ihren

Kolleg*innen in Kontakt zu treten. Hören Sie ihnen zu, sei es beim kurzen Plausch in der Kaffeeküche oder bei einer Verabredung zum Mittagessen. Sie werden mit unterschiedlichsten Blickwinkeln auf Ihre Institution belohnt, aus denen Sie sich Ihr eigenes, differenziertes Urteil bilden können. Sie werden das komplexe Funktionieren Ihrer Institution besser verstehen, die Qualität Ihrer eigenen Arbeit auf ganz einfache Art steigern und viele Fettnäpfchen vermeiden können.

Vielleicht werden in Ihrer Institution auch soziale Aktivitäten nach Feierabend angeboten. Beim gemeinsamen Sport, Musizieren oder anderen Aktivitäten lernen Sie Ihre Kolleg*innen in einer ganz anderen Rolle kennen und werden auch selbst anders gesehen. So wird es seltener passieren, dass Ihnen Kolleg*innen mit einem Vorurteil begegnen. Und möglicherweise überträgt sich der Spaß aus einer gemeinsamen Freizeitaktivität auch auf die Arbeit.

Zur Zusammenarbeit mit Kolleg*innen aus der Wissenschaft haben wir bereits in Kapitel 1.4 einiges gesagt und auf die nötige Rollenklarheit verwiesen. Hier noch der Hinweis: Nutzen Sie Gelegenheiten, wie den *dies academicus*, Empfänge und Sommerfeste, um Gespräche in einem informelleren Rahmen zu führen und gute Arbeitsbeziehungen zu festigen.

4.4 Strukturen und Mikropolitik

Vor allem an Universitäten und Hochschulen bewegen Sie sich in komplexen organisationalen Strukturen. Für die Arbeit im Wissenschaftsmanagement, nicht zuletzt, wenn Ihre Position in der zentralen Verwaltung einer Hochschule angesiedelt ist, spielen diese Organisations- und Entscheidungsstrukturen eine wichtige Rolle. Nehmen Sie sich daher zu Beginn etwas Zeit, um sich in ihnen zurechtfinden, auch wenn Sie vielleicht schon für Ihre Bewerbung erschlossen haben, wo Ihr Team in der Organisation verortet ist. Orientieren Sie sich nun an den Organigrammen Ihrer Institution oder entsprechenden Überblicksseiten: Wie ist die Zentrale aufgebaut? Welche Dezernate oder Abteilungen gibt es? Welche Stabsstellen sind beim Rektorat angesiedelt? Welche zentralen Einrichtungen existieren? Wie sind die wissenschaftlichen Einheiten aufgebaut? Gibt es angegliederte Institutionen? Wer sind die Leitungen der Verwaltungseinheiten und Fakultäten?

Diese Orientierung hilft Ihnen zum einen, die Vielfalt Ihrer Institution wahrzunehmen. Vielleicht entdecken Sie dabei nützliche Details: Aha, es gibt eine Druckerei? Vielleicht werden Sie sie nutzen, um Informationsmaterialien zu produzieren. Wie komplex die technischen Dienste aufgestellt sind! Und ein ganzes Referat koordiniert die universitären Gremien. Selbst wenn Sie bisher an derselben Universität wissenschaftlich gearbeitet haben, werden Sie vermutlich noch nicht mit allen zentralen Verwaltungseinheiten zu tun gehabt haben. Wenn Sie die Hochschule wechseln, gilt es, sich den Aufbau der neuen Einrichtung zu vergegenwärtigen.

Zum anderen erkennen Sie bei dieser Orientierung, auf welcher Ebene der Hierarchie Ihre Position formal und inhaltlich angesiedelt ist. Welche natürlichen Kooperationspartner*innen gibt es außerhalb Ihres Teams? Sind diese in derselben Organisationseinheit angesiedelt wie Sie? Oder vielleicht näher oder weiter vom Präsidium entfernt? Fragen Sie Kolleg*innen und Ihren*n Vorgesetzte*n, welche Rolle Hierarchien in Ihrer Organisation spielen. Wann müssen Sie bei Kooperationen mit Personen aus anderen Abteilungen bestimmte Dienstwege einhalten? Wann möchte Ihr*e Vorgesetzte*r einbezogen werden? Welche offene oder verdeckte Agenda muss vielleicht beachtet werden? Welche Ihrer Themen passen zu wichtigen strategischen Zielen des Rektorats? Sie werden merken, dass es zusätzlich zu den offiziellen Strukturen im Organigramm eine »Karte der internen Machtverhältnisse« gibt. Wenn Sie diese kennen, werden Sie besser verstehen, wen Sie aus formalen oder aber aus strategischen Gründen in Ihre Arbeit einbeziehen sollten, wenn Ihr Projekt von Erfolg gekrönt sein soll. Zu einem gelingenden Umgang mit der institutionellen Mikropolitik gehören mit etwas mehr Erfahrung in der Institution auch Lobbyarbeit, informelle Gespräche vor strategisch wichtigen Entscheidungen, taktische Gegenleistungen und Allianzen.

Eine ähnliche Orientierung sollten Sie auch in Bezug auf die Gremienstruktur Ihrer Institution durchführen. Universitäten und Hochschulen verfügen im Rahmen ihrer akademischen Selbstverwaltung in aller Regel über die klassische Struktur Institutsräte – Fachbereichs-/Fakultätsräte – Senat. Entscheidungen, die für die gesamte Institution relevant sind, müssen nacheinander auf allen Stufen zur Abstimmung gestellt werden. Einige Beschlüsse sind auch durch das Rektorat oder Präsidium zu bestätigen. Als Beratungs- und Aufsichtsgremium der Wissenschaftseinrichtung gibt es in der Regel einen Universitätsrat oder Kuratorium, das ausschließlich oder teilweise mit

Externen besetzt ist. Vielleicht haben Sie als Student*in oder Vertreter*in des Mittelbaus bereits Gremienerfahrung gesammelt. Ansonsten hilft der Blick ins Hochschulgesetz oder die Grundordnung der Universität bei der Orientierung.

Die meisten Fragen, die Ihre Arbeitsbedingungen als Mitarbeiter*in der zentralen Universitätsverwaltung betreffen, werden nicht in diesen Gremien, sondern vom Rektorat beschlossen. Die Strukturen der akademischen Selbstverwaltung sind aber immer dann für Sie von Belang, wenn Sie grundlegende Verfahren und Konzepte entwickeln, die den wissenschaftlichen Verantwortungsbereich oder die Struktur der Universität betreffen. Sie schreiben einen Entwurf für das Nachwuchsförderkonzept? Sie sind mit der Einführung eines neuen Internetauftritts befasst? Sie arbeiten im Berufungsmanagement oder der Gleichstellung? Sie entwickeln Kennzahlen für das Qualitätsmanagement in den Fachbereichen? Dann können Sie davon ausgehen, dass Sie Ihre Ergebnisse früher oder später den zuständigen Gremien zur Entscheidung vorlegen müssen. Orientieren Sie sich hierfür, welche Gremien es an Ihrer Institution gibt. Welche Ausschüsse hat der Senat? Wer sind die Vorsitzenden? Wie häufig ist deren Sitzungsturnus? Sind die Sitzungen teilweise öffentlich oder die Protokolle einsehbar? Wenn ja, kann die regelmäßige Lektüre Ihnen einen guten Einblick in aktuelle Themen und hochschulpolitische Konstellationen verschaffen. Denken Sie auch an den Personalrat, der für viele Themen, die Angebote für das Personal betreffen, zu informieren oder zu beteiligen ist.

Umgekehrt kann es auch sein, dass Sie in eine universitäre Arbeitsgruppe eingeladen werden, die sich mit Themen befasst, für die Sie Fachperson sind, zum Beispiel eine Kommission zur Erarbeitung des Personalentwicklungs- oder Transferkonzepts, der Internationalisierungsstrategie oder Strukturplanung. Hier gilt es oft, eine Balance zu finden: Zum einen geht es darum, inhaltliche Lösungen zu finden, die für alle Beteiligten tragfähig sind – also auch für Sie als inhaltliche*r Expert*in. Dafür ist es zum anderen wichtig, dass Sie sich als Expert*in profilieren. Gerade vielleicht auch gegenüber Professor*innen, die möglicherweise eine ganz andere Perspektive auf die Universität haben als Sie oder wenig Vorstellung von der fundierten Fachexpertise zu Hochschulstrategie und -management besitzen, die es neben ihrer eigenen Erfahrung im wissenschaftlichen Alltag gibt. Drittens vertreten Sie bei solcher Gelegenheit natürlich immer auch Ihre Abteilung und deren strategische Interessen. Wie in den wissenschaftlichen Gremien auch braucht es für ein souveränes und strategisches Auftreten oft Erfahrung. Für den Beginn hilft die beschriebene Orientierung und ein Auftreten, das Ihre Rollenklarheit mit dem Selbstbewusstsein verbindet, dass Sie einen relevanten Beitrag zum Funktionieren des Systems leisten.

> *»In einem jungen, dynamischen und internationalen Umfeld zu arbeiten bereichert mich sehr. Auch nach acht Jahren lerne ich durch neue Themen und spannende Menschen ständig dazu. In meiner Funktion bin ich oft Mittlerin zwischen Hochschulleitung, Fachbereichen und Verwaltung, da erreicht mich manchmal auch Frust, der eigentlich gar nicht mir gilt – das zu erkennen und von mir als Person zu trennen musste ich erst lernen. Freude an Kommunikation, Organisation und Perspektivwechseln sowie analytisches Denkvermögen sind für mich Grundvoraussetzung für eine Tätigkeit im Wissenschaftsmanagement.«*
>
> *Sarah, 33, Referentin für strategische Planung und Berufungen*

4.5 Abläufe beachten

In früheren Kapiteln sind wir bereits darauf eingegangen, dass die Verwaltung in besonderem Maße gesetzlichen Vorgaben folgen und für deren Einhaltung in der gesamten Institution sorgen muss. Sicher haben Sie sich im Studium über die mehrseitigen Immatrikulationsanträge gewundert und sind vielleicht auch als wissenschaftliche*r Mitarbeiter*in an vielen Punkten mit Verwaltungsvorgaben in Berührung gekommen. Vielleicht brauchten Sie für einen Drittmittelantrag Unterschriften der Hochschulleitung, die rechtzeitig eingeholt werden mussten, wahrscheinlich haben Sie sich bei der Planung Ihrer Lehrveranstaltungen an Einreichungsfristen gehalten und die zentralen Datenbankstrukturen genutzt. Oder Sie haben sich für die Abrechnung Ihrer Dienstreisen durch erstaunlich komplexe Formulare gequält. Gleichzeitig war Ihre wissenschaftliche Arbeit jedoch auch von vielen inhaltlichen und organisatorischen Freiräumen geprägt.

Wenn Sie im Wissenschaftsmanagement arbeiten, gehören Abläufe und Vorgaben, vor allem in der Zentrale von Wissenschaftseinrichtungen, zu Ihrem Alltag. Es ist unserer Erfahrung nach lohnenswert, sich in das zugrundeliegende System einzudenken und die Antriebslogik zu verstehen sowie die konkreten Vorgaben und Vereinbarungen, die Ihren Arbeitsalltag betreffen, frühzeitig kennenzulernen. Dabei lassen sich vier Bereiche unterscheiden:

Erstens gibt es verschiedene Regelungen, die sich auf Ihr Arbeitsverhältnis beziehen. Finden Sie heraus, welche Bestimmungen für das Einreichen von Urlaub, die Erfassung von Arbeitszeit, den Ausgleich von Überstunden, die Beantragung und Durchführung von Dienstreisen und lokalen Dienstgängen für Sie zutreffen. Bei wem, wie und wann melden Sie sich krank? Wie können Sie Homeoffice-Zeiten beantragen und nutzen? Was gilt es für eine Nebentätigkeit zu beachten? Gibt es einen Betriebsausflug oder die Möglichkeit eines Sabbaticals? Wer ist für Ihre Vertragsverlängerung oder Ihren Teilzeitantrag zuständig? Die Antwort auf die meisten dieser Fragen finden Sie bei der Personalabteilung oder beim Personalrat. Wie kommen Sie an Büroausstattung und Arbeitsmaterialien? Auf welchem Weg können Sie Bücher und Zeitschriften anschaffen? Wer bestellt Ihnen die nötige Hard- und Software? Welche Formulare müssen genutzt werden? In den meistens Fällen wird Ihre erste Ansprechperson für die Umsetzung von Vertrags- und Ausstattungsanliegen das Sekretariat Ihrer eigenen Abteilung sein. Erkundigen Sie sich, welche Vorgaben, üblichen Abläufe und Fristen eingehalten werden müssen. Nutzen Sie, wie in Kapitel 4.3 beschrieben, auch immer wieder die Gelegenheit, Ihre Ansprechpersonen in anderen Abteilungen dazu zu befragen, und abonnieren Sie interne Newsletter, um auf dem Laufenden zu bleiben.

Zweitens gibt es in Ihrem Team oder in Ihrer Abteilung sicherlich zahlreiche Vereinbarungen und Traditionen, wie Arbeitsprozesse gestaltet werden sollten. In den meisten Fällen arbeiten Sie nicht als Einzelkämpfer*in, sondern in Kooperation mit Kolleg*innen. Vielleicht müssen Vorgesetzte während Ihres Urlaubs oder Ihre Nachfolger*innen auf von Ihnen gestaltete Konzepte, Berichte und Korrespondenz zurückgreifen. Lassen Sie sich also erklären, wie das interne Ablagesystem funktioniert. Wie und wann müssen Kolleg*innen einbezogen werden, wenn Ihre Arbeit deren Fachgebiete tangiert? Wie wird in Ihrem Team der Informationsfluss gewährleistet? Gibt es ein Dokumentenmanagementsystem oder wird eine Software für das gemeinsame Bearbeiten von Dateien genutzt? Welche Formatvorlagen und Gestaltungsvorgaben gibt es? Für grundsätzliche Fragen dieser Art ist der*die

Vorgesetzte erste*r Ansprechpartner*in, für Details und Erfahrungsberichte die Kolleg*innen.

Drittens gibt es vermutlich zahlreiche Regelungen, die mit Ihrem Thema und den diesbezüglichen Arbeitsabläufen zu tun haben. Sie sollten die institutionseigenen Leitbilder, Satzungen und Handreichungen für Ihr Themenfeld kennen, manchmal auch die einschlägigen Paragraphen Ihres Landeshochschulgesetzes. Welche Formalia regelt die Promotionsordnung für die Doktorand*innen, die Sie mit Ihren Dienstleistungen begleiten? Wie funktioniert das Berufungsverfahren? Welche Bedingungen und interne Antragsfristen gibt es für die Mittelverteilung? Welche Berichtspflichten zu Ihrer Arbeit bestehen gegenüber dem Senat, dem Universitätsrat oder dem Ministerium? Wenn Sie Beschlussvorlagen oder Einladungsschreiben für Gremien erstellen: Welche formalen Vorgaben und Fristen gibt es? Wichtig für die Bereiche, die mit personenbezogenen Daten arbeiten, ist selbstverständlich auch der Datenschutz. Um sich einen Überblick über themenbezogene Regelungen zu verschaffen, sollten Sie eine*n Kollegen*in mit der entsprechenden Expertise befragen.

Viertens gibt es zahlreiche Prozesse, bei denen Sie andere Personen beziehungsweise Struktureinheiten einbeziehen müssen. Wenn Sie beispielsweise Fördergelder für Ihre Arbeit beantragen, müssen Haushaltsabteilung und Rektorat informiert sein. Bei personenbezogenen Programmen müssen oftmals Gleichstellungsbeauftragte, Personalrat, Integrations- oder Nachwuchsvertretungen einbezogen werden. Wie Sie sich auf der organisationalen Landkarte orientieren können, haben wir in Kapitel 4.4 beschrieben. Klären Sie am besten zu Beginn, wenn Sie ein Projekt übernehmen, welche anderen Beteiligten involviert werden müssen.

Einen möglicherweise gesunden Unwillen gegen Strukturen und Regelungen deutlich in Ihre Arbeitshaltung einfließen zu lassen, zahlt sich in aller Regel nicht aus. Profis kennen und beherrschen die Regeln so gut, dass sie auch um die gestalterischen Freiräume wissen und sie nutzen können. In diesen kann auch im Wissenschaftsmanagement eine ähnliche Kreativität gelebt werden wie in der Wissenschaft.

> *»Besonders gut gefällt mir an der Tätigkeit im Wissenschaftsmanagement, dass ich Einblicke in unterschiedliche Bereiche und damit verschiedene Perspektiven auf die Universität erhalte, wie beispielweise die stellentechnische,*

*finanztechnische, strategische und Forschungssicht. Aus diesem Grund finde ich Kommunikationsstärke als eine sehr wichtige Kompetenz in diesem Bereich. Herausfordernd nehme ich das oftmals langsame Tempo bis zur Umsetzung eines Vorhabens wahr. Dafür ist es umso schöner, wenn beispielweise eine hervorragende Berufung erfolgt, die viel Vorbereitung und Abstimmung bedurfte, oder gemeinsam mit unterschiedlichen Akteur*innen eine Neuerung, die für Juniorprofessor*innen eine großen Nutzen hat, auf den Weg gebracht wurde.«*

Inga, 35 Jahre, Referentin für Strukturentwicklung

4.6 Lernen im neuen Kontext

Die ersten Monate im Wissenschaftsmanagement sind eine besonders herausfordernde Zeit, in der Sie viel zu lernen haben. Ihren erfahrenen Kollegen*innen kommen diese Dinge so selbstverständlich vor, dass sie womöglich vergessen haben, dass man sie am Anfang lernen muss und dass das anstrengend und herausfordernd ist. Bleiben Sie gelassen: Es ist normal, dass eine Einarbeitung im Wissenschaftsmanagement sechs bis zwölf Monate dauert. Das liegt auch daran, dass im Jahresverlauf unterschiedliche Aufgaben anfallen, sodass im ersten Jahr immer wieder etwas Neues auf Sie zukommt.

Fragen Sie erfahrene Kolleg*innen um Rat und erkundigen Sie sich nach geeigneten Quellen, um sich in Fachgebiete einzulesen. Vermutlich wird Ihnen weit mehr Material zur Verfügung gestellt, als Sie lesen können. Leitfäden, Konzepte, Programmbeschreibungen, Gesetzestexte, Bestimmungen. Fragen Sie nette Kolleg*innen im Vertrauen, was die wichtigsten Quellen sind. Worum geht es bei diesen Regeln wirklich, warum sind sie wichtig, worauf achten andere Kolleg*innen im Alltag besonders? Welche Texte nehmen auch die Erfahrenen regelmäßig zur Hand, welche verstauben in Aktenordnern? Reflektieren Sie, ob Ihnen ein Text, den Sie lesen, wirklich weiterhilft. Am besten schon während Sie ihn lesen. Machen Sie sich systematisch Notizen, damit Sie Texte möglichst nicht zweimal lesen müssen oder Ihre Kolleg*innen mehrfach mit denselben Fragen behelligen.

Auch in Bezug auf Ihre Vorgesetzten sollten Sie Ihren »Welpenschutz« nutzen. Eine Einarbeitung und Mitarbeiter*innengespräche sind im Wissenschaftsmanagement an zahlreichen Institutionen üblich. Falls regelmäßige

Gespräche in der Probezeit nicht ohnehin selbstverständlich sind (zum Beispiel einmal im Monat oder zu Beginn, in der Mitte und zum Ende), bitten Sie unbedingt darum. Dieser wiederholte Kontakt ist wichtig, um Aufgaben und Ziele zu klären, Feedback zu bekommen und den Umgang mit Fehlern oder Fortbildungsbedarf zu besprechen. Fragen Sie Ihre*n verantwortliche*n Vorgesetzte*n, was von Ihnen erwartet wird. Dies sollte offen angesprochen werden, da das Risiko besteht, dass sonst implizit eine nicht zu erfüllende Anzahl oder zu hohe Erwartungen an Sie gerichtet werden. Oder dass Sie selbst zu hohe oder zu niedrige Ansprüche an Ihre neuen Aufgaben stellen.

Falls der*die Vorgesetzte eine große Zahl oder sehr hohe Erwartungen äußert, sollte Sie nach Prioritäten zu fragen. Was ist das Wichtigste? Was können Sie im Zweifel zurückstellen? Bei solchen Absprachen demonstrieren Sie Kooperationsfähigkeit und Verhandlungsgeschick und zeigen Verantwortung. Es ist weder für Ihre*n Vorgesetzt*en noch für die Institution sinnvoll, wenn Sie unter überhöhten Erwartungen zusammenbrechen oder die falschen Prioritäten setzen. Ebenso legitim ist es, nach Hinweisen (nicht nach einer Anleitung) zu fragen, wie Sie eine komplexe Aufgabe angehen oder wen Sie dazu ansprechen können. Nehmen Sie Ihre Vorgesetzten in die Verantwortung.

Fehler und Konfliktgespräche

Das Wissenschaftsmanagement hat grundsätzlich eine ausgeprägte Feedbackkultur. Während in der Wissenschaft hauptsächlich das Kritikwürdige rückgemeldet wird, ist im Wissenschaftsmanagement auch positives Feedback üblich, nicht zuletzt im Rahmen der Mitarbeiter*innengespräche. Ungewohnt für Sie ist möglicherweise, dass es mehr Rückmeldung zu Fehlern beim praktischen Vorgehen gibt. Fehler zu machen ist nicht nur in Ordnung, es ist gut so. Fehler gehören zum Lernen und sind ein Zeichen dafür, dass Sie sich Herausforderungen stellen. Reagieren Sie daher auf Rückmeldungen zu Fehlern nicht abwehrend oder rechtfertigend, sondern versuchen Sie zunächst zu verstehen, um was es geht und was Sie das nächste Mal besser machen können.

Möglicherweise haben Sie aber auch mit Personen zu tun, die eine geringe Fehlertoleranz haben, die Sie unkonstruktiv und vielleicht sogar in unangemessenem Ton kritisieren. Hier passt die entwaffnende Antwort: »Wie kann ich das besser machen?« Entweder weiß Ihr*e Kritiker*in es tatsächlich besser, dann lenken Sie ihn*sie sofort in konstruktive Bahnen und bringen das Gespräch auf eine sachliche Ebene zurück. Oder die Kritik ist ungerechtfertigt, weil man Ihnen zum Beispiel schlicht zu viele Aufgaben aufgeladen hat. Dann wird der*die Kritiker*in rasch das Thema wechseln wollen und sich vermutlich recht schnell beruhigen. Die oben genannte »Zauberfrage« kann übrigens auch Vorgesetzten gestellt werden, solange sie aufrichtig vorgebracht wird. Bitten Sie in extremen Situationen offensiv um eine sachliche Diskussion und einen angemessenen Ton. Schlagen Sie gegebenenfalls eine Vertagung des Gesprächs vor, damit sich die Gemüter beruhigen können.

Diese Tipps sind natürlich nur für den Krisenfall gedacht. In aller Regel dürfen Sie davon ausgehen, dass Ihre Kolleg*innen und Vorgesetzten konstruktiv mit Fehlern umgehen können und Ihnen aufrichtig helfen möchten, Fehler zu korrigieren und in Zukunft zu vermeiden.

Die ungeschriebenen Gesetze kennenlernen

Neben den offiziellen Regelwerken gibt es in jedem Arbeitskontext viele ungeschriebene Gesetze der täglichen Zusammenarbeit – so auch im Wissenschaftsmanagement. Der unangenehmste Weg, diese herauszufinden, führt über *trial and error*. Ein etwas leichterer Weg ist, Kolleg*innen in ihrem Verhalten genau zu beobachten und nachzuahmen. Aber warum wollen Sie es sich so schwer machen? Sie können auch einfach die alten Hasen danach fragen, wie Ihre neue Institution oder Ihr Arbeitskontext funktioniert und was wichtig ist zu beachten. Da in diesen Fragen oft Fingerspitzengefühl und etwas diplomatisches Gespür hilfreich ist, empfehlen wir Ihnen, nach einem*einer Mentor*in in der Institution Ausschau zu halten. Welche*r der erfahrenen Kolleg*innen ist Ihnen sympathisch, wem vertrauen Sie? Verabreden Sie sich zum Mittagessen und fragen Sie offen nach, ob die Person bereit wäre, Ihnen in den ersten Wochen als Berater*in zur Seite zu stehen. Geben Sie ein paar Beispiele, welche Fragen Sie umtreiben, vielleicht auch dazu, was Ihnen aus Unerfahrenheit passiert ist, damit der*die Kollege*in sich ein Bild machen kann, was von ihm*ihr erwartet wird. Sie könnten sich in der Folge alle zwei Wochen zum Essen verabreden oder einfach vereinbaren, dass

Sie sich mit Fragen an diese Person wenden dürfen. Alles Weitere wird sich ganz von selbst einspielen.

Eine andere effektive Form, die Spielregeln einer Institution zu verstehen, ist es, sich für angrenzende Arbeitsbereiche zu interessieren. Es kommt häufig vor, dass Sie bei Ihrer Arbeit mit einer größeren Zahl von Kolleg*innen nur über formale Abläufe zu tun haben. Dies ist beispielsweise der Fall, wenn Sie Workshops oder Veranstaltungen organisieren und die eingehenden Rechnungen in der Verwaltung geprüft und überwiesen werden. Oder wenn Sie Forschungsprojekte begutachten und fördern, deren Verwendungsnachweise später von der Verwendungsprüfung kontrolliert werden. Vielleicht buchen Sie auch Sprachkurse für internationale Studierende beim Sprachenzentrum oder Wohnheimzimmer beim Studierendenwerk.

Hinter all diesen Prozessen stehen Menschen, die in der Regel eine andere Perspektive auf den Vorgang haben als Sie. Für Sie ist die Liste der Kontoverbindungen aller Redner*innen auf Ihrer Veranstaltung vielleicht nur ein lästiges Übel, für Ihre Kolleg*innen in der Finanzabteilung, der*die den Redner*innen ihre Reisekosten überweisen soll, jedoch eine wichtige Grundlage seiner*ihrer Arbeit. Eine Unachtsamkeit oder Verzögerung auf Ihrer Seite können für ihn*sie Unannehmlichkeiten und Mehrarbeit bedeuten.

Wenn Sie mit Menschen in angrenzenden Arbeitsbereichen immer wieder zu tun haben, gehen Sie doch einfach persönlich vorbei oder greifen Sie zum Telefonhörer. Stellen Sie sich vor und fragen Sie offen nach, was für Ihre*n Kollegen*in an der Schnittstelle Ihrer Arbeitsbereiche besonders wichtig ist. Wie funktioniert das, was er*sie da tut? Gibt es eventuell Gesetze, die beachtet werden müssen und erklären, warum manches (in Ihren Augen) etwas umständlich gemacht werden muss? Wie können Sie ihm*ihr zusätzlichen Aufwand und Ärger ersparen? Welche Fristen gibt es? Dabei stoßen Sie möglicherweise auf Kleinigkeiten, die Ihnen überhaupt keine Mühe bereiten, für den*die Kollegen*in aber von großer Wichtigkeit sind. Stellen Sie sich vor, was passieren würde, wenn Sie ohne bösen Willen diese Kleinigkeit missachten und sich der*die Kollege*in ärgern muss, sobald von Ihnen »etwas kommt«! Wenn Sie zugehört und verstanden haben, was für Ihre*n Kollegen*in wichtig ist, werden Sie sicher auch offene Ohren finden für das, was wiederum für Ihre Arbeit bedeutend ist. Und wenn in der Zukunft etwas auf »kleinem Dienstweg« oder in etwas unkonventioneller Weise erledigt werden muss, werden Sie in diesem*dieser Kollegen*in garantiert eine*n Partner*in und keine*n Gegner*in finden.

Gleichgültig in welchem Zusammenhang Sie mit Leuten aus Ihrem neuen Arbeitskontext in Kontakt treten: Orientieren Sie sich an positiven Menschen. Nörgler*innen, Frustrierte und sogar Intrigant*innen gibt es leider in jeder Institution. In der Regel ist deren Kritik, auch ohne dass man sie danach fragt, nicht zu überhören; aber sie ist nicht konstruktiv. Lassen Sie sich Ihren neuen Job und Ihre neue Institution nicht durch Miesmacher*innen schlechtreden. Es wird Missstände geben und Sie brauchen nicht alles durch die rosarote Brille zu sehen. Positive Menschen werden Probleme ebenfalls ansprechen, aber differenziert und vor allem lösungsorientiert darüber nachdenken.

Die ungeschriebenen Gesetze verstehen

Die Spielregeln des Wissenschaftsmanagements zu kennen und zu beachten, wird Ihnen Stress im Arbeitsalltag ersparen. Ihre Energie können Sie in anderen Bereichen besser investieren. Das ist eine wichtige Voraussetzung dafür, gute Ergebnisse zu erzielen und Freude an der Arbeit zu haben. Ein*e wahre*r Meister*in weiß aber auch, wann er*sie gezielt gegen die Regeln verstößt. Dazu müssen Sie die Regeln nicht nur kennen, sondern auch verstehen.

Wichtig ist deshalb, das Umfeld zu beachten, in dem Ihre Institution agiert. Das ist komplex, da sich die (Um-)Welt immer wieder verändert und die Institution sich daran (hoffentlich) anpasst und ebenfalls verändert. Wenn Sie einfach nur einen guten Job machen wollen, müssen Sie sich mit diesen Fragen nicht beschäftigen. Falls es Sie jedoch interessiert, werden Sie hier eine ganz neue Welt entdecken, ein Spiel, das den Reiz einer Führungsposition ausmacht und das nie endet. Wenn Sie Lust haben, können Sie bereits ganz zu Anfang Ihrer Tätigkeit im Wissenschaftsmanagement in dieses Spiel einsteigen, indem Sie alles, was Sie tun und lernen, von einer Abstraktionsebene aus betrachten.

Sobald Ihnen etwas seltsam vorkommt, können Sie bei passender Gelegenheit danach fragen, warum das so gemacht wird. Sie können dabei schnell merken, welche*r Ihrer Kolleg*innen bereit ist, auf dieser Abstraktionsebene einzusteigen. Wahrscheinlich werden Sie recht oft Antworten bekommen wie »Das ist halt so« oder »So haben wir das schon immer gemacht«. Ärgern Sie sich nicht über solche Reaktionen. In diesen Leuten haben Sie eben keine »Mitspieler*innen« gefunden. Einige (wenige) werden aber sicher bereit sein, Ihnen entweder Zusammenhänge zu erklären oder gemeinsam mit Ihnen darüber nachzudenken.

Sie können bei diesen Überlegungen mit Ihrem eigenen Arbeitsbereich beginnen. Stellen Sie sich die Frage, wer mit dem Bereich in Kontakt steht. Denken Sie in Zusammenhängen! Wann immer Sie auf etwas stoßen, das Ihnen nicht einleuchtet, wird es spannend: Vielleicht erscheint es Ihnen auf den ersten Blick unlogisch oder ineffektiv, auf die Weise zu handeln, die Sie beobachten. Obwohl es über Ihre bisherige Erfahrung hinausgeht, kann es aber trotzdem einen (unerwarteten) Sinn ergeben. Wechseln Sie die Perspektive: Wem könnte es nützen, wenn wir das so machen? Wenn es nicht direkt zu unserer Aufgabe als Institution beiträgt, hat es dann vielleicht politische oder juristische Gründe? Dient dieses Vorgehen dazu, einen Kompromiss zwischen verschiedenen Interessen zu ermöglichen?

Erkunden Sie, ob diese Metaebene für Sie interessant ist. Diese Denkweise brauchen Sie nicht unmittelbar zur Bewältigung Ihres Jobs. Man wird sie weder von Ihnen erwarten noch von Ihnen verlangen. Vielleicht wird man Ihnen sogar davon abraten, sich über solche Dinge Gedanken zu machen. In solchen Fällen sollten Sie überlegen, mit wem Sie über diese Fragen sprechen.

4.7 Vorgesetzten zeigen, was Sie können

Die ersten Wochen und Monate im Wissenschaftsmanagement sind einerseits ein geschützter Raum, in dem es in größerem Maße erlaubt ist, zu lernen, zu fragen und Fehler zu machen. Andererseits beobachten in der Probezeit sowohl Ihr*e Arbeitgeber*in als auch Sie als Arbeitnehmer*in, ob Sie zueinander passen. Es geht also auch darum, dass Ihre Fähigkeiten gesehen werden – in erster Linie in Hinblick darauf, ob Sie die Anforderungen Ihrer neuen Stelle erfüllen. Der erste Eindruck ist sehr wirkungsvoll: Sie können die besondere Aufmerksamkeit, die Ihnen in dieser Zeit zu Gute kommt, auch dazu nutzen zu zeigen, dass Sie das Potenzial für weitere, anspruchsvollere Aufgaben haben. Anders als in der Wissenschaft kann eine Karriere im

Wissenschaftsmanagement in derselben Institution stattfinden und Ihre Vorgesetzten spielen dabei eine entscheidende Rolle.

Es ist wesentlich effektiver und sympathischer, das eigene Können zu zeigen statt darüber zu sprechen. Ganz ohne über Ihre Leistung und Kompetenz zu sprechen, werden Sie aber nicht auskommen – das gilt nicht zuletzt für Frauen. Sie neigen eher dazu, zu bescheiden zu sein, während Männer im Allgemeinen etwas zu selbstsicher auftreten. Ein Anlass, um über Ihre Fähigkeiten zu reden, bietet sich zum Beispiel, wenn Sie anbieten, eine Aufgabe zu übernehmen. Begründen Sie mit einer passenden Erfahrung, dass Sie sich die Aufgabe zutrauen. Wir empfehlen Ihnen ein im wörtlichen Sinne selbstbewusstes Auftreten. Werden Sie sich Ihrer Fähigkeiten und der Wirkung Ihres Auftretens bewusst, indem Sie andere um Feedback bitten. Beschränken Sie sich dabei nicht auf eine Person, denn jedes Gegenüber nimmt Sie anders wahr, geleitet durch persönliche Vorstellungen und Ansichten.

Relativ unmissverständlich ist es, Fähigkeiten durch Arbeitsergebnisse zu demonstrieren. Erledigen Sie Aufgaben gewissenhaft und übernehmen Sie Verantwortung. Gewissenhaft bedeutet übrigens nicht perfekt. Es wird Ihnen nicht gelingen, alles immer fehlerfrei zu erledigen. Ebenso wenig bedeutet Verantwortung zu übernehmen, sich immer für alles zu melden. Klären Sie mit Ihrem*Ihrer Vorgesetzten Prioritäten ab. Zeigen Sie Initiative, berücksichtigen Sie aber auch, was Sie realistisch schaffen können und wo Ihre Stärken liegen. Sollten Sie sich einmal übernehmen, melden Sie sich frühzeitig. Wenn erst in letzter Sekunde herauskommt, dass Sie eine Aufgabe nicht bewältigen können, müssen erfahrene Kolleg*innen »Feuerwehr spielen«. Eine sehr undankbare Aufgabe, die häufig zu einer notdürftigen Rettung, nicht aber zu guten Ergebnissen führt.

Kooperation ist im Wissenschaftsmanagement ein wichtiges Grundprinzip der Zusammenarbeit. Wenn Sie einen Erfolg erzielen, teilen Sie diesen und würdigen Sie die Mitarbeit und Hilfe anderer. Ihr Erfolg wird nicht kleiner, wenn Sie ihn teilen, ganz im Gegenteil. Sollten Sie Ambitionen haben, einmal zur Führungskraft aufzusteigen, können Sie sich diesen Ausdruck von Wertschätzung gar nicht früh genug aneignen. Im Wissenschaftsmanagement geht es darum, gemeinsam exzellente Wissenschaft zu ermöglichen. Wenn es Ihnen wichtig ist, im Mittelpunkt zu stehen, werden Ihnen selbst in den höchsten Positionen Wissenschaftler*innen die Show stehlen. Im Wissenschaftsmanagement beruhen Erfolge in besonderer Weise auf Teamwork.

Wer sich engagiert und Verantwortung übernimmt, kreativ denkt und neue Lösungswege sucht, wird Fehler machen. Eigene Fehler einzugestehen und die Verantwortung dafür zu übernehmen ist ein Zeichen von Souveränität. Souveränität bedeutet aus unserer Sicht nicht, sich über andere zu stellen, sondern über die eigene Angst. Wenn Sie einen Fehler bemerken, lässt er sich vielleicht noch korrigieren, aber nicht mehr ungeschehen machen. Gegen die Angst, jemand könnte entdecken, dass man selbst nicht perfekt ist, lässt sich erst einmal wenig ausrichten. Insbesondere, wenn man noch nicht lange in der Institution ist und daher kein großes »Vertrauenskonto« bei Kolleg*innen und Vorgesetzten hat.

»Was wird man jetzt von mir halten?« ist ein ganz normaler Gedanke, vor allem als Einsteiger*in in ein neues Berufsfeld. Die eigene Angst zu überwinden, möglicherweise Ärger und Vorwürfe aushalten zu müssen, ist schmerzhaft. Souveränität bedeutet, mit diesen Gefühlen umgehen zu lernen. Fehler rechtzeitig einzugestehen und um Hilfe zu bitten schafft langfristig Vertrauen. Bei der Vertuschung von Fehlern ertappt zu werden, zerstört Vertrauen. Versuchen Sie nicht mehr zu sein, als Sie sind. Sie sind genug.

4.8 Führungsverantwortung ernst nehmen

Weite Teile des Wissenschaftsmanagements sind in hierarchische Strukturen eingeordnet, mit denen eine klare Weisungsbefugnis und damit klassische Führungsrollen verbunden sind. Häufiger als in der Wissenschaft sehen sich Leitungspersonen als Führungskraft und nehmen ihre Verantwortung gegenüber ihren Mitarbeitenden ernst. Viele Institutionen haben inzwischen Führungsleitlinien und unterstützen ihre Führungskräfte im Wissenschaftsmanagement durch Weiterbildungen und Coaching. Nutzen Sie dieses Angebot, wenn Ihre Stelle im Wissenschaftsmanagement Personalverantwortung umfasst, um in Ihrer Führungsarbeit auf bewährte Methoden aufbauen zu können und einen effektiven, Ihnen gemäßen Führungsstil zu entwickeln. Hilfreiche Anlaufstelle ist die Personalentwicklung.

Es ist möglich, dass Sie schon mit Ihrem Einstiegsjob im Wissenschaftsmanagement erste Führungsverantwortung übernehmen. Beispielsweise werden wissenschaftliche Referent*innen in den Forschungsförderinstitutionen oder die Geschäftsführung eines Graduiertenzentrums häufig durch eine Assistenz unterstützt. Diese Art von Zusammenarbeit unterscheidet sich grundsätzlich von der Betreuung von Doktorand*innen oder Student*innen in einer wissenschaftlichen Tätigkeit: Möglicherweise verfügt Ihr*e neue*r Mitarbeiter*in über wesentlich mehr Erfahrung mit den gemeinsamen Aufgaben. Dennoch erwartet er*sie von Ihnen Führung. Dies kann also eine nicht ganz einfache Konstellation sein.

Suchen Sie deshalb gleich in den ersten Tagen das Gespräch unter vier Augen. Die Vorbereitung und Strukturierung des Gesprächs liegt bei Ihnen. Ziel des Gesprächs sollte neben einem ersten Kennenlernen die Klärung Ihrer gegenseitigen Erwartungen und Rollen sein.

Wichtige Fragen, die in einem ersten Gespräch geklärt werden, können sein:

- Auf welche Weise treten wir ins Gespräch?
- Gibt es feste Termine?
- Gibt es Zeiten, in denen Sie jeweils gern ungestört arbeiten?
- Wann ist Gelegenheiten, die Zusammenarbeit zu reflektieren und Probleme anzusprechen?
- Was sind gegenseitige Erwartungen?
- Wie wird mit Fehlern umgegangen?
- Welche Stärken und Interessen haben Sie beide? Ergänzen Sie sich?
- Wie ist das gegenseitige Rollenverständnis?

Seien Sie sich bewusst, dass im Kopf Ihres*Ihrer Mitarbeiters*in weitere Fragen mitlaufen, die aber nicht ausgesprochen werden:

Unausgesprochene Fragen Ihres*Ihrer Mitarbeiters*in:

- Welchen Charakter hat mein*e neue*r Chef*in?
- Wie offen und locker können wir miteinander umgehen?
- Wird er*sie mich im Zweifel schützen (können)?
- Ist er*sie bereit, mir zuzuhören und mich zu verstehen?

- Welche Ansprüche stellt er*sie wirklich an mich?
- Kann ich ihm*ihr vertrauen?
- Wird die Zusammenarbeit Spaß machen?
- Kann ich mich mit ihm*ihr identifizieren?
- Wird er*sie Verantwortung für die gemeinsame Arbeit übernehmen?

Solche Fragen sollten Sie nicht direkt adressieren, sondern mit Ihrem Verhalten beantworten. Grundsätzlich geht es darum, Vertrauen aufzubauen. Das bedeutet nicht, einen Kuschelkurs zu fahren. Auch klar und konstruktiv zu kritisieren sowie rechtzeitig und deutlich Grenzen aufzuzeigen, ohne dabei den*die andere*n als Mensch abzuwerten, ist eine wichtige vertrauensbildende Verhaltensweise und wird von Ihnen als Führungskraft erwartet. Achten Sie dabei immer darauf, ob Ihrem Gegenüber Ihre Erwartungen, Regeln und Vorstellungen bewusst waren. Wenn Sie einen Regelverstoß kritisieren, Ihre Assistenz von der Regel aber nichts wissen konnte, wird das zu Recht als unfair empfunden. Deshalb ist es wichtig, über Rollen und gegenseitige Erwartungen zu sprechen. Nehmen Sie sich die Zeit dafür, es wird Ihnen Ärger und Zeit sparen und Vertrauen einbringen.

Schaffen Sie für das Gespräch eine geschützte und angenehme Atmosphäre. Sofern Sie kein eigenes Büro haben, wählen Sie einen ruhigen Ort innerhalb der Institution wie eine Bibliothek oder Cafeteria außerhalb der Stoßzeiten. Beachten Sie, dass es nicht jedem Menschen leichtfällt, solche Gespräche zu führen. Sie wissen nicht, welche Erfahrungen Ihr Gegenüber bisher mit Vorgesetzten gemacht hat. Möglicherweise müssen Sie ein paar Altlasten abarbeiten, bevor man Ihnen Vertrauen entgegenbringt.

Führung erfordert Geduld und Fingerspitzengefühl. Wenn es Ihnen als Vorgesetzte*r gelingt, Vertrauen aufzubauen, werden Ihnen Ihre Mitarbeiter*innen manchen Fehler verzeihen. Gute Führung wirkt sich positiv auf das Arbeitsklima und die Ergebnisse Ihres Teams aus. In der komplexen und vielfach sehr politischen Welt des Wissenschaftsmanagements kann es mitunter schwierig sein, als Führungskraft verschiedenste, zum Teil widersprüchliche Ansprüche und Erfordernisse unter einen Hut zu bringen, zumal man nicht immer alle tatsächlichen Gegebenheiten offenlegen kann. Da Führung also auch im Wissenschaftsmanagement eine Herausforderung ist, ist es umso sinnvoller, sich frühzeitig darauf vorzubereiten und professionell begleiten zu lassen.

Sollten Sie sich bereits beim Berufseinstieg darüber klar sein, dass Sie eine Führungsposition anstreben, suchen Sie einen Einstiegsjob, bei dem Sie Führungskräfte aus nächster Nähe beobachten können. Dies ist beispielsweise als persönliche*r Referent*in möglich oder auf anderer Position in den Präsidien der Universitäten, in Ministerien oder den Büros der Leitungen von außeruniversitären Forschungseinrichtungen oder Wissenschaftsförderern. Beobachten Sie die Techniken und Instrumente der Führung und versuchen Sie zu verstehen, aus welcher Motivation die Leitungsperson handelt. Urteilen Sie nicht zu früh: Eine Führung, die möglicherweise den Mitarbeiter*innen nicht gefällt, kann durchaus für die Institution als Ganzes förderlich sein. Sollte Ihnen der Führungsstil Ihres*Ihrer Vorgesetzten nicht gefallen, können Sie daraus lernen und das Wissen um Techniken und Instrumente später, wenn Sie selbst Führungsverantwortung haben, in anderer Form und zur Erreichung anderer Ziele einsetzen.

4.9 Profilentwicklung

Weiterbildung ist im Wissenschaftsmanagement üblich. An anderer Stelle haben wir bereits auf das breite Angebot von berufsbegleitenden Studiengängen zum Wissenschaftsmanagement hingewiesen (Übersicht siehe Anhang). Für den Anfang gibt es ein reiches Angebot an kürzeren Workshops und Seminaren. Sie können solche Fortbildungen nutzen, um Defizite und Wissenslücken auszugleichen, sich gezielt Wissen und Fähigkeiten für Ihr spezielles Profil anzueignen und nicht zuletzt auch Netzwerke zu Kolleg*innen in anderen Institutionen aufzubauen. Es gibt einige Fähigkeiten, die typischerweise am Anfang einer Karriere im Wissenschaftsmanagement ausgebaut werden sollten und die in vielen Bereichen des Wissenschaftsmanagements sinnvoll Einsatz finden. Dazu gehören, je nach Aufgabe, gute Präsentations- und Rhetorikfähigkeiten, Kenntnisse im Projektmanagement, Beratungstechniken, Führung sowie Budgetierung und Bilanzierung. Machen Sie sich Gedanken, was Ihnen am meisten entspricht und wohin Sie sich entwickeln wollen. Dann wird es Ihnen leichtfallen, ein entsprechendes Fortbildungsangebot zu identifizieren.

Warten Sie nicht darauf, dass Ihre Vorgesetzten oder die Personalabteilung Ihnen ein individuelles Personalentwicklungskonzept vorlegen. Nehmen Sie Ihre Entwicklung selbst in die Hand, formulieren Sie Ihre Ziele und diskutieren Sie sie proaktiv in Mitarbeiter*innengesprächen mit ihren Vorgesetzten. Suchen Sie nach geeigneten Fortbildungen und/oder Konferenzen und bitten Sie Ihre*n Vorgesetzte*n darum, sie besuchen zu können. Besonders wertvoll ist die Vernetzung mit anderen Menschen aus Ihrem Tätigkeitsbereich. Schließen Sie sich einem der zahlreichen Berufsverbände im Wissenschaftsmanagement an, wie zum Beispiel dem Bundesarbeitskreis der EU-Referent*innen, dem Career Service Netzwerk Deutschland oder dem Dual Career Netzwerk Deutschland (siehe Anhang). Auf deren Jahrestagungen gibt es spannende Diskussions- und Weiterbildungsmöglichkeiten zu Ihrem Fachgebiet und nicht zuletzt auch die Möglichkeit, sich informell mit Kolleg*innen anderer Institutionen auszutauschen.

Eine Karriere ist auch im Wissenschaftsmanagement ein Marathon, kein Sprint. Klare Karrierepfade gibt es bislang kaum und vermutlich nicht den einen großen Erfolg, der Sie in Ihren Traumjob katapultiert. In Ihrem ersten Job wird es vermutlich Aspekte geben, die Sie mögen, und Aspekte, die Sie nicht mögen. Es wird Aufgaben geben, die Sie gut können, und Aufgaben, an denen Sie scheitern. Als Anfänger*in werden Sie möglicherweise einige Arbeitsaufträge bekommen, die Ihnen wenig bedeutend vorkommen. Idealerweise sind dies Erfahrungen, die Ihnen zeigen, an welchen Stellen Sie Ihre weitere Karriere gern anders gestalten würden. Und dass Sie in Ihrer beruflichen Entwicklung weitergehen wollen. Das spannende an einer Karriere ist unserer Erfahrung nach Ihre persönliche Weiterentwicklung. Diesen Prozess können Sie selbst gestalten.

5. Schlusswort: Aufbruch ins Wissenschaftsmanagement

Nun haben Sie vermutlich viel Neues über das Wissenschaftsmanagement erfahren oder Ihre Kenntnisse in einen Kontext einordnen können. Vielleicht haben Sie das Wissenschaftsmanagement als ein Berufsfeld kennengelernt, in dem Sie Freude hätten zu arbeiten und in dem Sie eine spannende Perspektive für sich sehen. Möglicherweise ist Ihnen aber auch klar geworden, dass Sie sich eigentlich für ganz andere Inhalte interessieren oder zu anderen Arbeitsbedingungen tätig sein wollen. Beides wäre für uns ein Zeichen, dass das Buch seinen Zweck erfüllt hat.

Vermutlich haben Sie durch den Arbeitsteil praktische Anregungen bekommen und schon begonnen, sich auf den Weg ins Wissenschaftsmanagement zu machen. Das würde uns freuen. Denn einen Ratgeber nur zu lesen, löst in aller Regel nicht die Frage, wegen der Sie das Buch zur Hand genommen haben. Beginnen Sie noch heute mit dem ersten Schritt, auch wenn es ein kleiner ist. Wir glauben, dass die kleinen, regelmäßigen Schritte den großen Unterschied machen. Und dass machbare Schritte, die geduldig in eine Richtung gesetzt werden, Sie am schnellsten vorankommen lassen, und zwar dahin, wohin Sie wirklich wollen. Eventuell gelingt ab und zu auch ein großer Sprung. Aber die stetigen kleinen Schritte sind deutlich wichtiger.

Auf dem Weg der kleinen Schritte müssen Sie zwar tätig werden, aber nicht alles alleine schaffen. Zahlreiche Informationen zu weiterführender Literatur und Internetressourcen, die Ihnen den gedanklichen und praktischen Einstieg ins Wissenschaftsmanagement erleichtern können, haben wir für Sie im Anhang zusammengestellt. Dort finden Sie auch Hinweise auf Wissenschaftscoaches, die Sie konsultieren können, wenn Sie einmal nicht weiterwissen, Strategien schmieden oder eine Entscheidung reflektieren wollen, die Ihnen schwierig und komplex erscheint. Viele Universitäten bieten inzwischen auch Veranstaltungen an, die auf Karriereoptionen jenseits der

Wissenschaft zielen oder den Einstieg ins Wissenschaftsmanagement thematisieren. Nutzen Sie diese Gelegenheit.

Es kann sein, dass Sie Erleichterung empfinden, die Wissenschaft zu verlassen und sich Neuem zuzuwenden. Es ist aber genauso gut möglich, dass Sie in einer frühen Phase Ihres Weges in ein Dilemma geraten, weil Sie sich nicht entscheiden können, ob Sie Ihrer Wissenschaftskarriere noch eine Chance geben oder sich gleich für den »Ausstieg« entscheiden sollen. Vielleicht wissen Sie, dass Sie die Wissenschaft eigentlich verlassen müssen oder wollen, schaffen es aber nicht, den ersten Schritt zu unternehmen. Das kann damit zusammenhängen, dass Sie emotional zu sehr an dem Traum einer Wissenschaftskarriere hängen. Noch immer ist die Arbeit in Forschung und Lehre für Nachwuchswissenschaftler*innen stark darauf ausgelegt, eines Tages Professor*in zu werden, obwohl die Statistik dagegen spricht. Die kleine Chance zu verpassen, eine Professur (oder eine der raren anderen wissenschaftlichen Dauerstellen) zu erlangen, fühlt sich für viele an wie ein Scheitern. Das ist eine grundlegende Lebenserfahrung, mit der es sich auseinanderzusetzen gilt, bevor neue Wege mit ganzer Kraft und voller Überzeugung eingeschlagen werden können.

Sollten Sie zu jenen gehören, die einen Ausstieg aus der Wissenschaft als Scheitern empfinden, können je nach Persönlichkeit unterschiedliche Wege im Umgang mit diesem Gefühl hilfreich sein. Für einige von Ihnen kann bereits die Erkenntnis helfen, dass das, was Sie beim Fortkommen blockiert, das Gefühl des Scheiterns ist. Für andere lohnt es sich, mit guten Freund*innen über dieses Gefühl zu sprechen – ohne hätte, könnte und wollte, sondern darüber, wie Sie sich fühlen und was der Abschied aus der Wissenschaft für Sie bedeutet. Manchen tut es gut, sich mit der Ohnmacht und Scham, die das Gefühl des Scheiterns hervorruft, zu konfrontieren, beispielsweise für ein bis zwei Wochen täglich zehn Minuten zu reservieren, in denen Sie das Gefühl zulassen, ohne es zu verdrängen. Das wird sich in den ersten Tagen äußerst unangenehm anfühlen, Sie werden aber merken, dass sich die Emotion über die Zeit verändert, erträglich wird und der Gedanke schließlich da sein darf, ohne Sie zu blockieren, sodass Sie sich wieder Ihrer Zukunft zuwenden können. Wenn Sie merken, dass Sie die Blockade nicht allein oder im privaten Umfeld auflösen können, holen Sie sich Hilfe von einem*einer Coach oder in schwerwiegenderen Fällen von einem*einer Therapeuten*in.

Falls Sie sich zu einem späten Zeitpunkt in Ihrer wissenschaftlichen Laufbahn entscheiden, den Weg ins Wissenschaftsmanagement einschlagen zu wollen, werden Ihnen möglicherweise einige Widerstände begegnen. Ihr Mehr an wissenschaftlicher Erfahrung wird nicht unbedingt als wertvoller angesehen als die geringe Arbeitserfahrung von Mitbewerber*innen direkt nach der Promotion. Lassen Sie sich dennoch nicht verunsichern: Die Schritte, die wir in diesem Buch für den Einstieg ins Wissenschaftsmanagement vorschlagen, können auch für Sie zum Ziel führen. Ihre Aufgabe wird es sein, sich noch gründlicher als andere damit auseinanderzusetzen, welche Ihrer Arbeitserfahrungen und Kompetenzen an welcher Stelle im Wissenschaftsmanagement gewinnbringend eingesetzt werden können, sich gezielt weiterzubilden oder praktische Erfahrungen zu sammeln und in Ihrer Bewerbung ein klares Profil als Wissenschaftsmanager*in darzustellen. Da dies ein sehr individuelles Unterfangen ist, kann es hilfreich sein, sich durch eine*n Coach begleiten zu lassen.

Wir haben es schon in den vorigen Kapiteln anklingen lassen: In aller Regel führen Stellen im Wissenschaftsmanagement Sie nicht wieder zurück in die Wissenschaft. Es sei denn, Sie übernehmen nur kurzzeitig die Koordination eines Forschungsprojekts bis wieder eine reine Forschungsstelle für Sie frei wird. Oder Sie verlassen das Wissenschaftsmanagement nach einem kurzen Intermezzo von einem Jahr, um danach eine Wissenschaftsstelle mit klarer Zukunftsperspektive anzutreten. Nicht zuletzt kann eine Stelle im Wissenschaftsmanagement Ihnen die Praxiserfahrung bieten, die Sie für eine Fachhochschulprofessur qualifiziert. Trotz dieser Ausnahmen, die die Regel bestätigen, empfehlen wir Ihnen wärmstens, sich nicht auf Stellen im Wissenschaftsmanagement zu bewerben, wenn Sie eine weitere wissenschaftliche Karriere planen. Zum einen wird eine solche Stelle die Zeit und Konzentration für Ihre Forschung substanziell schmälern und Ihre wissenschaftlichen Karrierechancen verringern. Zum anderen braucht das Wissenschaftsmanagement aus unserer Sicht Menschen, die Spaß an genau dieser spannenden Aufgabe haben und ihrem (neuen) Beruf mit ganzem Herzen nachgehen.

> *»Meine Herausforderung besteht unter anderem darin, die Vielfalt der Institute und die Bedarfe unterschiedlicher Zielgruppen zu erfassen und in zum Beispiel Beratungen, Konzepten für Karrierewege oder Entwicklungsprogrammen*

> *zu berücksichtigen. Je länger man dabei ist, desto differenzierter wird das Bild und desto breiter die eigene Expertise. Es ist also eigentlich eine kontinuierliche fachliche und persönliche Weiterentwicklung. Dadurch ist mir meine Arbeit in mittlerweile 17 Jahren auch nie einseitig oder langweilig geworden.«*
>
> *Petra, 49, Referentin Personalentwicklung*

Wenn wir in unserem Buch von »Karriere« gesprochen haben, meinen wir nicht unbedingt den Weg in die Führungsetage, sondern den Weg zu genau dem Job, der zu Ihnen, Ihren Fähigkeiten und Wünschen passt. Dieser Weg ist in der Regel nicht nach ein paar Jahren zu Ende, sondern setzt sich fort, weil Sie, Ihre Fähigkeiten und Ihre Wünsche sich auf diesem Weg verändern. Vielleicht passiert es Ihnen im Verlauf Ihrer Karriere im Wissenschaftsmanagement sogar einmal, dass Sie ein berufliches Traumziel erreichen, das völlig anders ist, als Sie es sich vorgestellt haben, und Ihnen wider Erwarten nicht gefällt. Dann packen Sie einfach wieder die Koffer und ziehen weiter zu einem Ort, wo Sie Ihren Traum zu anderen Bedingungen umsetzen können. Oder wo Sie sich in einer Art und Weise weiterentwickeln können, die besser zu Ihnen passt. Das Wissenschaftsmanagement bietet Ihnen hierfür eine weite Landschaft an Möglichkeiten. Nehmen Sie Ihren inneren Kompass mit und machen Sie sich auf den Weg. Wir wünschen Ihnen viel Freude und Erfolg dabei!

Anhang

Im Anhang haben wir weiterführende Informationen zusammengestellt. Im ersten Abschnitt finden Sie allgemeine und übergreifende Ressourcen zum Wissenschaftsmanagement und für Ihre Bewerbung, wie zum Beispiel Links zu Stellenbörsen, Übersichten zu allgemeinen Weiterbildungen und Bewerbungsratgebern sowie Literaturhinweise zum Weiterlesen. Im zweiten Abschnitt sind Ressourcen für die einzelnen in Kapitel 1.2 beschriebenen Tätigkeitsbereiche zusammengestellt, wie etwa Literatur zu den Berufsbildern sowie Übersichten zu spezifischen Netzwerken und Weiterbildungen. Im dritten Abschnitt finden Sie Übersichten und weiterführende Links zu den in Kapitel 1.3 vorgestellten Arbeitgeber*innen. Am Schluss steht die Zusammenschau der Aktivitäten aus Kapitel 2, Sie können Sie nutzen, um sich Ihr eigenes Vorgehen für Ihren Weg ins Wissenschaftsmanagement zusammenzustellen.

Alle Informationen wurden mit größter Sorgfalt recherchiert, dennoch kann die Zusammenstellung angesichts der Komplexität und ständigen Weiterentwicklung des Berufsfelds Wissenschaftsmanagement keinen Anspruch auf Vollständigkeit erheben.

1. Allgemeine Informationen zum Wissenschaftsmanagement

Allgemeine Literaturhinweise

Hanft, Anke (2008), *Bildungs- und Wissenschaftsmanagement*, München.
Heinrichs, Werner (2010), *Hochschulmanagement*, München.
Lemmens, Markus et al. (Hg.) (2016), *Wissenschaftsmanagement. Handbuch und Kommentar*, Bonn/Berlin/New York.
Lemmens, Markus et al. (Hg.) (im Erscheinen), *Karrieren im Wissenschaftsmanagement*, Bonn/Berlin/New York.
Pellert, Ada (2006), *Einführung in das Hochschul- und Wissenschaftsmanagement: Ein Leitfaden für Theorie und Praxis*, Bonn.

Allgemeine Zeitschriften

Deutsche Universitätszeitung (duz)
https://www.duz.de/

Forschung & Lehre
https://www.forschung-und-lehre.de/

Hochschulmanagement
https://www.universitaetsverlagwebler.de/hm

Wissenschaftsmanagement
https://www.wissenschaftsmanagement.de/

Wissenschaft & Management
https://www.wissenschaft-und-management.de/

Allgemeine Newsletter

Newsletter »ZEIT Wissen^3«
https://www.zeit.de/wissendrei/

Newsletter Netzwerk Wissenschaftsmanagement
https://www.netzwerk-wissenschaftsmanagement.de/index.php?article_id=20

Übergreifende Berufsverbände und Netzwerke

Netzwerk Wissenschaftsmanagement!
https://www.netzwerk-wissenschaftsmanagement.de/

Wissenschaftsmanagement-online (WIM'O)
https://www.wissenschaftsmanagement-online.de/

[EU] European Association of Research Managers and Administrators (EARMA)
https://www.earma.org/

Weiterbildungen und Studiengänge

Weiterbildungen Wissenschaftsmanagement

Centrum für Hochschulentwicklung (CHE): Hochschulkurs – Fortbildung für das Wissenschaftsmanagement
http://www.hochschulkurs.de/

Deutsche Forschungsgemeinschaft (DFG): Forum Hochschul- und Wissenschaftsmanagement
https://www.dfg.de/foerderung/grundlagen_rahmenbedingungen/weiterbildung/forum_hochschulmanagement/index.html

Zentrum für Wissenschaftsmanagement (ZWM): Lehrgang für WissenschaftsmanagerInnen
https://www.zwm-speyer.de/weiterbildung/

Zentrum für Wissenschaftsmanagement (ZWM): Advanced-Lehrgang für erfahrene WissenschaftsmanagerInnen
https://www.zwm-speyer.de/weiterbildung/

Helmholtz Gemeinschaft: Helmholtz-Akademie für Führungskräfte
https://www.helmholtz.de/karriere_talente/die_helmholtz_akademie_fuer_fuehrungs kraefte/

Fraunhofer-Gesellschaft: Prädikatsprogramm »Fraunhofer-Forschungsmanager/in«
https://www.academy.fraunhofer.de/de/partner_kooperationen/fraunhofer-forschungsma nager.html

[EU] European Association of Research Managers and Administrators (EARMA): Certificate in Research Management
https://www.earma.org/earma-academy/certificate-in-research-management/

Studiengänge Wissenschaftsmanagement

TU Berlin: Master of Science (M.Sc.) »Wissenschaftsmanagement/Wissenschaftsmarketing«
http://wissenschaftsmanagement.tubs.de/

Otto-von-Guericke-Universität Magdeburg: Master of Arts (M.A.) »Europäische Forschungs-, Hochschul- und Innovationsgovernance«
http://www.eurostud.ovgu.de/Studieninteressierte/Weiterbildungsstudiengang.html

WWU Münster: Master of Arts (M.A.) »Hochschul- und Wissenschaftsmanagement«
https://weiterbildung.uni-muenster.de/masterstudiengaengehochschul-und-wissenschaftsma nagement/

Universität Oldenburg: Master of Business Administration (MBA) »Bildungs- und Wissenschaftsmanagement«
https://uol.de/bildungsmanagement-zertifikate/

Universität Oldenburg: Diploma of Advanced Studies (DAS)/ Certificate of Advanced Studies (CAS) »Bildungs- und Wissenschaftsmanagement«
https://uol.de/bildungsmanagement-zertifikate/

Fachhochschule Osnabrück: Master of Business Administration (MBA) »Hochschul- und Wissenschaftsmanagement«
https://www.hs-osnabrueck.de/index.php?id=181&L=0

Deutsche Universität für Verwaltungswissenschaften Speyer: Master of Public Administration, M.P.A. »Wissenschaftsmanagement«
https://www.wissenschaftsmanagement-speyer.de/

Universität Ulm: Master of Science (M.Sc.) »Innovations- und Wissenschaftsmanagement«
https://www.uni-ulm.de/einrichtungen/saps/studiengaenge/innovations-und-wissenschafts management.html

Universität Ulm: Diploma of Advanced Studies (DAS)/ Certificate of Advanced Studies (CAS) »Innovations- und Wissenschaftsmanagement«
https://www.uni-ulm.de/einrichtungen/saps/studiengaenge/innovations-und-wissenschafts management.html

[A] Donau-Universität Krems: Master of Science (M.Sc.) »Hochschul- und Wissenschaftsmanagement«
https://www.donau-uni.ac.at/de/studium/hochschulmanagement/index.php

Stellenbörsen

https://www.academics.de/
https://jobs.zeit.de/
https://wissenschaftskarriere.duz.de/
https://www.service.bund.de/
https://www.kowi.de/kowi/services/stellenausschreibungen.aspx
https://www.wila-arbeitsmarkt.de/
https://www.netzwerk-wissenschaftsmanagement.de/index.php?article_id=47
https://www.wissenschaftsmanagement-online.de/kategorie/alle-themen/aktivitaeten
https://www.hs-osnabrueck.de/de/studium/studienangebot/master/hochschul-und-wissen schaftsmanagement-mba/jobboerse/

Bewerbungsratgeber

Literaturempfehlungen zur schriftlichen Bewerbung

Engst, Judith at al. (2016), *Das große Handbuch Bewerbung: Schritt für Schritt zum beruflichen Erfolg*, Mannheim.
Hesse, Jürgen/Schrader, Hans C. (2011), *Training Lebenslauf. Lücken füllen – Probleme lösen – Stärken betonen*, Hallbergmoos.
Hesse, Jürgen/Schrader, Hans C. (2012), *Bewerbungsstrategien für Hochschulabsolventen. Startklar für die Karriere*, Hallbergmoos.
Hesse, Jürgen/Schrader, Hans C. (2015), *Das große Hesse/Schrader-Bewerbungshandbuch. Alles, was Sie für ein erfolgreiches Berufsleben wissen müssen*, Hallbergmoos.

Hesse, Jürgen/Schrader, Hans C. (2015), *Training Schriftliche Bewerbung*, Hallbergmoos.
Püttjer, Christian/Schnierda, Uwe (2019), *Das große Bewerbungshandbuch*, Frankfurt/New York.
Püttjer, Christian/Schnierda, Uwe (2014), *Perfekte Bewerbungsunterlagen für Hochschulabsolventen. Erfolgreich zum Traumjob – auch für Online-Bewerbungen*, Frankfurt/New York.

Literaturempfehlungen zum Vorstellungsgespräch

Engst, Judith et al. (2016), *Das große Handbuch Bewerbung: Schritt für Schritt zum beruflichen Erfolg*, Mannheim.
Hesse, Jürgen/Schrader, Hans C. (2012), *Bewerbungsstrategien für Hochschulabsolventen. Startklar für die Karriere*, Hallbergmoos.
Hesse, Jürgen/Schrader, Hans C. (2015), *Das große Hesse/Schrader-Bewerbungshandbuch. Alles, was Sie für ein erfolgreiches Berufsleben wissen müssen*, Hallbergmoos.
Püttjer, Christian/Schnierda, Uwe (2019), *Das große Bewerbungshandbuch*, Frankfurt/New York.
Püttjer, Christian/Schnierda, Uwe (2017), *Das überzeugende Bewerbungsgespräch für Hochschulabsolventen. Bachelor – Master – Diplom – Magister – Staatsexamen – Promotion*, Frankfurt/New York.

Ratgeber zum Berufseinstieg

Augspurger, Thomas (2016), *Neu als Chef: Wie Sie Ihren Weg finden*, Planegg.
Hofbauer, Helmut/Kauer, Alois (2018), *Einstieg in die Führungsrolle: Praxisbuch für die ersten 100 Tage*, München.
Kruse, Christina (2018), *Richtig gut Starten! Nutzen Sie die ersten 100 Tage im neuen Job optimal und verankern Sie Ihren Erfolg*, Hamburg.
Lürssen, Jürgen/Opresnik, Marc (2014), *Die heimlichen Spielregeln der Karriere: Wie Sie die ungeschriebenen Gesetze am Arbeitsplatz für Ihren Erfolg nutzen*, Frankfurt/New York.
Püttjer, Christian/Schnierda, Uwe (2011), *Erfolgreich in der Probezeit*, Frankfurt/New York.
Tabernig, Christina/Quittschau, Anke (2019), *Die ersten 100 Tage im neuen Job: Vom Start weg erfolgreich*, München.
Zuchowski, Elke (2014), *Besser ich: Von Anfang an richtig gut im Job*, Frankfurt/New York.

Ratgeber zur Berufsfindung

Literaturempfehlungen zu alternativen Karrierewegen für WissenschaftlerInnen

Basalla, Susan/Debelius, Maggie (2014), *»So What Are You Going to Do with That?« Finding Careers Outside Academia*, Chicago.

Kauhaus, Hanna et al. (Hg.) (2018), *Perspektiven nach der Promotion. Teil 1: Berufswege außerhalb der Wissenschaft: 13 Porträts*, UniWiND-Spezial, Freiburg.

Löchte, Anne/von Schmeling, Regina (Hg.) (2018), *Perspektiven nach der Promotion. Teil 2: Berufswege außerhalb der Wissenschaft: Arbeitgeber im Gespräch*, UniWiND-Spezial, Freiburg.

Müller, Mirjam (2017), *Karriere nach der Wissenschaft. Alternative Berufswege für Promovierte*, Frankfurt/New York.

Robbins-Roth, Cynthia (Hg.) (2005), *Alternative Careers in Science: Leaving the Ivory Tower*, Burlington/San Diego/London.

Literaturempfehlungen zur beruflichen Zielfindung

Bolles, Nelson Richard (2017), *Durchstarten zum Traumjob. Das ultimative Handbuch für Ein-, Um- und Aufsteiger*, Frankfurt/New York.

Clark, Tim et al. (2012), *Business Model You. Dein Leben, Deine Karriere, Dein Spiel*, Frankfurt/New York.

Glaubitz, Uta (2014), *Der Job, der zu mir passt. Das eigene Berufsziel entdecken und erreichen*, Frankfurt/New York.

Gulder, Angelika (2013), *Finde den Job, der dich glücklich macht. Von der Berufung zum Beruf*, Frankfurt/New York.

Hilzinger, Sonja (2013), *Berufsprofilierung. Ein Praxisbuch für Akademikerinnen und Akademiker*, Opladen/Berlin/Toronto.

Lore, Nicholas (2011), *The Pathfinder. How to Choose or Change Your Career for a Lifetime of Satisfaction and Success*, New York.

Rühle, Herrmann (2011), *Sie brauchen einen Plan B! Wie Sie beruflichen Krisen zuvorkommen*, Göttingen.

Sher, Barbara (2014), *Wishcraft. Lebensträume und Berufsziele entdecken und verwirklichen*, Osnabrück.

Sher, Barbara (2012), *Lebe das Leben, von dem du träumst*, München.

Tieger, Paul/Barron, Barbara (2014), *Do what you are. Discover the Perfect Career for You Through the Secrets of Personality Type*, New York/Boston/London.

Westphal, Beate (2014), *Eigentlich wär ich gern …: Wie Sie Ihre Talente zum Traumjob machen*, Frankfurt/New York.

Wissenschaftscoaches

Coachingnetz Wissenschaft
https://www.coachingnetz-wissenschaft.de/

Netzwerk Wissenschaftscoaching
https://www.wissenschaftscoaching.de/

Auf den Webseiten des Coachingnetz Wissenschaft finden Sie viele nützliche Ressourcen zum Wissenschaftscoaching, unter anderem Checklisten zur Auswahl von geeigneten Coaches.

2. Ressourcen für Tätigkeitsbereiche

Agenda Setting und Strategie

Literatur zu »Agenda Setting und Strategie«

Franck, Norbert (2019), *Der Karriereführer für Referentinnen und Referenten. Einsteigen und erfolgreich vorankommen*, Frankfurt/New York.
Gieselmann, Jana/Becker, Fred G. (2018), »Referent/innen der Universitätsleitung – wer sind sie und was treibt sie an? Ergebnisse einer explorativen Online-Umfrage«, in: *Personal- und Organisationsentwicklung*, H. 3+4/2018, S. 99–105.
Inderbitzin, Werner (2018), *Führung an Hochschulen aktiv gestalten: Eine praxisorientierte Einführung für Leitungspersonen*, Wiesbaden.

Zeitschriften zu »Agenda Setting und Strategie«

Das Hochschulwesen
https://www.universitaetsverlagwebler.de/hsw

Die Hochschule
https://www.hof.uni-halle.de/journal/

Hochschulmanagement
https://www.universitaetsverlagwebler.de/hm

Zeitschrift für Hochschulentwicklung
https://www.zfhe.at/

Weiterbildungen zu »Agenda Setting und Strategie«

Zentrum für Wissenschaftsmanagement (ZWM): Lehrgang für Persönliche ReferentInnen
https://www.zwm-speyer.de/weiterbildung/

Organisation und Koordination

Literatur zu »Organisation und Koordination«

Behlau, Lothar (2017), *Forschungsmanagement: Ein praktischer Leitfaden*, Berlin/Boston.

Defila, Rico et al. (2006), *Forschungsverbundmanagement. Handbuch für die Gestaltung inter- und transdisziplinärer Projekte*, Zürich.

Fedrowitz, Jutta et al. (2014), *Professionalisierung ohne Profession? Ergebnisbericht »Fakultätsmanagement-Befragung 2013«*, Gütersloh. *https://www.che-consult.de/fileadmin/pdf/publikationen/CHE_AP_175_Fakutaetsmanagement_2013.pdf*

Mosch, Kristin (2017), »Projektmanagement. Klarer Aufbau und erfolgreiche Durchführung von Großprojekten in Forschung und Entwicklung«, in: Lemmens, Markus et al. (Hg.), *Wissenschaftsmanagement. Handbuch und Kommentar*, Bonn, S. 600–617.

Pellert, Ada (2006), »Organisationsentwicklung«, in: Pellert, Ada (Hg.), *Einführung in das Hochschul- und Wissenschaftsmanagement*, Bonn, S. 35–46.

Zeitschriften zu »Organisation und Koordination«

Das Hochschulwesen
https://www.universitaetsverlagwebler.de/hsw

Die Hochschule
https://www.hof.uni-halle.de/journal/

Hochschulmanagement
https://www.universitaetsverlagwebler.de/hm

Zeitschrift für Hochschulentwicklung
https://www.zfhe.at/

Netzwerke zu »Organisation und Koordination«

Netzwerktreffen der Fakultätsmanager*innen teilweise über die Fakultätentage

Weiterbildungen zu »Organisation und Koordination«

Centrum für Hochschulentwicklung (CHE): Zertifikatsprogramm Fakultätsmanagement
http://www.hochschulkurs.de

Centrum für Hochschulentwicklung (CHE): Zertifikatsprogramm Professionalisierung im Projekt- und Changemanagement an Hochschulen
http://www.hochschulkurs.de

Zentrum für Wissenschaftsmanagement (ZWM): Lehrgang für FakultätsmanagerInnen
https://www.zwm-speyer.de/weiterbildung/

Zentrum für Wissenschaftsmanagement (ZWM): Management von Forschungsverbünden
https://www.zwm-speyer.de/weiterbildung/

Zentrum für Wissenschaftsmanagement (ZWM): Projektmanagement und Teambuilding
https://www.zwm-speyer.de/weiterbildung/

Finanzierung

Literatur zum Bereich »Finanzierung«

Adamczak, Wolfgang et al. (2009), »Traumberuf ForschungsreferentIn?«, in: *INCHER Werkstattberichte*, Bd. 68, Kassel. *https://kobra.bibliothek.uni-kassel.de/bitstream/urn:nbn:de:hebis:34-2009040826812/3/wb68.pdf*

Bauer, Waldemar et al. (2013), *Forschungsprojekte entwickeln – von der Idee bis zur Publikation. Ein Leitfaden für die Praxis*, Stuttgart.

Bundesverband deutscher Stiftungen (Hg.) (2013), *Private Stiftungen als Partner der Wissenschaft. Ein Ratgeber für die Praxis*, Berlin.

Herrmann, Dieter/Spath, Christian (2016), *Deutsches Forschungshandbuch 2016/2017: Förderinstitutionen, Förderprogramme und Drittmittel für die Wissenschaft*, Lampertheim.

Löhrmann, Iris (2018), *Im Wettbewerb ums fremde Geld. Die Kunst, an Drittmittel für die Forschung zu kommen*, Berlin.

Preuß, Stefanie (2017), *Drittmittel für die Forschung. Grundlagen, Erfolgsfaktoren und Praxistipps für das Schreiben von Förderanträgen*, Berlin/Heidelberg.

Walter, Anne (2012), *Wie stelle ich einen Forschungsantrag?*, Kassel, *http://www.uni-kassel.de/themen/fileadmin/datas/themen/wissenschaftlicher_nachwuchs/Dokumente/Informationsbrosch%C3%BCren/Forschungsantrag.pdf*

Wissenschaftsrat (2016), Wissens- und Technologietransfer als Gegenstand institutioneller Strategien. Positionspapier, Köln. *https://www.wissenschaftsrat.de/download/archiv/5665-16.html*

Newsletter im Bereich »Finanzierung«

Newsletter FORTRAMA
https://www.fortrama.net/newsletter-extern/

Netzwerke im Bereich »Finanzierung«

Bundesarbeitskreis der EU-Referent*innen (BAK)
http://www.uni-giessen.de/bak

Netzwerk Forschungs- und Transfermanagement e.V. (FORTRAMA)
https://www.fortrama.net/

[A] Austrian Universities' Research Administrators and Managers (AURAM)
http://www.forschungsservice.at/index.html

[EU] European Network of Research Integrity Offices (ENRIO)
http://www.enrio.eu/

Weiterbildungen im Bereich »Finanzierung«

Netzwerk FORTRAMA
https://www.fortrama.net/weiterbildung/

Zentrum für Wissenschaftsmanagement (ZWM): Lehrgang für Forschungsreferent-Innen
https://www.zwm-speyer.de/weiterbildung/

Kooperationsstelle EU der Wissenschaftsorganisationen (KoWi)
https://www.kowi.de/kowi/veranstaltungen/schulung/schulung.aspx

Bundesministerium für Bildung und Forschung: Zertifikat EU-Referent/in Forschung
https://www.eubuero.de/zertifikat.htm

Personal und Kooperation

Literatur zum Bereich »Personal und Kooperation«

Beaufays, Sandra (2005), *Wie werden Wissenschaftler gemacht? Beobachtungen zur wechselseitigen Konstitution von Geschlecht und Wissenschaft*, Bielefeld.

Becker, Fred G. (2020), *Akademisches Personalmanagement. Bd. 3: I-placement, Qualifizierung, Anreizsysteme, Führung*, Münster/New York.

Becker, Fred G. (2019), *Akademisches Personalmanagement. Bd. 2: Berufungsverfahren, Personalbeschaffung und -auswahl an Hochschulen*, Münster/New York.

Becker, Fred G. (2019), *Akademisches Personalmanagement 1: Grundlagen des Personalmanagements an Hochschulen*, Münster/New York.

Blome, Eva et al. (2013), *Handbuch zur Gleichstellungspolitik an Hochschulen. Von der Frauenförderung zum Diversity Management?*, Wiesbaden.

Bundesministerium für Bildung und Forschung (Hg.) (2010), *Kinder – Wunsch und Wirklichkeit in der Wissenschaft – Forschungsergebnisse und Konsequenzen. https://www.gesis.org/fileadmin/cews/www/download/Broschuere_KinderWunsch.pdf*

Jänicke, Daniela (2017), »Internationalisierung von Wissenschaftseinrichtungen. Strategie- und Instrumente-Entwicklung für globale Herausforderungen in den

Lehr- und Forschungsmärkten«, in: Lemmens, Markus et al. (Hg.), *Wissenschaftsmanagement. Handbuch und Kommentar*, Bonn, S. 172–183.
Löther, Andrea/Vollmer, Lina (Hg.) (2014), *Gleichstellungsarbeit an Hochschulen: Neue Strukturen – neue Kompetenzen*, cews-Beiträge Frauen in Wissenschaft und Forschung, Bd. 6, Opladen.
Petersen, Renate et al. (Hg.) (2017), *Praxishandbuch Mentoring in der Wissenschaft*, Wiesbaden.
Schacherl, Ingrid et al. (2015), *Hochschule verändern: Gleichstellungspolitische Innovationen im Hochschulreformprozess*, Leverkusen.
Widmann, Andrea (2006), »Personalentwicklung«, in: Pellert, Ada (Hg.), *Einführung in das Hochschul- und Wissenschaftsmanagement*, Bonn, S. 79–99.

Zeitschriften zum Bereich »Personal und Kooperation«

DAADeuroletter
https://eu.daad.de/service/medien-und-publikationen/DAADeuroletter/de/47352-daadeuroletter/

Personal in Hochschule und Wissenschaft entwickeln
https://www.personalentwicklung-wissenschaft.de/

Personal- und Organisationsentwicklung in Einrichtungen der Lehre und Forschung
https://www.universitaetsverlagwebler.de/poe

Newsletter im Bereich »Personal und Kooperation«

CEWSjournal
https://www.gesis.org/cews/unser-angebot/publikationen/cewsjournal/

Erasmus+ Newsletter
https://eu.daad.de/service/medien-und-publikationen/erasmus-plus-newsletter/

Newsletter »Chancengerechte Hochschule« der RWTH Aachen
https://www.igad.rwth-aachen.de/cms/IGAD/Die-Stabsstelle/~nbvf/Newsletter-Chancengerechte-Hochschule-/

Newsletter Familie in der Hochschule
http://www.familie-in-der-hochschule.de/newsletter/

Newsletter der Abteilung Gleichstellung und Diversität der Universität Zürich
https://www.gleichstellung.uzh.ch/de/abteilung/newsletter.html

UniNetzPE-Newsletter
https://uninetzpe.de/aktuelles/uninetzpe-newsletter/

UniWiND Newsletter
https://www.uniwind.org/newsletter

Netzwerke im Bereich »Personal und Kooperation«

Bundeskonferenz der Frauen- und Gleichstellungsbeauftragten an Hochschulen (bukof)
https://bukof.de/

Career Service Netzwerk Deutschland (csnd)
http://csnd.de/

Dual Career Netzwerk Deutschland (DCND)
http://www.dcnd.org/

Forum Mentoring
https://www.forum-mentoring.de/

Netzwerk Diversity an Hochschulen
https://www.netzwerk-diversity.de/

Netzwerk GenderConsulting in Forschungsverbünden
https://www.netzwerk-gender-consulting.de/

Netzwerk Familie in der Hochschule
http://www.familie-in-der-hochschule.de/

Netzwerk für Personalentwicklung an Universitäten (UniNetzPE)
https://uninetzpe.de/

[A] Austrian Network Personalentwicklung an Universitäten in Österreich (AUCEN)
https://www.aucen.ac.at/

[A] Career Services Austria
https://www.career-services.at/

[CH] Le Réseau romand de mentoring pour femmes
https://www3.unifr.ch/f-mentoring/de/

[EU] European Association for International Education (EAIE)
https://www.eaie.org/

Association of International Educators (NASFA)
https://www.nafsa.org/

Stellenbörsen im Bereich »Personal und Kooperation«

https://uninetzpe.de/aktuelles/stellenboerse-personalentwicklung/

Weiterbildungen im Bereich »Personal und Kooperation«

Centrum für Hochschulentwicklung (CHE): Personalentwicklung strategisch aufstellen: Nutzen, Qualität, Instrumente
http://www.hochschulkurs.de

EAIE Academy
https://www.eaie.org/training.html

Internationale DAAD Akademie (IDA)
https://www.daad-akademie.de/

UniWiND-Mentoringprogramm: AUFWiND – Ankommen, Unterstützen, Fördern: Das UniWiND-Mentoringprogramm für Wissenschaftsmanagerinnen und Wissenschaftsmanager im Bereich Wissenschaftliche Nachwuchsförderung
https://www.uniwind.org/mentoringprogramm

Evaluation und Controlling

Literatur zum Bereich »Evaluation und Controlling«

Deutsche Gesellschaft für Qualität (2015), *Qualitätsmanagement für Hochschulen. Das Praxishandbuch*, München.

Horváth, Péter (2017), »Wissenschaftscontrolling. Missverständnisse und Vorurteile im System – praktikable Wege und überzeugende Lösungen«, in: Lemmens, Markus et al. (Hg.), *Wissenschaftsmanagement. Handbuch und Kommentar*, Bonn, S. 474–485.

Kloke, Katharina (2014), *Qualitätsentwicklung an deutschen Hochschulen. Professionstheoretische Untersuchung eines neuen Tätigkeitsfelds*, Wiesbaden.

Mitterauer, Lukas (2013), »Qualitätssicherung und universitäres Steuerungssystem«, in: *Zeitschrift für Hochschulentwicklung*, H. 2/2013, S. 32–48.

Nickel, Sigrun (2006), »Qualitätsmanagement«, in: Pellert, Ada (Hg.), *Einführung in das Hochschul- und Wissenschaftsmanagement*, Bonn, S. 47–63.

Schmidt, Uwe (2017), »Kollegiales Audit: Zielsetzung, Prämissen und Verfahren«, in: *Handbuch Qualität in Studium, Lehre und Forschung*, Ausgabe 59, Beitrag F 9.3. S. 95–114.

Scheytt, Tobias (2006), »Prozessmanagement«, in: Pellert, Ada (Hg.), *Einführung in das Hochschul- und Wissenschaftsmanagement*, Bonn, S. 166–182.

Winde, Matthias (Hg.) (2010), *Von der Qualitätsmessung zum Qualitätsmanagement: Praxisbeispiele an Hochschulen*. Essen.

Wissenschaftsrat (2017), *Begutachtungen im Wissenschaftssystem (Positionspapier)*, Köln.

Zeitschriften zum Bereich »Evaluation und Controlling«

Handbuch Qualität in Studium, Lehre und Forschung
https://www.hqsl-bibliothek.de/

Qualität in der Wissenschaft
https://www.universitaetsverlagwebler.de/qiw

Zeitschrift für Hochschulentwicklung
https://www.zfhe.at/

Zeitschrift für Evaluation
http://www.zfev.de/

Netzwerke im Bereich »Evaluation und Controlling«

Austauschforum für systemakkreditierte Hochschulen
https://www.fh-muenster.de/WWWeiterbildungen/programm/austauschforum/austausch forum.php?p=1,1

Weiterbildungen im Bereich »Evaluation und Controlling«

Zentrum für Wissenschaftsmanagement (ZWM): Qualitätsmanagement in der Verwaltung
https://www.zwm-speyer.de/weiterbildung/

Evaluationsagentur Baden-Württemberg (evalag): Weiterbildungsprogramm
https://www.evalag.de/weiterbildung/

Fachhochschule Münster: Workshops und Austauschformate zum Qualitätsmanagement
https://www.fh-muenster.de/WWWeiterbildungen/programm/index.php?p=1

Zentrale Evaluations- und Akkreditierungsagentur Hannover (ZEvA): Seminare und Workshops
https://www.zeva.org/veranstaltungen/seminare-und-workshops

Zentrum für Wissenschaftsmanagement (ZWM): Prozesse gestalten und optimieren
https://www.zwm-speyer.de/weiterbildung/

Information und Kommunikation

Literatur zum Bereich »Information und Kommunikation«

Archut, Andreas (2017), »Integrierte Hochschulkommunikation. Grundlagen: von der Pressestelle zum Marketing von Fachhochschulen und Universitäten mit einem schlüssigen Konzept«, in: Lemmens, Markus et al. (Hg.), *Wissenschaftsmanagement. Handbuch und Kommentar*, Bonn, S. 744–757.

Bode, Jürgen (2017), »Messung der Wirkung. Analyse des zurechenbaren Erfolges von Marketingmaßnahmen in Hochschule und Wissenschaft verlangt dreierlei: Kriterien, Prozess, Ergebnis«, in: Lemmens, Markus et al. (Hg.), *Wissenschaftsmanagement. Handbuch und Kommentar*, Bonn, S. 786–797.

Bundesverband Hochschulkommunikation et al. (2016), Leitlinien zur guten Wissenschafts-PR. *https://www.bundesverband-hochschulkommunikation.de/verband/siggener-kreis/*

Campenhausen, Jutta (2014), *Wissenschaft vermitteln: Eine Anleitung für Wissenschaftler*, Wiesbaden.

Dernbach, Beatrice et al. (Hg.) (2012), *Handbuch Wissenschaftskommunikation*, Wiesbaden.

Fähnrich, Birte et al. (Hg.) (2018), *Forschungsfeld Hochschulkommunikation*, Wiesbaden.

Fürlinger, Georg/Leitner, Karl-Heinz (2017), »Förderkultur universitärer Spin-offs. Das ›Gründerökosystem‹ und die Unterstützung universitärer Ausgründungen: Erfolgsfaktoren, Aufbau und Management«, in: Lemmens, Markus et al. (Hg.), *Wissenschaftsmanagement. Handbuch und Kommentar*, Bonn, S. 198–215.

Konneker, Carsten (2012), *Wissenschaft kommunizieren: Ein Handbuch mit vielen praktischen Beispielen*, Weinheim.

Weitze, Marc-Denis/Gießler, Christof (2015), *Wissenschaftskommunikation – Schlüsselideen, Akteure, Fallbeispiele*, Berlin/Heidelberg.

Newsletter im Bereich »Information und Kommunikation«

HKom: Der Newsletter des Bundesverbands Hochschulkommunikation
https://www.bundesverband-hochschulkommunikation.de/mitgliederbereich/newsletter/

Netzwerke im Bereich »Information und Kommunikation«

Bundesverband Hochschulkommunikation
https://www.bundesverband-hochschulkommunikation.de/

Weiterbildungen im Bereich »Information und Kommunikation«

Zentrum für Wissenschaftsmanagement (ZWM): Wissenschaftskommunikation und -marketing
https://www.zwm-speyer.de/weiterbildung/

TU Berlin: Master of Science (M.Sc.) »Wissenschaftsmanagement/Wissenschaftsmarketing«
http://wissenschaftsmanagement.tubs.de/

TU Dortmund: Bachelor of Arts (B.A.)/Master of Arts (M.A.) »Wissenschaftsjournalismus«
https://wissenschaftsjournalismus.tu-dortmund.de/studium/

KIT Karlsruhe: Bachelor of Arts (B.A.)/Master of Arts (M.A.) » Wissenschaft – Medien – Kommunikation«
https://www.sle.kit.edu/vorstudium/bachelor-wissenschaft-medien-kommunikation-details.php
https://www.sle.kit.edu/vorstudium/master-wissenschaft-medien-kommunikation.php

Hochschule Rhein-Waal: Bachelor of Arts (B.A.)/Bacherlor of Science (B.Sc.) »Science Communication and Bionics«
https://www.hochschule-rhein-waal.de/de/fakultaeten/technologie-und-bionik/studienangebot/science-communication-and-bionics-babsc

Studium und Lehre

Literatur zum Bereich »Studium und Lehre«

Biebuyck, Birte/Nolten, Andreas (2013), *Das ideale Studium für mein Kind*, Hallbergmoos.

Grolimund, Fabian (2017), *Psychologische Beratung und Coaching, Lehr- und Praxisbuch für Einsteiger*, Göttingen.

Heiner, Matthias et al. (Hg.) (2016), *Was ist »Gute Lehre«? Perspektiven der Hochschuldidaktik*, Bielefeld.

Hofmann, Eberhardt/Löhle, Monika (2016), *Erfolgreich Lernen: Effiziente Lern- und Arbeitsstrategien für Schule, Studium und Beruf*, Göttingen.

Merkt, Marianne et al. (Hg.) (2016), *Professionalisierung der Hochschuldidaktik*, Bielefeld.

Scholkmann, Antonia et al. (Hg.) (2018), *Zwischen Qualifizierung und Weiterbildung. Reflexionen zur gekonnten Beruflichkeit in der Hochschuldidaktik*, Bielefeld.

Verse-Herrmann, Angela/Herrmann, Dieter (2014), *Studieren, aber was?*, Hallbergmoos.

Walther, Holger (2015), *Abi, was nun?*, Konstanz.

Wissenschaftsrat (2017), *Strategien für die Hochschullehre (Positionspapier)*, Köln.

Zeitschriften zum Bereich »Studium und Lehre«

die hochschullehre
http://www.hochschullehre.org/

Neues Handbuch Hochschullehre
https://www.nhhl-bibliothek.de/

Zeitschrift für Beratung und Studium
https://www.universitaetsverlagwebler.de/zbs

ZEIT Campus
https://shop.zeit.de/sortiment/die-zeit-magazine/studium-und-orientierung/

ZEIT Studienführer
https://premium.zeit.de/studienfuehrer

Newsletter im Bereich »Studium und Lehre«

DGHD Newsletter
https://www.dghd.de/die-dghd/newsletter/

Netzwerke im Bereich »Studium und Lehre«

Deutsche Gesellschaft für Hochschuldidaktik (dghd)
https://www.dghd.de/

Gesellschaft für Schreibdidaktik und Schreibforschung
https://gefsus.de/

Gesellschaft für Information, Beratung und Therapie an Hochschulen (GIBeT)
https://gibet.org/

Netzwerk Tutorienarbeit an Hochschulen (NWTA)
http://www.tutorienarbeit.de/

[A] Gesellschaft für wissenschaftliches Schreiben (GeWissS)
http://www.gewisss.at/

[CH] Forum wissenschaftliches Schreiben
http://www.forumschreiben.ch/

[EU] European Writing Centers Association (EWCA)
http://europeanwritingcenters.eu/

[EU] European Association for the Teaching of Academic Writing (EATAW)
http://www.eataw.eu/

International Writing Centers Association (IWCA)
http://writingcenters.org/

Stellenbörsen im Bereich »Studium und Lehre«

DGHG Stellenbörse
https://www.dghd.de/praxis/stellenboerse/

Weiterbildungen im Bereich »Studium und Lehre«

Fortbildungszertifikat der Gesellschaft für Information, Beratung und Therapie an Hochschulen (GIBeT)
https://gibet.org/fortbildungszertifikat/?

TU Darmstadt: Universitätszertifikat Schreibberatung und Schreibtraining
https://www.owl.tu-darmstadt.de/weiterbildung/index.de.jsp

PH Freiburg: Berufsbegleitende Ausbildung Schreibberatung
http://www.akademie.wi-ph.de/schreibberatung.html

PH Freiburg: Fernstudium Schreibberatung
https://www.ph-freiburg.de/hochschule/weitere-einrichtungen/schreibzentrum/hochschul-zertifikat-schreibberatung.html

Universität Hamburg: Studiengang Higher Education (M.A.)
https://hul-master.blogs.uni-hamburg.de/

Universität Hamburg: Summerschool Studienmanagement
https://www.uni-hamburg.de/summerschool-stuma.html

Johannes Gutenberg-Universität Mainz: Qualifizierungsreihe »Bildungsberatung & Kompetenzentwicklung«
https://www.zww.uni-mainz.de/weiterbildungsangebote-im-ueberblick/kontaktstudien-certificate-of-advanced-studies-cas/bildungsberatung/

3. Ressourcen zu Arbeitgeber*innen

Akademien der Wissenschaften

Akademie der Wissenschaften in Hamburg
https://www.awhamburg.de/

Akademie der Wissenschaften und der Literatur
http://www.adwmainz.de/

Akademie der Wissenschaften zu Göttingen
https://adw-goe.de/

Bayerische Akademie der Wissenschaften
https://badw.de/

Berlin-Brandenburgische Akademie der Wissenschaften
http://www.bbaw.de/

Heidelberger Akademie der Wissenschaften
https://www.hadw-bw.de/

Junge Akademie
https://www.diejungeakademie.de/

Leopoldina Nationale Akademie der Wissenschaften
http://www.leopoldina.org/

Nordrhein-Westfälische Akademie der Wissenschaften und der Künste
http://www.awk.nrw.de/

Sächsische Akademie der Wissenschaften
https://www.saw-leipzig.de/

Union der Deutschen Akademien der Wissenschaften
https://www.akademienunion.de/

[A] Österreichische Akademie der Wissenschaften
https://www.oeaw.ac.at/

[CH] Akademien der Wissenschaften Schweiz
http://www.akademien-schweiz.ch/

[CH] Akademie der Naturwissenschaften Schweiz (SCNAT)
https://naturwissenschaften.ch/organisations/scnat

[CH] Schweizerische Akademie der Geistes- und Sozialwissenschaften (SAGW)
https://www.sagw.ch/

[CH] Schweizerische Akademie der Medizinischen Wissenschaften (SAMW)
https://www.samw.ch/

[CH] Schweizerische Akademie der Technischen Wissenschaften (SATW)
https://www.satw.ch/

Forschungsförderorganisationen

Alexander von Humboldt-Stiftung
https://www.humboldt-foundation.de/

Deutsche Forschungsgemeinschaft (DFG)
https://www.dfg.de/

Deutscher Akademischer Austauschdienst (DAAD)
https://www.daad.de/

DLR Projektträger
https://www.dlr.de/pt/

Fritz Thyssen Stiftung
https://www.fritz-thyssen-stiftung.de/

Gerda Henkel Stiftung
https://www.gerda-henkel-stiftung.de/

Projektträger Jülich
https://www.ptj.de/karriere/

VolkswagenStiftung
https://www.volkswagenstiftung.de/

[A] Fonds zur Förderung der wissenschaftlichen Forschung (FWF)
https://www.fwf.ac.at/

[A] Österreichische Forschungsförderungsgesellschaft (FFG)
https://www.ffg.at/

[A] Forschungsförderungsgesellschaft mbH (FFG)
https://www.ffg.at/

[A] Austria Wirtschaftsservice (AWS)
https://www.aws.at/

[A] Ludwig Boltzmanngesellschaft (LBG)
https://www.lbg.ac.at/

[A] Christian Doppler Forschungsgesellschaft (CDG)
https://www.cdg.ac.at/

[A] Austrian Institute of Technology (AIT)
https://www.ait.ac.at/

[A] Institute of Science and Technology (IST) Austria
https://ist.ac.at/

[CH] Schweizer Nationalfonds zur Förderung der wissenschaftlichen Forschung (SNF)
http://www.snf.ch/

[EU] ERC Executive Agency
https://erc.europa.eu/

[EU] Research Executive Agency (REA)
https://ec.europa.eu/info/departments/research-executive-agency_en

Begabtenförderwerke

Avicenna-Studienwerk
http://www.avicenna-studienwerk.de/

Cusanuswerk
https://www.cusanuswerk.de/startseite.html

Ernst Ludwig Ehrlich Studienwerk (ELES)
https://eles-studienwerk.de/

Evangelisches Studienwerk Villigst
https://www.evstudienwerk.de/

Friedrich-Ebert-Stiftung
https://www.fes.de/studienfoerderung/

Friedrich-Naumann-Stiftung für die Freiheit
https://www.freiheit.org/stipendien

Hanns-Seidel-Stiftung
https://www.hss.de/stipendium/

Hans-Böckler-Stiftung
https://www.boeckler.de/

Heinrich-Böll-Stiftung
https://www.boell.de/de/stipendien

Konrad-Adenauer-Stiftung
https://www.kas.de/

Rosa Luxemburg Stiftung
https://www.rosalux.de/stiftung/studienwerk/

Stiftung der Deutschen Wirtschaft (sdw)
https://www.sdw.org/

Studienstiftung des deutschen Volkes
https://www.studienstiftung.de/

Stiftungen

Bundesverband Deutscher Stiftungen (Hg.) (2014), *Verzeichnis Deutscher Stiftungen.* Bände 1–3, Berlin.
https://stiftungssuche.de/

Bundesverband Deutscher Stiftungen
https://www.stiftungen.org/

Stifterverband für die Deutsche Wissenschaft
https://stifterverband.org/

Literaturhinweise zu Stiftungen

Bundesverband Deutscher Stiftungen (Hg.) (2013), *Private Stiftungen als Partner der Wissenschaft. Ein Ratgeber für die Praxis*, Berlin.

Bundesverband Deutscher Stiftungen (Hg.) (2016), *Die Grundsätze guter Stiftungspraxis: Erläuterungen, Hinweise und Anwendungsbeispiele aus dem Stiftungsalltag*, Berlin.

Falk, Herrmann et al. (2013), *Führung, Steuerung und Kontrolle in der Stiftungspraxis*, Berlin.

Fleisch, Hans (2013), *Stiftungsmanagement: Ein Leitfaden für erfolgreiche Stiftungsarbeit*, Berlin.

Wigand, Klaus et al. (2015), *Stiftungen in der Praxis: Recht, Steuern, Beratung*, Wiesbaden.

Zeitschriften zu Stiftungen

StiftungsWelt
https://www.stiftungen.org/index.php?id=243

Nationale hochschulpolitische Organisationen

Centrum für Hochschulentwicklung (CHE)
http://www.che.de/

Deutsche Gesellschaft Juniorprofessur (DGJ)
https://www.dgj-wissenschaft.de/

Gemeinsame Wissenschaftskonferenz (GWK)
https://www.gwk-bonn.de/

German Scholars Organization
https://www.gsonet.org/

German U15
https://www.german-u15.de/

Hochschullehrerbund (hlb)
https://hlb.de/

Hochschulrektorenkonferenz (HRK)
https://www.hrk.de/

TU9 German Institutes of Technology
https://www.tu9-universities.de/

Universitätsverband zur Qualifizierung des wissenschaftlichen Nachwuchses in Deutschland (UniWiND)
https://www.uniwind.org/

Verband Hochschule und Wissenschaft (vhw)
https://www.vhw-bund.de/

Wissenschaftsrat (WR)
https://www.wissenschaftsrat.de/

[A] Österreichische Universitätenkonferenz
https://uniko.ac.at/

[CH] swissuniversities
https://www.swissuniversities.ch/

Europäische hochschulpolitische Organisationen

Coimbra Group
https://www.coimbra-group.eu/

Conference of European Schools for Advanced Engineering Education and Research (CESAER)
https://www.cesaer.org/

European Association of Institutions in Higher Education (EURASHE)
https://www.eurashe.eu/

European Association of Research and Technology Organisations (EARTO)
https://www.earto.eu/

European Council of Doctoral Candidates and Junior Researchers (Eurodoc)
http://eurodoc.net/

EuroTech Universities
http://eurotech-universities.eu/

European University Association (EUA)
https://eua.eu/

IDEA League
http://idealeague.org/

League of European Research Universities (LERU)
https://www.leru.org/

Science Europe
https://www.scienceeurope.org/

Universities of Applied Sciences network (UASnet)
http://www.uasnet.eu/

Ministerien und Behörden

Bundesministerium für Bildung und Forschung (BMBF)
https://www.bmbf.de/

Ministerium für Wissenschaft, Forschung und Kunst Baden-Württemberg
https://mwk.baden-wuerttemberg.de/

Bayerisches Staatsministerium für Wissenschaft und Kunst
https://www.stmwk.bayern.de/

Senatskanzlei für Wissenschaft und Forschung (Berlin)
https://www.berlin.de/sen/wissenschaft/

Ministerium für Wissenschaft, Forschung und Kultur (Brandenburg)
https://mwfk.brandenburg.de/

Senatskanzlei für Wissenschaft und Häfen (Bremen)
https://www.wissenschaft-haefen.bremen.de/

Behörde für Wissenschaft, Forschung und Gleichstellung (Hamburg)
https://www.hamburg.de/bwfg/

Hessisches Ministerium für Wissenschaft und Kunst
https://wissenschaft.hessen.de/

Ministerium für Bildung, Wissenschaft und Kultur (Mecklenburg-Vorpommern)
https://www.regierung-mv.de/Landesregierung/bm/

Niedersächsisches Ministerium für Wissenschaft und Kultur (MWK)
https://www.mwk.niedersachsen.de/

Ministerium für Kultur und Wissenschaft des Landes Nordrhein-Westfalen (MKW)
https://www.mkw.nrw/

Ministerium für Wissenschaft, Weiterbildung und Kultur (Rheinland-Pfalz)
https://mwwk.rlp.de/

Ministerium für Bildung und Kultur (Saarland)
https://www.saarland.de/ministerium_bildung_kultur.htm

Staatsministerium für Wissenschaft und Kunst (Sachsen)
https://www.smwk.sachsen.de/

Ministerium für Wirtschaft, Wissenschaft und Digitalisierung (Sachsen-Anhalt)
https://mw.sachsen-anhalt.de/

Ministerium für Bildung, Wissenschaft und Kultur (Schleswig-Holstein)
https://www.schleswig-holstein.de/DE/Landesregierung/III/iii_node.html

Thüringer Ministerium für Wirtschaft, Wissenschaft und Digitale Gesellschaft
https://wirtschaft.thueringen.de/

[A] Bundesministerium für Bildung, Wissenschaft und Forschung (BMBWF)
https://www.bmbwf.gv.at/

[CH] Eidgenössisches Departement für Wirtschaft, Bildung und Forschung (WBF)
https://www.wbf.admin.ch/wbf/de/home.html

[CH] Staatssekretariat für Bildung, Forschung und Innovation (SBFI)
https://www.sbfi.admin.ch/sbfi/de/home.html

Stellenausschreibungen für Ministerien

Bundesministerien: jeweils auf der Webseite des Ministeriums, zum Beispiel:

https://www.bmbf.de/de/mitarbeit-im-bundesministerium-fuer-bildung-und-forschung-207.html

Landesministerien und nachgeordnete Einrichtungen: zentrale Stellenbörsen der Bundesländer, zum Beispiel:

https://www.stellenmarkt.nrw.de/
https://www.baden-wuerttemberg.de/de/service/stellenangebote/

Übergeordnete Stellenportale:

https://www.service.bund.de/
https://www.interamt.de/

4. Liste der Aktivitäten

An dieser Stelle finden Sie alle Aktivitäten zusammengefasst, die wir in Kapitel 2 erläutern und vorschlagen. Die Liste kann Ihnen dazu dienen, Ihre eigene Vorgehensweise zu entwickeln. Die Aktivitäten sind an dieser Stelle thematisch sortiert. So können Sie (beispielweise einmal wöchentlich) ein oder zwei Themen auswählen, mit denen Sie sich in kommender Zeit näher beschäftigen wollen. Unter den Themen finden Sie wie im Arbeitsteil einzelne Aktivitäten, zwischen denen Sie sich entscheiden können. Was für Ihre aktuelle Situation sinnvoll erscheint, tragen Sie mit je 15 Minuten in Ihren Kalender ein. So lässt sich schnell und ohne großen Aufwand ein individuelles Arbeitsprogramm zusammenstellen.

Organisation und Planung

1. Arbeitsbuch anlegen (Papierform oder digital)
2. Begriffe aus Gesprächen, Newslettern, Internetrecherchen etc. sammeln
   - Schlüsselbegriffe auswählen und kennzeichnen
   - Begriffe in Kategorien ordnen
3. Kapitel »Einführung« nochmal lesen und Notizen machen
4. Kapitel 1.1 »Was ist Wissenschaftsmanagement« nochmal lesen und Notizen machen
5. Arbeitsgruppe
   - Wo finde ich Personen, die dieses Thema auch interessiert (Facebook, Xing, schwarzes Brett, bestehende Gruppen, Institutionen)?
   - Wie regelmäßig möchte ich mich treffen?
   - An welchem Ort können wir gut gemeinsam arbeiten (Bibliothek, Café, zu Hause, Skype)?
   - Leute ansprechen
   - Themen für ein Treffen festlegen
   - Treffen mit der Gruppe durchführen
6. Pause machen
7. Erfolge feiern

Lebensplanung

Jeweils fünf bis zehn Minuten schriftlich reflektieren

1. Bestandsaufnahme
   - Welche Fähigkeiten habe ich?
   - Über welche Erfahrungen verfüge ich?
   - Welche Schnittstellen habe ich mit dem Wissenschaftsmanagement?

2. Reflexion zu Interessen und Motivation
   - Was will ich genau? (zum Beispiel in Bezug auf ihre Karriere, Familie, Freizeit etc.)
   - Warum will ich das? Was treibt mich an?
   - Was genau möchte ich wissen und lernen?
   - Warum möchte ich das lernen, was motiviert mich dabei?
   - Wie möchte ich dieses Thema lernen (Gruppe, Unterricht, Buch, Webinar)?
   - Was möchte ich investieren (Zeit, Geld)?
   - Welche (Art von) Menschen möchte ich kennenlernen?
   - Welche Aufgabe könnte ich spannend finden?
   - Welche Ziele, Wünsche und Pläne möchte ich revidieren?
   - Was habe ich über mich gelernt?
3. Reflexion zur bisherigen Recherche
   - Was hat mich bei meinen Recherchen bisher besonders interessiert?
   - Passen die Werte und Ziele der Institutionen, die ich kennengelernt habe, zu meinen Werten und Zielen?
   - Artikel in Zeitschriften, Newslettern und Blogs auswerten
   - Was und wer interessiert mich? Warum?
   - Was und wer interessiert mich nicht? Warum?
   - Welche Beziehung haben diese Informationen zu meinen Wünschen und Zielen?
4. Reflexion zu Bewerbungen
   - Welche Anschreiben sind mir leichtgefallen?
   - Was hat mich begeistert?
5. Regelmäßige Arbeit an meiner Zielformulierung
6. Bewerbungen reflektieren
   - Wie sähe mein Leben bei erfolgreicher Bewerbung aus?
   - Wo würde ich leben?
   - Wie würde ich leben?
   - Passt das zu meinen weiteren Zielen?
   - Ist die Stelle ein Sprungbrett oder eine langfristige Perspektive?
   - Was ist (derzeit) mein langfristiges Ziel für meine Karriere/mein Privatleben?

Sich informieren

1. Online-Recherche: Zeitschriften für das Wissenschaftsmanagement finden
   - Gibt es eine Online-Version?
   - Verfügt eine Bibliothek in der Nähe über ein Abonnement? → Online-Katalog durchforsten
   - Gibt es eine Institution in der Nähe, die über die Zeitschrift verfügt?
   - Bei der Institution nachfragen, ob ich die Zeitschrift dort lesen darf
2. Online-Recherche: Blogs für das Wissenschaftsmanagement finden

3. Newsletter finden und abonnieren
   - Zum Beispiel den Newsletter »ZEIT Wissen[3]« oder den Newsletter des Netzwerks Wissenschaftsmanagement
   - Newsletter lesen
   - Zu Informationen aus den Newslettern weiterlesen/recherchieren
4. Zeitschriften, Blogs und Newsletter regelmäßig lesen
   - Notizen zu Schlüsselbegriffen, Personen und Institutionen
5. Mindmaps
   - Mindmap »Bereiche des Wissenschaftsmanagements« anlegen oder mit neuem Wissen ergänzen
   - Mindmap »Das deutsche Wissenschaftssystem« anlegen oder mit neuem Wissen ergänzen

Institutionen kennenlernen

1. Liste für Suchbegriffe zu Institutionen im Arbeitsbuch anlegen
2. Kapitel 1.3 »Arbeitgeber*innen« nochmal lesen
3. Entscheidung: Welche ein bis drei Institutionen möchte ich genauer kennenlernen?
4. Internetrecherche zu Institutionen/Homepages erkunden
   - Nach Schlüsselbegriffen suchen
   - In die Mindmap eintragen
   - fünf bis zehn Minuten Reflexion: Wie reagieren Sie auf diese Institution?
5. Offene Fragen entwickeln:
   - Wer arbeitet da, wer führt?
   - Was wird gemacht, würde ich das auch machen wollen?
   - Wie ist die Institution organisiert und finanziert?
   - Was sind Vision, Ziel und Werte der Institution?
   - Wer sind die »Kund*innen«?
   - Wie reagieren die Mitarbeiter*innen auf Fragen von außen?
   - Welche Ziele, Werte und Interessen verfolgt die Institution?
   - Passt das zu meinen Zielen, Werten und Interessen?

Netzwerken

1. Liste von interessanten Personen in einem Arbeitsbuch anlegen; Spalte ergänzen »Warum ich diese Person spannend finde«
2. Liste von Kontakten im Wissenschaftsmanagement anlegen
3. Netzwerkorganisationen für das Wissenschaftsmanagement recherchieren
4. Personen kontaktieren, um Ihr Netzwerk zu erweitern

- Anfrage vorbereiten
- Anfragemail testen

5. Vernetzung auf Xing/LinkedIn oder Adressbuch führen
6. Gespräche auswerten
   - Was war für mich spannend?
   - Welche Informationen habe ich erhalten?
   - Was habe ich bei dem Gespräch über mich gelernt?
   - Welche neuen Kontaktmöglichkeiten haben sich aus dem Gespräch ergeben?
   - Auf welche neuen Ideen hat mich das Gespräch gebracht?
   - Was habe ich über die Institution gelernt?
7. Kontakte ordnen und priorisieren
   - Mit wem möchte ich weiterhin Austausch pflegen?
   - Mit wem kann ich mir gemeinsame Projekte vorstellen?

Bewerbung

1. Webseiten für spannende Stellenanzeigen suchen
   - Liste von einschlägigen Stellenbörsen für das Wissenschaftsmanagement erstellen
   - Webseiten in Favoriten speichern oder in entsprechende E-Mail-Verteiler eintragen
2. Bewerbungsunterlagen vorbereiten
   - CV überarbeiten
   - Dokumente einscannen und ordentlich ablegen
   - Vorlage für Anschreiben erstellen
3. Unterstützung bei der Bewerbung
   - Gibt es Unterstützungsangebote an meiner Institution?
   - Welchen (Zeit-)Aufwand bedeuten die Angebote? Auswahl treffen
   - Individuelles Bewerbungstraining suchen, falls es keine Angebote der Universität gibt
   - Anmelden und Formalitäten erledigen
4. Bewerbung auf Stellenanzeige
   - Stellenanzeigen auswerten
   - Schlüsselbegriffe herausarbeiten
   - Was spricht mich an? Warum?
   - Über welche der geforderten Fähigkeiten verfüge ich?
   - Entwurf Anschreiben: Struktur skizzieren, ausformulieren, überarbeiten
   - Lebenslauf auf individuelle Bewerbung anpassen
   - Feedback einholen von Freunden, Bekannten oder neuen Kontakten, Vorsicht: Niemanden über Gebühr beanspruchen

- Kontaktperson zu Ausschreibung anrufen, Gespräch gut vorbereiten, drei wichtigsten Fragen notieren

5. Feedback zu Ablehnungen erfragen
   - Welche Qualifikationen fehlen mir (noch)?
   - Wie kann ich diese Qualifikationen erwerben?
   - Ist eine nochmalige Bewerbung aussichtsreich?

Die eigene Institution nutzen

1. Brainstorming: Welche*r meiner Kolleg*innen beschäftigen sich mit dem Wissenschaftsmanagement?
2. Treffen und Gespräche mit Kolleg*innen mit Bezug zum Wissenschaftsmanagement vereinbaren
3. Gespräch vorbereiten

Coaching und Mentoring

Coaching

1. Kann ich (kostenlose) Coachings über meine Institution bekommen?
2. Coach recherchieren, die*der zu mir passen könnte,
   - Internetrecherche, zum Beispiel über das Coachingnetz Wissenschaft
   - Personalentwicklung meiner Institution nach geeigneten Coaches fragen
3. Ziele und Erwartungen an ein Coaching formulieren
4. Festlegen, was Sie bereit sind, für ein Coaching auszugeben.
5. Coaches anrufen oder anschreiben.

Mentoring

1. Vorbereitung der Anfrage
   - Was will ich genau, wer bin ich und was motiviert mich?
   - Für welche Werte stehe ich, wofür setze ich mich ein?
   - Wen möchte ich als Mentor*in gewinnen und was wünsche ich mir von einem Mentoring?
   - Praktische Aspekte: Aufwand des Mentorings und gegenseitige Erwartungen
2. Anfrage formulieren
3. Gemeinsame Bekannte um Vermittlung bitten
4. Anfrage versenden

Literatur

Der letzte Zugriff auf die Webseiten erfolgte am 20.09.2019.

Banscherus, Ulf et al. (2017), *Wandel der Arbeit in wissenschaftsunterstützenden Bereichen an Hochschulen. Hochschulreformen und Verwaltungsmodernisierung aus Sicht der Beschäftigten*, Study Nr. 362 der Hans-Böckler-Stiftung, Düsseldorf.

Basalla, Susan/Debelius, Maggie (2015), *»So what are you going to do with that?« Finding Careers outside Academia*, Chicago/London.

Blümel, Albrecht (2016), *Von der Hochschulverwaltung zum Hochschulmanagement. Wandel der Hochschulorganisation am Beispiel der Verwaltungsleitung*, Wiesbaden.

Boden, Doris (2016), »Wissenschaftsmanagement an der Schnittstelle zwischen Wissenschaft und Verwaltung«, in: *Wissenschaftsmanagement*, 2/2016, S. 26–31.

Briedis, Kolja et al. (2014), »Berufswunsch Wissenschaft? Laufbahnentscheidungen für oder gegen eine wissenschaftliche Karriere«, in: *DZHW: Forum Hochschule*, H. 8/2014. *https://www.dzhw.eu/pdf/pub_fh/fh-201408.pdf*

Briedis, Kolja (2018), »Karriere mit Promotion. Zur Situation Promovierter innerhalb und außerhalb der Wissenschaft«, in: *Forschung & Lehre*, H. 4/2018, S. 306–307.

Dorenkamp, Isabelle/Weiß, Eva-Ellen (2017), »Warum wollen sie gehen? Ursachen für Karriereabbrüche von Postdoktoranden«, in: *Forschung & Lehre* H. 12/2017, S. 1076–1077.

Funken, Christiane et al. (2015), *Vertrackte Karrieren. Zum Wandel der Arbeitswelten in Wirtschaft und Wissenschaft*, Frankfurt/New York.

Hochschulrektorenkonferenz (2007), *Zur Einführung der Vollkostenrechnung an deutschen Hochschulen. Entschließung der 2. HRK-Mitgliederversammlung am 27.11.2007. https://www.hrk.de/positionen/beschluss/detail/zur-einfuehrung-der-vollkostenrechnung-an-deutschen-hochschulen/*

Hochschulrektorenkonferenz (2014), *Orientierungsrahmen zur Förderung des wissenschaftlichen Nachwuchses nach der Promotion und akademischer Karrierewege neben der Professur*, Bonn. *https://www.hrk.de/uploads/tx_szconvention/HRK_Empfehlung_Orientierungsrahmen_13052014.pdf*

Hochschulrektorenkonferenz (2016), *Die Hochschulen als zentrale Akteure in Wissenschaft und Gesellschaft – Eckpunkte zur Rolle und zu den Herausforderungen des Hochschulsystems. Empfehlung des 134. Senats der HRK am 13. Oktober 2016 in*

Berlin. https://www.hrk.de/fileadmin/redaktion/hrk/02-Dokumente/02-01-Beschluesse/HRK_-_Eckpunkte_Hochschulsystem_2016.pdf

Hüther, Otto/Krücken, Georg (2016), *Hochschulen – Fragestellungen, Ergebnisse und Perspektiven der sozialwissenschaftlichen Hochschulforschung*, Wiesbaden.

Jaksztat, Steffen et al. (2010), »Wissenschaftliche Karrieren. Beschäftigungsbedingen, berufliche Orientierungen und Kompetenzen des wissenschaftlichen Nachwuchses«, in: *HIS.Forum Hochschule*, H. 14/2010, Hannover. *https://www.dzhw.eu/pdf/pub_fh/fh-201014.pdf*

Kauhaus, Hanna (Hg.) (2013), *Das deutsche Wissenschaftssystem und seine Postdocs. Perspektiven für die Gestaltung der Qualifizierungsphase nach der Promotion*, Bielefeld.

Kauhaus, Hanna et al. (Hg.) (2018), *Perspektiven nach der Promotion. Teil 1: Berufswege außerhalb der Wissenschaft: 13 Porträts*, UniWiND-Spezial, Freiburg.

Kehm, Barbara et al. (2010), »Hochschulprofessionelle?! Die unbekannten Wesen«, in: *Zeitschrift für Hochschulentwicklung*, H. 4/2010, S. 23–39.

Klumpp, Matthias (2010), »Die neuen Akteure im Hochschulmanagement. Hochschulprofessionen«, in: *Hochschulmanagement*, H. 4/2010, S. 120–126.

Konsortium Bundesbericht Wissenschaftlicher Nachwuchs (Hg.) (2017), *Bundesbericht Wissenschaftlicher Nachwuchs 2017. Statistische Daten und Forschungsbefunde zu Promovierenden und Promovierten in Deutschland*, Bielefeld. *https://www.buwin.de/dateien/buwin-2017.pdf*

Krempkow, René et al. (2014), »Warum verlassen Promovierte die Wissenschaft oder bleiben? Ein Überblick zum (gewünschten) beruflichen Verbleib nach der Promotion«, in: *Qualität in der Wissenschaft*, H. 4/2014, S. 96–106.

Krempkow, René et al. (2019), »Wissenschaftsmanagement, quo vadis? Ansätze zur Definition, Personal- und Organisationsentwicklung«, in: *Personal in Hochschule und Wissenschaft entwickeln*, H. 4/2019, S. 19–31.

Lauer, Felicia et al. (2004), »Wissenschaftsmanagement als Beruf: Alte Strukturen und neue Anforderungen setzen den Rahmen«, in: *Wissenschaftsmanagement*, H. 3/2004. S. 10–15.

Lemmens, Markus et al. (Hg.) (2017), *Wissenschaftsmanagement. Handbuch und Kommentar*, Bonn/Berlin/New York.

Löchte, Anne/von Schmeling, Regina (Hg.) (2018), *Perspektiven nach der Promotion. Teil 2: Berufswege außerhalb der Wissenschaft: Arbeitgeber im Gespräch*, UniWiND-Spezial, Freiburg.

Meyer-Guckel, Volker (2011), »Die Professionalisierung einer neuen Profession«, in: *Wissenschaftsmanagement*, H. 1/2011, S. 14f.

Müller, Mirjam (2014), *Promotion – Postdoc – Professur. Karriereplanung in der Wissenschaft*, Frankfurt/New York.

Müller, Mirjam (2017), *Karriere nach der Wissenschaft. Alternative Berufswege für Promovierte*, Frankfurt/New York.

Netzwerk Wissenschaftsmanagement (2013), *Kodex für gutes Wissenschaftsmanagement*, Berlin. *https://www.netzwerk-wissenschaftsmanagement.de/index.php?article_id=23*

Netzwerk Wissenschaftsmanagement (2019), *Stellungnahme des Netzwerks Wissenschaftsmanagement e. V. zu den Empfehlungen des Wissenschaftsrates zur Hochschulgovernance*, Berlin. *https://www.netzwerk-wissenschaftsmanagement.de/index.php?article_id=130*

Nickel, Sigrun (2012), »Engere Kopplung von Wissenschaft und Verwaltung und ihre Folgen für die Ausübung professioneller Rollen in Hochschulen«, in: Wilkesmann, Uwe/Schmid, Christian (Hg.), *Hochschule als Organisation*, Wiesbaden, S. 279–291.

Nickel, Sigrun (2017), »Professionalisierung im Wissenschaftsmanagement«, in: Lemmens, Markus et al. (Hg.), *Wissenschaftsmanagement. Handbuch und Kommentar*, Bonn/Berlin/New York, S. 156–170.

Pellert, Ada (2006), *Einführung in das Hochschul- und Wissenschaftsmanagement: Ein Leitfaden für Theorie und Praxis*, Bonn.

Salden, Peter (2013), »Der Third Space als Handlungsfeld in Hochschulen: Konzept und Perspektive«, in: Barnat, Miriam et al. (Hg.), *Junge Hochschul- und Mediendidaktik. Forschung und Praxis im Dialog*, Hamburg, S. 27–36.

Schneijderberg, Christian (2013), *Verwaltung war gestern? Neue Hochschulprofessionen und die Gestaltung von Studium und Lehre*, Frankfurt.

Schneijderberg, Christian et al. (2014), *Die Berufssituation von Hochschulprofessionellen*, Kassel.

Statistisches Bundesamt (2017), *Personal an Hochschulen 2016*, Wiesbaden. *https://www.destatis.de/DE/Themen/Gesellschaft-Umwelt/Bildung-Forschung-Kultur/Hochschulen/Publikationen/Downloads-Hochschulen/personal-hochschulen-2110440177005.html*

Whitchurch, Celia (2013), *Reconstructing identities in higher education. The rise of third space professionals*, London.

Wirth, Angelika (2017), »Schlechte Lage stabilisiert sich. Der Stellenmarkt für Professuren und Chancen des wissenschaftlichen Nachwuchses«, in: *Forschung & Lehre*, H. 12/2017, S. 1064–1067.

Wissenschaftsrat (2014), *Empfehlungen zu Karrierezielen und -wegen an Universitäten*, Köln. *https://www.wissenschaftsrat.de/download/archiv/4009-14.pdf*

Wissenschaftsrat (2018), *Empfehlungen zur Hochschulgovernance*, Köln. *https://www.wissenschaftsrat.de/download/archiv/7328-18.pdf*

Zempel-Gino, Maren/Meyer, Anke (2019), »Karriereentwicklung im Forschungsmanagement«, in: *Wissenschaft & Management*, H. 2/2019, S. 26–31.

Ziegele, Frank (2017), »Editorial«, in: *Wissenschaftsmanagement*, H. 1/2017, S. 3.

Ziegele, Frank (2018), »Lasst uns das Phänomen Third Space endgültig beerdigen«, in: *Wissenschaft & M*anagement, H. 10/2018, S. 11.

Anmerkungen

1 Müller (2014) und Müller (2017).
2 Statistisches Bundesamt (2017), S. 281.
3 Banscherus et al. (2017), S. 21.
4 Netzwerk Wissenschaftsmanagement (2019), S. 2.
5 Mikrozensus 2014, zitiert nach Konsortium Bundesbericht Wissenschaftlicher Nachwuchs (2017), S. 121.
6 Wirth (2017), S. 1064.
7 Konsortium Bundesbericht Wissenschaftlicher Nachwuchs (2017), S. 34.
8 Konsortium Bundesbericht Wissenschaftlicher Nachwuchs (2017), S. 186.
9 Hochschulrektorenkonferenz (2007).
10 Statistisches Bundesamt: Bildung und Kultur – Nichtmonetäre hochschulpolitische Kennzahlen 1980 – 2016, Fachserie 11, Reihe 4.3.1.
11 Vgl. Wissenschaftsrat (2018), S. 8.
12 *https://www.netzwerk-wissenschaftsmanagement.de*
13 *https://www.netzwerk-wissenschaftsmanagement.de/index.php?article_id=23*
14 Vgl. Whitchurch (2013), Salden (2013).
15 Wissenschaftsrat (2018), S. 85f.
16 Ziegele (2018).
17 Schneijderberg et al. (2013) und Schneijderberg et al. (2014).
18 Hüther/Krücken 2016, S. 252.
19 Ähnlich definiert das der Bundesbericht Wissenschaftlicher Nachwuchs 2017, Konsortium Bundesbericht Wissenschaftlicher Nachwuchs (2017), S. 196. Einen Überblick der Definitionsmöglichkeiten bieten auch Krempkow et al. (2019).
20 Wissenschaftsrat (2018), S. 13.
21 Banscherus et al. (2017), S. 22ff.
22 *https://www.hochschulkompass.de/hochschulen/hochschulsuche.html*, aufgerufen am 10.02.2019.
23 So hatte die Ludwigs-Maximilians-Universität München zum 01.12.2017 2 422 Vollzeitäquivalente Verwaltungs- technisches und betriebliches Personal (ohne Klinikum), die HafenCity Universität Hamburg 118 nicht wissenschaftliche Mitarbeiter*innen.
https://www.uni-muenchen.de/ueber_die_lmu/zahlen_fakten/index.html, aufgerufen am 10.02.2019.

https://www.hcu-hamburg.de/universitaet/das-profil-der-hcu/zahlen-und-fakten/, aufgerufen am 10.02.2019.

24 Eigene Berechnungen nach den auf den Webseiten der Verbünde angegebenen Zahlen für 2017:
https://www.mpg.de/zahlen_fakten
https://www.fraunhofer.de/de/ueber-fraunhofer/profil-struktur/zahlen-und-fakten/mitarbeiter.html
https://www.helmholtz.de/fileadmin/user_upload/04_mediathek/Jahresbericht_2018/epaper-Jahresbericht_20018/index.html#44
https://www.leibniz-gemeinschaft.de/ueber-uns/leibniz-in-zahlen/,
alle aufgerufen am 10.02.2019.

25 *https://www.helmholtz.de/karriere_talente/die_helmholtz_akademie_fuer_fuehrungskraefte/*

26 *https://www.fraunhoferventure.de/*

27 *https://www.bundesregierung.de/breg-de/themen/forschung/forschungseinrichtungen-des-bundes*

28 *https://www.bundesbericht-forschung-innovation.de/de/Staatliche-Forschungseinrichtungen-1794.html?per_page=170*

29 *http://www.stipendiumplus.de/*

30 *https://www.elitenetzwerk.bayern.de/*

31 Alle Personen aus der Erzählung sind frei erfunden und Ähnlichkeiten mit tatsächlichen Personen sind nicht beabsichtigt. Real existierende Institutionen wurden zufällig ausgewählt, die geschilderten Ereignisse sind ebenfalls fiktiv.

32 *https://www.coachingnetz-wissenschaft.de/*

33 *https://www.jmwiarda.de/*

34 Wir verwenden hier den Namen einer Institution, die nicht existiert. WisBI steht für Wissenschaftsmanagement Beispiel Institution. Da es sich um eine fiktionale Erzählung handelt, haben wir es vermieden, die Namen realer Institutionen zu verwenden.

35 Zum Beispiel das folgende Hörbuch: Konrad, Boris Nikolai (2011), *Das perfekte Namensgedächtnis. Namen merken mit der 5-Sterne-Methode*, Offenbach.